编委会

主　任：徐海明
副主任：张秀芹　诸晓春
编　委：（按姓氏笔画排序）
　　　　王　恒　王　豪　毛建峰　芮　萌
　　　　张红兰　周昕艳　赵　琛　柳建刚
　　　　顾振伟　潘志英
编　辑：靳海鸥　李　兵　杨润磊

前言

与姑苏浩瀚历史相比，过往四十余载或许不过一瞬。然此一瞬，多少位企业家将黄金岁月挥洒其中，多少家民营企业从惨淡经营的小作坊蝶变为驰名中外的大集团。

若时间有宽度，这一瞬足够宽广浑厚、风云变幻。民营企业家何以登峰？他们带领企业走向辉煌的秘诀是什么？

是胆魄，大胆决策、主动出击，甚至壮士断腕、破釜沉舟。恒力通过中外合资方式进军化纤领域、雅鹿放弃夹克衫"根据地"改产羽绒服、东渡纺织一着险棋挺进自营出口赛道……一次次惊险之跃，一次次峰回路转，一次次绝处新生。

是远见，克服惯性思维，打破思想枷锁。龙腾特钢跳出同质化竞争，寻求差异化发展；华芳从"船小好调头"变为"船大好远航"，从"一根纱"发展到一条产业链；天顺风能、亨通、永鼎将国家"双碳"目标、共建"一带一路"倡议等作为企业发展风向标……他们与国家同进退，与时代共成长。

是责任，立足诚信，负重前行。五洋扎根太仓、稳健经营，但宁砸自己饭碗，不砸企业牌子，踏实本分也是一种智慧；通鼎崇德向善，打造退役军人一站式服务中心；吴中集团解决供水痛点，优化城市人居环境……民营企业未尝不视社会效益为己任。

是情怀,爱上一个行业,拥抱一种信仰,守护一项愿景,为之苦心孤诣、上下求索。吴耀芳认准方向,敢闯敢干,闯出新的天地;高德康坚守实体,聚焦创新,筑牢竞争优势。他们诠释"执着进取"。缪汉根兼顾纺织业与新能源,喜新但不厌旧;朱共山开拓石油天然气市场,转型而不转行。他们行稳致远,不忘本行。倪祖根扎进一线,攻坚克难,追求匠心品质。创新也是一种情怀。企业家们虽出身不同——"创二代"、海归、退役军人、裁缝、农民……但创新不问出处,唯敢为人先、争强好胜者,能日新月异、勇立潮头。

富有人格魅力和创新精神的企业家们,为民营企业注入源源不断的生命力,使民营经济聚木成林、涓滴成河,成为苏州改革开放大潮的生力军和苏州经济的重要支柱。今日苏城,民营企业的精益求精、合作共赢,与吴文化的细腻精巧、容纳灵动相得益彰,共同哺育着这座新旧交融的都市。

回望是为了笃行。民营经济兴则苏州兴,掌握民营企业发展的金钥匙,苏州方可打开新的天地,迎接更多可能。向内扎根科技创新,向外生长新业态、新模式,民营企业将迈向新的高峰。

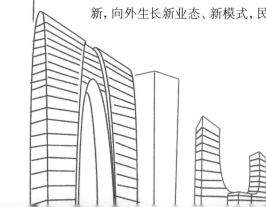

目录

恒力集团：
全球首家打通"从一滴油到一匹布"全产业链企业 …… 002

盛虹控股集团：
打造世界级新能源、新材料产业集群 …………… 016

沙钢集团：
建百年沙钢　创百年辉煌 ……………………… 032

协鑫集团：
新能源行业的领跑者 …………………………… 046

亨通集团：
万物互联网络的筑路者 ………………………… 062

永卓控股：
一座村办轧钢小作坊的蜕变 …………………… 078

通鼎集团：
做通信行业有责有义有爱的500强 ……………… 098

阿特斯阳光电力集团：
让太阳能走进千家万户 ………………………… 114

攀华集团:
勇攀高峰、闪耀中华　努力打造世界的"薄板之王" ········· 130

龙腾特钢:
30年走好一条路　做行业细分领域的排头兵 ············ 144

永鼎集团:
奠定通信行业基石　擘画百年永鼎蓝图 ················ 158

波司登: 从"中国第一"到"全球领先"
专注于羽绒服48年　畅销全球72国 ················· 172

中亿丰控股集团:
以智提质　塑造城市建设运营综合服务商 ··············· 190

雅鹿集团:
53年"不搏何获"的"中国羽绒领航家" ················ 208

华芳集团:
奋力向世界纺织强企迈进 ·························· 222

澳洋集团:
民营企业多元化经营的成功典范 ···················· 234

东山精密:
智能制造创建互联互通的新世界 ···················· 248

吴中集团:
为你的美好生活服务　15次荣登中国民营企业500强 ··· 262

科沃斯:
中国服务机器人行业领军企业 ······················ 278

莱克电气：
用一丝不苟的工匠精神　打造全球"清洁之王" …… 292

天顺风能：
在风电领域深耕近20载　向"新"向"绿"持续布局 … 306

五洋集团：
扎根太仓、放眼世界　"实业+创新"续写百强企业新篇章 … 320

晟成光伏：
向"新"而行　追"光"逐梦 …………………………… 332

常熟开关制造：
打造中国低压电器行业最具影响力的品牌 …………… 344

金宏气体：
深耕工业气体赛道　致力于打造行业第一的民族品牌 … 360

长光华芯：
筑梦中国"芯" ………………………………………… 376

苏州人民商场：
传统与现代的华丽转身 ………………………………… 388

东渡纺织集团：
国际化视野下纺织产业升级的成功实践 ……………… 402

曹操出行：
借科技创新之力　做更优质的出行服务 ……………… 416

后　记 …………………………………………………… 431

恒力—

盛虹—

沙钢—

协鑫—

亨通—

永卓—

通鼎—

阿特斯—

攀华—

龙腾特钢—

永鼎—

波司登—

中亿丰—

雅鹿—

华芳—

澳洋—

东山精密—

吴中集团—

科沃斯—

莱克—

天顺风能—

五洋—

晟成光伏—

常熟开关制造—

金宏气体—

长光华芯—

苏州人民商场—

东渡纺织—

曹操出行—

恒力集团：
全球首家打通"从一滴油到一匹布"全产业链企业

企业简介

  恒力集团有限公司（以下简称"恒力"）始建于1994年，是以炼油、石化、聚酯新材料和纺织全产业链发展的国际型企业。现拥有全球产能最大的PTA工厂之一、全球最大的功能性纤维生产基地和织造企业之一，员工达19万名，建有国家企业技术中心，企业竞争力和产品品牌价值均位居国际行业前列。

  恒力2023年营业总收入超8000亿元，现居世界500强第81位、中国企业500强第25位、中国民营企业500强第3位、中国制造业企

恒力石化（大连长兴岛）产业园日出

业500强第5位、中国制造业民营企业500强第1位。获国务院颁发的国家科学技术进步奖和"全国就业与社会保障先进民营企业"等殊荣。恒力还被评为"全国纺织工业先进集体""国家火炬计划重点高新技术企业""国家知识产权示范企业""全国民营企业文化建设先进单位"，多项产品被认定为"中国驰名商标"，并荣获"全国用户满意产品"等称号。

企业家简介

陈建华，1971年生，高级经济师，清华大学经济管理学院企业家学者项目博士。现任恒力集团董事长、总裁，兼任中国企业联合会、中国企业家协会副会长，中国国际商会副会长，美丽园丁教育基金会理事长，江苏省新时代民营经济研究院理事长，长三角企业家联盟副主席，中国化学纤维工业协会副会长，江苏省纺织工业协会副会长，苏州市工商业联合会（苏州市总商会）名誉主席（会长）。

在中华人民共和国七十华诞前夕，陈建华被中共中央、国务院、中央军委授予"庆祝中华人民共和国成立70周年"纪念章。多年来，陈建华荣获第十二届"袁宝华企业管理金奖"，以及"全国非公有制经济人士优秀中国特色社会主义事业建设者""全国关爱员工优秀民营企业家"等称号。

问： 今年是恒力成立30周年，在这个过程中，有哪些决策对集团未来发展起到了至关重要的作用？您如何总结这30年的发展经验？

答： "建设世界一流企业"是恒力不变的追求，回顾恒力30年的发展，我们历经了四个关键的"五年"。

第一个五年：1994—1999年，纺织起步。

1994年，我24岁，当时出资369万元收购了破产的镇办企业——吴江化纤织造厂。该织造厂只有3.3亩（约2200平方米）、27名员工，居苏州第一批民营企业之列。

我们大刀阔斧改革，购置大批新设备，新建两个分厂，引进人才。5年时间，喷水织机从最初的88台增加到6000台。恒力现有4万台织机，年产40亿米布料，是全球最大的织布企业之一。

第二个五年：2003—2008年，化纤崛起。

2000年前后，全球最好的纺丝来自日本、韩国和中国台湾等地，国内（大陆）纺丝产能严重不足。当时，国家还不允许民营企业上纺丝，我们通过中外合资方式进入化纤领域。我们从德国、奥地利、日本、韩国引进新设备，聘请100多名技术人员与专家，用5年时间建成了全球最大的化纤纺丝和工业丝生产基地之一。恒力始终引领全球化纤行业的高质量发展。

苏州民营经济高质量发展实录——与知名企业家面对面

第三个五年:2010—2015年,进军PTA。

PTA作为聚酯纺丝的重要原料,长期被日本、韩国、泰国等垄断。

为解决原料"卡脖子"难题,我们继续向产业链上游进军。2010年年初,我们与大连市政府正式签约PTA项目。同年正月初七,我带领团队入驻长兴岛工地。当时,工地上没有电、没有水,手

恒力石化5条PTA生产线

恒力集团

机也没有信号,只有一座山、一片海、一条小路。整整4年,我吃、住都在工地上!

目前,恒力已建成7条PTA生产线,总产能1700万吨,成为全球规模最大、质量最好、成本最低的PTA生产基地之一。恒力可谓牢牢掌握了国际话语权,中国PTA产能占全球总产能的98%。

第四个五年：2014—2019年，发展炼化一体化。

PX是PTA的原料，被国外垄断十多年。从国家产业安全角度出发，发展PX项目非常必要。

2014年，恒力的2000万吨/年炼化一体化项目被列入国务院文件，成为"国家对民营企业开放的第一个千万吨炼化项目"，并于2019年成功投产。

问： 您如何评价目前石化行业的现状，以及您认为办企业最重要的是什么？

答： 我国石化行业的现状，可以用四个字概括：大而不强。

办企业，首先要有家国情怀。在行业内，国家缺什么，我们就要做什么；行业哪里薄弱，我们就要发展哪里。要么不做，要做就做最好。

其次要有绿色情怀。在一个地方建厂，经济总量要起到举足轻重的作用；但在环境保护上，有你这家企业跟没有你这家企业能否做到一个样，甚至在环境保护上做得更好，这是我们要追求的。

最后要有创新情怀。一家企业能否成功，关键在于创新，核心在于人才。衡量企业创新水平的高低，至少有三个标志：第一，能否掌握行业的关键核心技术；第二，是否拥有世界第一或行业唯一的产品；第三，科技成果转化和产业化水平如何。

问： 自党的十八大以来，恒力进入炼油石化行业并实现了持续发展，您认为恒力快速发展并领先于行业的最为关键的因素有哪些？

答： 首先离不开国家大发展提供的时代契机。恒力在改革开放的春风中起步，在党和政府的关心与支持下，取得了长足的进步，成为全球第一家打通"从一滴油到一匹布"全产业链发展的企业。无论企业发展到什么阶段，都不能忘了我们的初心使命，尤其不能忘记国家对企业的支持和培养。

自党的十八大以来，党中央始终坚持"两个毫不动摇"，对民营企业的支持旗帜鲜明。习近平总书记多次强调："民营企业和民营企业家是我们自己人。"总书记的指示精神既极大地鼓舞了恒力实现更高水平发展、进一步打造世界一流企业的士气和信心，也为恒力的快速发展按下"快进键"。

其次离不开敢为人先的勇气和精神。纵观恒力的发展历程，我们善于在危机中寻找和抓住机遇，"直道冲刺，弯道超车，换道领跑"是恒力敢为人先的具体体现。1997年，亚洲金融危机导致纺织行业"大撤退"，恒力淘汰旧设备、新建分厂并全部更新为先进生产线；2008年，世界金融危机不期而至，恒力再一次更新设备，上马新的高端化纤项目并布局新的生产基地；在国家七大石化基地之一的大连长兴岛率先建设2000万吨/年炼化一体化项目，最终实现全球首创"从一滴油到一匹布"的全产业链布局；近几年，面对世界百年未有之大变局和国内国际双循环新发展格局战略的出台，恒力依然坚守实业,直面内需和市场,在全国布局了九大生产基地。

恒力的敢为人先还体现在敢于率先向国外垄断领域发起冲击。恒力逐个击破了行业发展"卡脖子"瓶颈,打破了国外对高端纺丝、PTA、芳烃等众多领域的垄断,在助力保障国家能源和原料安全的同时,为自身实现快速发展和行业领先争取到了先机。

最后离不开创新思维和超前理念。从规划设计开始,恒力建设的每一个项目、发展的每一个产业,都力争做成全球行业标杆,保证10年甚至更长时间不落后。以恒力(大连长兴岛)产业园为例,我们坚持高起点战略、高标准规划、高质量建设、高水平管理、高效率运转,着力打造"最安全、最环保,内在优、外在美"的世界一流石化园区。其中,恒力的2000万吨/年炼化一体化项目是全球一次性建设规模最大、技术工艺最复杂、加工流程最长、业务一体化程度最高、产业配套最齐全的重大石油炼化工程。恒力下游产业包括聚酯、纺丝、纺织板块,我们都力争做到极致,成为标杆、塑造精品。只有具备这样敢为天下先、山登绝顶我为峰的气魄和追求,恒力才能持续在行业中"领跑"。

恒力集团

问：产业链、供应链安全稳定是构建新发展格局的基础。全产业链发展模式对于恒力谋求自身增长、助推经济高质量发展具有哪些重要意义？

答：恒力是国内外第一家打通"从一滴油到一匹布"产业链的民营企业。全产业链打通后，优势主要体现在：一是我国的企业在下游聚酯化纤纺丝行业里获得了定价权；二是产业链上下游发挥协同效应，企业竞争力明显增强。

恒力聚酯薄膜生产线

恒力仿生、高差别化聚酯化纤智能外检包装车间

　　恒力每一次打通产业链，既解决了原料生产中的"卡脖子"难题，也响应了国家号召，更符合了做大做强做精的战略布局。2019年，恒力炼化一体化项目全面投产，其核心的520万吨/年芳烃装置，将国内芳烃总产能提升了30%，一举打破了国外对二甲苯市场的垄断，增强了行业整体竞争力。同时，所产芳烃通过管道直供恒力下游的PTA工厂，实现了上下游产能自给自足。

　　现代产业体系是现代化国家的物质技术基础，企业要多想办法、多出点子、多挑担子。目前，我们在新材料、新能源等新兴产业领域加速布局，不断拓宽应用领域，延伸更多产业链，瞄准"从一滴油到万物"的发展格局。

问： 建设现代化产业体系需要补齐短板，解决一批"卡脖子"难题。在打造全产业链的过程中，恒力收获了哪些经验？

答： 在纵向上，我们从原料到产品再到工业互联网，不断做深做强；在横向上，我们持续拓宽各板块产品的应用领域，所凭借的就是研发创新。我们坚信，唯有创新、唯有变革、唯有质量第一，才能实现企业更高质量发展。

以恒力2000万吨/年炼化一体化项目为例，我们在总流程规划、工艺设计优化、原料采购、工程建设统筹等十多个环节都成功践行了自主创新，树立了世界石化行业的新标杆。还有，我们在全球首次应用全加氢工艺和沸腾床渣油加氢裂化工艺，将原油利用率提高了5%，且核心催化剂实现自主生产。

我认为，民营企业科技创新的动力来源于对市场的了解和把控。面对市场变化，不断加强技术研发、推陈出新，不仅能增强企业实力，形成新的经济增长点，而且对产业的集聚发展、创新发展具有重大意义。当然，我们也应该看到，民营企业在引进人才、留住人才、培养人才方面还存在一定的困难。

企业科技创新能否成功，主要取决于市场环境、人才、资本和技术等要素，因此制度设计需要更多聚焦于此。科技创新成果转化为现实生产力，离不开有为政府和有效市场的共同作用。

问： 习近平总书记指出,"要牢牢把握高质量发展这个首要任务,因地制宜发展新质生产力"。请问您是怎么理解的？未来如何发展新质生产力？

答： 新质生产力之"新",不光指原创性、颠覆性的创新,还指传统产业的升级向新。未来,恒力将聚焦新质生产力,打造标杆制造品牌。首先,要引进、培育能够创造新质生产力的战略人才。其次,要融合新一代信息技术、先进制造技术,对现有的产业设备、系统进行改造升级,促进制造流程走向高端化、智能化、绿色化。再次,要以战略性新兴产业和未来产业为主要载体,形成高效能的生产力,依托自身全产业链优势,大力发展新能源、新材料等战略性新兴产业。最后,要加快创新发展,掌握行业的关键核心技术,生产世界第一或行业唯一的产品,提高科技成果转化水平和产业化水平。

问： 恒力涉及炼油、石化、聚酯等与环保密切相关的领域,您如何看待绿色低碳发展的前景？

答： 绿色低碳转型会催生各类新技术、新业态,会迎来巨大的绿色发展机遇,创造巨大的绿色市场,释放强大的经济增长新动能,是企业高质量发展的必由之路。

恒力自成立以来一直致力于提高资源利用效率,探索绿色发展模式,始终以建设资源节约型、环境友好型企业为己任。这几年,在"双碳"（碳达峰、碳中和）等政策的引导下,恒力通过"向绿色要活力、向资源要能源、向创新要环保"三项举措,利用上游大化工平台优势发展聚酯新材料产业,利用下游发展再生纤维等绿色低碳项目,形成了全产业链上下游流程联合、物料互供的格局,实现了生产全过程节能。

恒力集团

　　我们在全球首次应用全加氢工艺和沸腾床渣油加氢裂化工艺，将原油"吃干榨净"；创新海水利用模式，每年可节约标准煤120万吨，省出10万个家庭一年的用水量；首次成功应用嵌入式污水处理技术、全球最高标准的中水回用技术，实现中水全部回用。厂区内供应7个等级蒸汽，实现能源梯级高效利用，为全球临海大型石油化工项目开辟了环境友好、能耗低、产出高的发展新路。

　　企业的本质，在于为社会创造价值。我们这一代企业家，亲历了民营经济从"摸着石头过河"到"打下半壁江山"的历史进程，都是沐浴着改革开放的春风成长起来的。真诚回报社会、切实履行社会责任，是企业的本分。恒力将紧紧围绕"国家急需、战略必需、人民所需"的重点产业，深耕实体经济，力争在所处行业掌握更大的话语权，填补更多的行业空白，进一步推动行业高质量发展，成为国家靠得住、人民用得上的民族企业。

盛虹控股集团：
打造世界级新能源、新材料产业集群

企业简介

　　盛虹控股集团有限公司（以下简称"盛虹"）创立于1992年，是石化炼化、新能源、新材料、高端纺织全产业链一体化发展的国际化高新技术产业集团。盛虹已建成苏州、连云港、宿迁三大产业基地，全面形成国内独有的油、煤、气"三头并举"，芳烃、烯烃"双

盛虹1600万吨/年炼化一体化项目

线并进",上下游产业链一体化发展模式。盛虹拥有上市公司1家。2024年,盛虹居世界500强第171位、中国企业500强第48位、中国民营企业500强第8位、中国制造业民营企业500强第5位。

苏州民营经济高质量发展实录——与知名企业家面对面

企业家简介

缪汉根,1965年生,高级经济师,盛虹控股集团党委书记、董事长,第十四届全国人大代表,中国企业联合会、中国企业家协会副会长,江苏省工商业联合会副主席。曾获"中国优秀民营企业家""全国优秀创业企业家""全国非公有制经济人士优秀中国特色社会主义事业建设者"等荣誉称号。

问：盛虹是从印染起家的，如今已经成为石化炼化、新能源、新材料、高端纺织全产业链一体化发展的国际化高新技术产业集团。30多年来，盛虹走过了哪些阶段？

答：盛虹是在苏州成长起来的民营企业。1992年，我们在两间简陋的瓦房里开始创业，一直坚守实业，到今天，发展成为世界500强。总的来看，我们经历了以下几个阶段。

第一个十年，盛虹专心做印染，发展成为全球印染行业龙头企业，建成了全球最大的印染工厂，连续十年以上位列中国印染行业企业榜首。

第二个十年，盛虹向纺织上游发展，开始做化纤，坚持"不走寻常路"，主要做差别化功能性纤维产品，也发展成为行业"领头羊"。盛虹联合东华大学牵头组建国家先进功能纤维创新中心这一江苏省首个国家级先进制造业创新中心，同时它也是全国首个由民营企业牵头组建的先进制造业创新中心。

第三个十年，盛虹继续向产业链上游延伸，进入石化行业，建成了国内单流程规模最大的炼化一体化项目，形成了独有的油制烯烃和醇制烯烃双链并延、协同发展模式。

进入第四个十年，盛虹确定了"1+N"产业布局，"1"是核心原料平台，"N"是新能源、新材料等多元化产业链条，旨在建成世界最大的丙烯腈、光伏级EVA生产基地。

问： 从一家村办小厂发展成为世界500强，盛虹积累了哪些成功经验？

答： 盛虹的发展壮大，受到了内部和外部因素的影响。其中有几点最为关键。

一是紧跟党走。盛虹在发展过程中，始终跟党走，以党建引领企业发展，确保企业发展与国家战略同频共振，确保企业发展始终沿着正确的轨道前进。盛虹控股集团党委成立于2004年7月，下设2个异地党委、11个党总支、63个党支部，坚持"党建做强就是生产力，党建做实就是竞争力，党建做细就是凝聚力"，构建了"彩虹党建"。以前，民营企业讲"市场导向"讲得多，讲"服务国家战略"讲得少。在发展中我们发现，国家战略与市场导向是统一的，市场就蕴藏在国家战略之中。比如，我们围绕国家战略所需研发的光伏级EVA、POE和生物基PDO及PTT纤维成套生产技术等，打破国外垄断，填补国内空白，在服务国家战略的过程中拓展了市场空间。

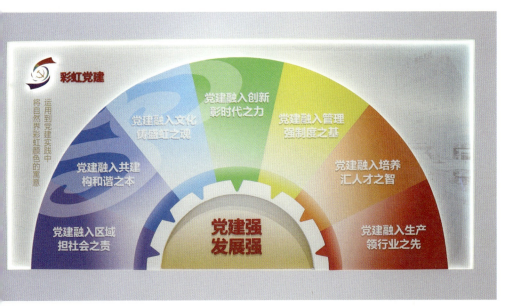

盛虹"彩虹党建"

二是坚持创新。没能掌握核心技术的制造业企业,就是"靠天吃饭",经不起风吹雨打。所以,盛虹把创新作为立身之本,坚持用创新开拓市场,"越是难做的产品越要做"。创新求变,是刻在盛虹骨子里的,为盛虹每个阶段的发展创造了动能。我们做印染时,靠着"手掌花""仿羊毛"等创新产品脱颖而出,在市场上站稳了脚跟。我们做化纤时,首创环吹风技术,研发生物基PTT纤维,将盛虹发展为差别化功能性纤维的龙头企业。我们发展石化炼化、新能源、新材料产业时,自主研发出打破国外垄断的光伏级EVA、PETG等高端材料,产能规模、技术水平达到全球领先。目前,盛虹在纤维、石化、新材料等领域,分别成立了创新中心和研究院,打造出"最强大脑"。比如,盛虹联合东华大学牵头组建的国家先进功能纤维创新中心,聚集了160多家行业龙头企业、科研院所和知名高校。

三是重视人才。人才，是企业发展的原动力。盛虹通过引进和培养"双轮驱动"，加强人才队伍建设。截至2023年年底，盛虹拥有员工超过5万名，其中，享受国务院政府特殊津贴、入选"521工程"等的高层次人才22人，科研人员近5000名。我们既重视高层次人才的引进，也重视"大国工匠"的培养。盛虹石化一直积极与职业院校开展联合培养人才的实践，与兰州石化职业技术大学、辽宁石化职业技术学院、天津石油职业技术学院等多所知名职业院校建立了紧密的合作关系。企业与学校共同制订人才培养方案、建立实习基地、定向培养技能人才、搭建双师双导教育模式，实现产学研深度融合。

"新虹人"培训

问： 企业文化是企业的灵魂。盛虹能够快速发展壮大，应该说企业文化建设功不可没。30多年来，盛虹形成了什么样的企业文化？

答： 一是形成了"安全、诚信、创新、超越"的核心价值观。"安全"就是全员安全、职业健康安全和生态社区安全；"诚信"就是对社会坚持立诚守正的方针、对事业践行重信守诺的理念、对伙伴秉持诚信立业的态度；"创新"就是进行科技创新、管理创新和业务创新；"超越"就是打破边界、超越自我、缔造未来。

二是明确了干部行为准则。盛虹建立了"赛马机制"，在实践中明确了干部行为准则，也就是选人用人标准：第一，信念坚定，经得起压力、挑得起大梁；第二，奋斗不止，敢于攻坚、善于创新；第三，品行端正，洁身自好、守法守信。我们提出，选拔干部要注重实绩，把脚踏实地、勤勉实干、贡献突出的干部选上来，把得过且过、消极怠工、只做表面功夫的干部淘汰掉；要注重品德，把坚持原则、公正无私、廉洁自律的干部选上来，把阳奉阴违、行为不端、贪污腐化的干部淘汰掉。

三是构建"清亲型"职场文化。盛虹一直致力于营造"清亲型"职场文化。"清"就是清清爽爽、简简单单的人际关系，"亲"就是团结友爱、和衷共济的工作氛围。

四是传承发扬费孝通先生"志在富民"的精神。盛虹诞生在吴江盛泽镇，吴江是费孝通先生的家乡。费孝通先生说，他一生"志在富民"，研究"小城镇"就是想让农民共享工业化成果。盛虹以一家村办小厂起家，"盛虹"这个名字取自盛虹村。我们一直没有忘记带领老百姓致富的初心。时至今日，已经成为世界500强的盛虹，总部仍然设在盛泽镇。我们在总部大楼里摆了一个很大的"碗"，意思很朴素，就是让更多的人有工作干、有口饭吃。盛虹自成立以来，员工一年比一年多，至今已有5万多名，很多员工是全家人、两代人都在盛虹工作。

问： 在发展过程中，盛虹不断扩大产业版图。盛虹产业布局的逻辑是什么？主业是什么？

答： 盛虹始终专注于实体经济发展，靠纺织印染起家，沿着产业链向上游发展，做化纤、做石化，然后又沿着石化烯烃产业链向下游发展，做化工新材料。盛虹业务广泛，但主要集中在石化产业链上下游。我们可以简单地用"1+N"来概括盛虹的产业布局。"1"是油、煤、气"三头并举"的核心原料平台，包括1600万吨/年炼化一体化项目、240万吨/年醇基多联产项目和70万吨/年丙烷产业链。"N"是新能源、新材料、电子化学、生物技术等多元化产业链条，全力打造具有"强大基础原材料保障能力、世界一流的新能源新材料研发与供应能力"的高新技术产业集团，加快建设具有全球竞争力的世界一流企业。

目前，我们在苏州、连云港、宿迁等地建设了产业基地。其中，苏州基地位于吴江的盛泽、平望、震泽等镇，形成了全球领先的高端纺织新材料产业集群。在化纤产业方面，盛虹主攻超细纤维、差别化功能性纤维的开发和生产，被誉为"差别化功能性纤维专家"。在高端印染产业方面，盛虹年产能超24亿米，是全球产能最大的中高端印染产品核心供应商。连云港基地是盛虹倾力打造的创新型、生态型石化产业集群，规划面积约16平方千米，已投资超2000亿元，建设了1600万吨/年炼化一体化项目、240万吨/年醇基多联产项目、70万吨/年丙烷产业链等，并完整配套了超500万立方米的仓储罐区、江苏首个30万吨级的原油泊位、多个5万吨级至10万吨级的液体化工泊位。宿迁基地重点布局盛虹高端新材料、低碳绿色产业，建成了全球首条从瓶片到纺丝的再生纤维生产线，探索绿色纤维新材料产业"新蓝海"。

盛虹控股集团

盛虹总部

问： 产业布局终究要落到产品上，盛虹有哪些创新产品、优势产品？

答： 盛虹形成了全产业链发展模式，有从"一滴油到一根丝"的纺织产业链条，有从"一滴油到一张膜"的新材料产业链条。我们研发、生产了一批高端材料，广泛应用于光伏、医疗、航空航天等领域。这里简单介绍盛虹四个"全球第一"的产品。

第一个是海岛超细纤维。它是全球最细的化学纤维，单丝直径只有头发丝的1/100，100多克就可以绕地球赤道一圈。第二个是光伏用胶膜新材料EVA。它是光伏组件的关键材料，生产技术长期被国外垄断，盛虹努力进行技术攻关，组建研发团队，经过1000多次的试验，最终实现量产。现在盛虹的产能位居全球第一。第三个是碳纤维用的丙烯腈。目前，盛虹丙烯腈产能104万吨/年，是世界最大的丙烯腈生产基地，保障了我国一半以上碳纤维企业的原料供应。第四个就是回收废弃塑料瓶，将其加工成再生纤维，然后做成衣服和鞋子。每8个废弃塑料瓶，就可以生产一件衣服。目前，我们的年产能是60万吨，位居全球第一，每年可回收利用300多亿个废弃塑料瓶。此外，我们的超细纤维、高端印染等产品都具有很强的市场竞争力，产能也位居全球第一。

问： 盛虹产业发展迅速，除内生动力以外，外部营商环境是否起到重要作用？

答： 一家企业，就像一棵树，要想茁壮成长，离不开肥沃的土壤。营商环境就是企业生存和发展的土壤。盛虹从一家不起眼的村办小厂成长为世界500强，靠的就是良好营商环境的滋养。这些年，我们在经营企业的过程中，感受到苏州乃至江苏的营商环境越来越好。比如，苏州从全国第一个一站式服务中心起步，到发布"苏式营商环境6.0版"，出台了许多有效措施。在苏州，开办企业、登记不动产，只需线上申报一次、递交一套材料就可以，非常方便、快捷。有一些事项，甚至都不需要提交纸质材料，因为电子证照替代了纸质证照，我们可以"免证办"。苏州还专门把每年的7月21日设为企业家日。其实，在苏州，我们感受到一年365天，天天都是"企业家日"，无论是工作日还是休息日，政府部门都能做到"随叫随到，有求必应"。正是在江苏各级党委、政府的大力支持下，在良好营商环境的助推下，盛虹才能越做越大、越做越强。2023年，盛虹营业收入突破5000亿元，纳税超过210亿元，员工达5万多名。

问： 面向未来发展，盛虹提出"建设具有全球竞争力的世界一流企业"这一目标，而要实现这一目标，离不开创新引领。盛虹如何做好"创新"这篇文章？

答： 现在的市场竞争，说到底是科技创新的比拼。我们可以发现，"活"得久的企业，不是那些靠资源、靠规模发展的企业，而是那些靠科技创新的企业。盛虹从村办小厂发展到世界500强，一路上，经历了许多的风浪，但每次都是靠科技创新渡过难关的。未来，我们要想走得稳、走得远，还得靠科技创新。我们围绕产业板块，搭建了一系列创新平台，从国内外招揽了近5000名科研人员。这个团队就是盛虹的"最强大脑"。这个"大脑"不是封闭的，而是开放的，我们和科研院所、知名高校及行业龙头企业都有紧密的合作。我们将围绕高端聚烯烃材料、精细化学品、新能源材料、功能纤维等领域，开展技术攻关，不断突破国外技术垄断，研发并生产更多的高端产品，在全球产业格局中掌握更大的话语权，同时也为保障我国材料自主可控做出贡献。

问： 数字经济大潮扑面而来，盛虹如何看待数智化发展趋势？在这方面有哪些实践？

答： 数字化、智能化与企业运营相结合，可以大幅提高生产效率，让企业实现绿色低碳、安全高效运行。近年来，盛虹把数字化、智能化作为转型升级的重要手段，让数字技术赋能制造业，从而降低生产成本、提高生产效率、强化生产安全。盛虹石化携手霍尼韦尔建立了数智化联合创新中心，探索建设了石油化工智能工厂。这个智能工厂大大减少了人工操作，将装置自控率提高至98%以上，同时利用5G+AI（Artificial Intelligence，人工智能）技术和智能巡检机器人，实现装置24小时无人化巡检。

盛虹集团智慧印染中心

问： 在国家实施"双碳"目标的背景下，盛虹如何实现绿色低碳转型？

答： 盛虹一直致力于绿色低碳转型，探索全过程减碳。在源头减碳方面，盛虹计划在连云港石化产业基地开展试点，利用核电、海上风电和光伏发电，为石化加工生产提供稳定的"绿电"。在过程减碳方面，盛虹建立了全产业链条"绿色、低碳、循环"的生产体系，各个业务板块都建成了国家级"绿色工厂"。在末端减碳方面，盛虹探索建设绿色负碳产业链，用二氧化碳造"万物"，即回收石化装置尾气中的二氧化碳，将其作为原料，生产光伏组件材料、锂电池材料、聚酯纤维、绿色聚氨酯等产品。

苏州民营经济高质量发展实录——与知名企业家面对面

问： 2024年全国两会期间，习近平总书记在参加江苏代表团审议时强调，要"因地制宜发展新质生产力"。对于盛虹来说，如何发展新质生产力？

答： 发展新质生产力，对于制造业企业来说，就是要改变粗放的发展模式，做到习近平总书记提到的三个词——高端化、智能化、绿色化。在盛虹的产业版图里，既有传统的纺织业，也有新能源、新材料等新兴产业。我们喜新，但不厌旧，就像习近平总书记强调的"发展新质生产力不是要忽视、放弃传统产业"。盛虹培育新质生产力

盛虹控股集团

就是两手抓,即一手抓新兴产业发展壮大,我们将围绕国家需要的、市场短缺的产品,加强技术攻关,打破国外垄断,研发并生产出更多的高端新材料;另一手抓传统产业转型升级,比如,用大数据、人工智能等新技术去改造、去提升,让纺织这个传统民生产业更好地服务老百姓。发展新质生产力,最终要落实到工厂车间。盛虹将以新发展理念为指引,推动产业转型升级,加快建设具有全球竞争力的世界一流企业,为"使江苏成为发展新质生产力的重要阵地"做出贡献。

盛虹"绿色工厂"

沙钢集团：
建百年沙钢 创百年辉煌

企业简介

江苏沙钢集团有限公司（以下简称"沙钢"）创办于1975年，现为全国特大型工业企业、国家创新型企业、全国特大型民营钢铁企业、中国钢铁企业竞争力"A+"（极强）企业。沙钢总资产3600多亿元，有员工4万余名，年产钢能力超过4000万吨。沙钢是一个以钢铁生产为主业，涵盖资源能源、金属制品、贸易物流、金融投资、信息科技等板块的多元化、国际化企业集团，连续16年跻身世界500强。2024年，沙钢居世界500强第383位。

目前，沙钢主业板块拥有五大生产基地，形成工艺装备大型化、主导产

沙钢行政中心

品高端化、企业发展绿色化、转型发展智能化、协同管控高效化等特点。产品涵盖150多个系列、1.4万多个品种、6000多个规格,广泛应用于基础设施建设、机械装备、汽车船舶、航空航天、国防军工核电、石油化工、轨道交通等领域,远销全球100多个国家和地区。

沙钢曾获钢铁行业改革开放40周年功勋企业、企业信用评价AAA级信用企业、中国3·15诚信企业、国家创新型企业、中国环境保护示范单位、中国钢铁工业清洁生产环境友好企业、中华慈善奖年度慈善企业等殊荣。

苏州民营经济高质量发展实录——与知名企业家面对面

企业家简介

　　沈彬，1979年生，现任沙钢集团党委书记、董事长，兼任中华全国工商业联合会副主席、中华全国工商业联合会青年企业家委员会轮值主席、中国钢铁工业协会副会长、中国金属学会副理事长、江苏省工商业联合会副主席、江苏省青年企业家联合会会长等职。在他的带领下，沙钢连续16年跻身世界500强。沈彬荣获"国家科技创新创业人才""江苏省非公有制经济人士优秀中国特色社会主义事业建设者""江苏省有突出贡献的中青年专家（专业技术人才）""江苏省十大卓越经营管理者""江苏省优秀共产党员""江苏省青年岗位能手""苏商数字化转型领军人物"等称号。

问: 请简单介绍一下沙钢的发展历程。

答: 从总体上看,沙钢的发展历程大致可以分为艰苦创业、跨越发展、高质量发展和做精做强四个阶段。

第一阶段:1975—1990年,这是艰苦创业阶段。

沙钢成立之初,我国还处于完全计划经济时期,钢材供应尤为紧张。老一辈工人通过自制设备、外出学习,将大厂切头切尾的冷条作为轧钢原料,在艰苦卓绝的条件下毅然叩响钢铁世界的大门。20世纪70年代末,沙钢专业化生产热轧窗框钢;至20世纪90年代初,沙钢热轧窗框钢的市场占有率高达70%,为企业发展赢得了"第一桶金"。

建厂初期,采用人工喂料方式进行轧钢生产

第二阶段:1991—2005年,这是跨越发展阶段。

这一时期,沙钢瞄准国际最前沿技术,在全国率先引进电炉连铸连轧短流程生产线、建成"亚洲第一炉"、实施跨世纪技改工程、收购德国蒂森克虏伯"凤凰"钢厂……创下了全国、全行业多个第一。至2005年,沙钢的产钢量一举突破1000万吨。

2005年7月,650万吨钢铁项目全线贯通投产,沙钢用不到两年时间完成了蒂森克虏伯"凤凰"钢厂从莱茵河畔到扬子江边的"世纪大搬迁"

第三阶段:2006—2020年,这是高质量发展阶段。

2006年起,沙钢就已经迈出高质量发展步伐,先后兼并、重组江苏淮钢集团有限公司、安阳永兴钢铁有限公司、东北特殊钢集团股份有限公司(以下简称"东北特钢")等企业,建成世界上最大的5800立方米高炉和亚洲首条超薄带工业化生产线。2009年,沙钢成功跻身世界500强,成为当年内地唯一上榜的民营企业、江苏省首家入围企业,党和国家领导人作出重要批示,向沙钢表示祝贺。

第四阶段:自2021年至未来,这是做精做强阶段。

当前,沙钢新一轮五年规划正落地实施,未来沙钢将坚持"钢铁主业更优更特、非钢产业更专更强"两大路径,在新征程上接续奋斗。

问： 从您担任沙钢集团党委书记、董事长起，企业所在的行业有没有经历过令您难忘的困难时期？如果有的话，为了应对困难，企业着重在哪些方面发力了？

答： 2015年前后，我们经历了钢铁行业历史上的"严冬"，螺纹钢的价格从每吨1万元跌至最低谷时的每吨1800元，钢铁市场行情就像过山车一般，钢铁甚至卖不出白菜价。可以说，这是我上任以来遇到的最大的困难。

在这样的背景下，我们下定决心淘汰落后产能，研发新产品。沙钢开发了很多新品，将其应用于国家重点工程，替代进口，填补了企业或行业空白。例如，自主研发的管线钢实现超薄极限规格突破，填补了国内空白，高等级管线钢产品始终处于国内第一梯队；酸洗汽车板性能达到国内一流水平，成功打入汽车主机厂。至2023年，沙钢50%—60%的产品可以参与国际竞争，60%—70%的产品已达到国内领先水平。沙钢现已成为国际市场X70以上管线钢的最大供应商，X80管线钢的国内市场占有率达到60%。600MPa级抗震钢筋实现国内首创，达到国际先进技术水平，已批量应用于铁路、人民防空等国家重大项目工程。

沙钢集团

面对"严冬"的挑战，一方面，我们眼睛向外看，坚持服务好客户，把向社会和用户提供优质的产品与满意的服务作为全体沙钢人的使命，建立了面向国内、国际市场的销售网络和快速高效的市场响应机制。至2023年，沙钢产品远销至全球90多个国家和地区，连续多年位列全国单体钢厂钢材出口第一。沙钢还搭建了集采购、销售业务于一体的电商平台。在采购方面，通过供应商信息共享和采购系统流程再造，充分发挥了集团规模采购优势，大大降低了采购成本和原辅料库存资金占用成本；在销售方面，通过电商平台，实现了月度要货计划申报、核定无纸化，商务合同自动生成，客户资金、质量保证书等信息自助查询，强化了接单、生产、质检、发运、结算等各环节的无缝衔接，大大提高了快速响应客户的能力，缩短了产品交货期，大幅提高了企业服务效率。另一方面，我们眼睛向内看，坚持"练好内功"。我们大力开展企业内部的降本节支、挖潜增效工作，选择从降低生产成本、优化产品结构、降低采购成本、降低财务费用、减少电费支出等方面着手，实行项目制攻关，节约每一分可以节约的费用，精打细算地过日子。截至2024年6月，沙钢降本节支、挖潜增效工作已经常态化开展了近10年，每年增效数十亿元；企业资产负债率也由2016年的62.8%降至如今的55%，大大增强了企业的核心竞争力。

沙钢冷轧硅钢产品（工序合格率达到99%以上，国内市场占有率名列前茅，广泛应用于家电、汽车等领域）

问：近年来，围绕加快推进企业治理现代化，服务"强富美高"新江苏现代化建设和地方经济高质量发展，企业采取了哪些举措？有哪些经验可以分享？

答：近年来，沙钢聚焦"做精做强钢铁主业"，以创新为引领，着重在"精品""绿色""智能""合规"四个方面发力，推进企业治理现代化，助力企业高质量发展，为推动企业服务"强富美高"新江苏现代化建设贡献沙钢力量。

第一，以精品擦亮企业治理现代化的"新名片"。近些年，钢铁产能过剩矛盾突出，下游需求支撑不足，发展精品可以避开过度竞争领域，开辟新需求增长点。沙钢这些年的经验，主要可概括为五个"要"：一是定位要准。要充分调研、综合研判，选择好细分领域的突破方向，确定发展目标。沙钢确立了"创中国名牌 造世界精品"的品牌发展理念，围绕精品目标开发出管线钢、高强度船板钢、桥梁钢等多个门类近百种高端产品。"沙钢造"钢材已应用于中俄东线天然气管道、克罗地亚佩列沙茨大桥、沪苏通长江公铁大桥等国际和国内多个重大工程项目。2019年，沙钢还成功实现了世界第四、中国首条"超薄带铸轧"生产线的工业化生产，产线指标超过美国纽柯钢铁公司，达到世界先进水平。具有极短流程、极低能耗、极少排放特点的超薄带产品已成功打开国际市场。二是实施要稳。要有实施精品路线的战略定力，锚定战略目标，持续发力，久久为功。沙钢编制了企业发展中长期规划，确定了企业精品发展路线、目标，每年分解落实，进行过程监督和纠偏。三是思路要活。要打开思路、多措并举，一方面深挖自身潜力；另一方面注重借助于外部力量，通过与高校、科研院所、下游企业联合开发，加快精品目标实现进程。此外，沙钢还通过参与东北特钢重组，实现了"特钢更特 优特结合"的新发展，跨越式提升了"特钢精品"的生产能力。四是投资要实。沙钢近些年围绕精品制造，累计投资数百亿

沙钢集团

元,特别是重组东北特钢后,主要瞄准特冶产能提升,全力打造中国第一特冶。以"三高一特"(高温合金钢、高档工模具钢、超高强钢和特冶不锈钢)为代表的高端产品的占比从2017年的6%提升到目前的10%。五是基础要牢。近些年,沙钢在人才培养、选拔、使用上形成了研发、技术、技能、管理"四通道",研发人员和技术人员通过职称、操作人员通过技能、管理人员通过行政职务都能实现岗位和薪酬等级晋升。同时,沙钢还积极搭建创新平台,激励创新人才,孵化创新成果,激发了人才成长的内生动力。

沙钢建成全球最大的薄带铸轧生产基地

第二,以低碳确定企业治理现代化的"主基调"。沙钢牢固树立生态优先、绿色发展的鲜明导向,在优化产品结构的同时,探索绿色低碳与实业发展的共赢之路,在助力区域生态文明建设、共建人与自然和谐共生的美丽家园、构建人类命运共同体等方面不断展现新作为、新担当。一是坚定落实低碳战略。沙钢积极响应国家"双碳"目标,成立集团碳中和管理委员会和有关工作机构,制订沙钢碳达峰、碳减排行动方案。近年来,沙钢已累计投入200多亿元,实施了近百项重大环保节能改造项目。二是积极推进低碳项目建设。沙钢通过大力推动极致能效技术攻关,全集团建成自发自用134兆瓦分布式光伏电站,同时积极推进储能项目高质量发展等,争创双碳最佳实践能效标杆示范厂;大力发展循环经济,每年循环经济产生的效益占企业总效益的20%以上;根据国家发展和改革委员会(以下简称"国家发改委")编制的《国家重点节能技术推广目录》,90%的节能降碳技术在沙钢均有应用。三是重视低碳产品开发。沙钢把"高强高韧、耐蚀耐磨、轻量化、绿色低碳"作为钢铁材料研发、推广的重要方向,新能源汽车用无取向电工钢等6个产品获评国家级绿色设计产品,同时承担编制绿色设计产品评价技术规范及节能低碳相关的技术标准30项。基于在节能低碳领域取得的成果,沙钢被国家节能中心评为"中国能效之星"四星级企业,成为全国唯一获此殊荣的钢铁企业。

第三,把"智能"作为企业治理现代化的"加速器"。近年来,沙钢将先进的钢铁制造技术与以互联网、大数据、人工智能为代表的新一代信息技术深度融合,坚持"总体规划,分步实施,以点带面,效益驱动"的原则,持续推进钢铁产品、制造、服务全生命周期的各个环节及相应系统的优化集成,将智能制造贯穿于日常生产运作中,进一步推动企业转型升级,提高企业运营效率,赋能企业价值再造、管理创新与高质量发展,全面打造"智慧沙钢"。一是建立智能研发中心,加速科技成果转化。沙钢着力打造全流程数字化材料设计与工艺仿真平台,实现工艺流程的数字化、可视化和智能化,从而缩短产品研发周期,提高产品质量的稳定性,提升产品个性化定制能力。沙钢每年实现研发创新创效约6亿元。二是打造智能控制平台,使各生产工序互联互通。沙钢从2018年开始规划建设集中管控中心,集中监视、集中调度和集中操作,消除"信息孤岛",进一步提高数据集成与分析水平。目前,能源动力管控中心、焦化管控中心、铁前管控中心已投入使用。此外,沙钢还先后推进环保管控平台、硅钢精益系统等多个信息化项目的实施,进一步推动系统与产线之间的协同和集成。三是打造智能制造产线,为传统装备植入"智慧芯"。以技术升级传统装备,实现自动化、数字化与智慧化的有机融合,加快智能化换人、机器人代人步伐。以江苏省智能制造示范车间——沙钢冷轧硅钢车间为例,目前,该车间的关键工艺流程数控化率超过65%,企业资源计划(Enterprise Resource Planning,ERP)装备率超过70%,实现生产工艺全程数字化控制,"一键下单式组织生产""黑灯工厂"初见雏形。

第四,以合规构筑推进企业治理现代化的"防火墙"。近年来,沙钢树立依法治企、业法融合的核心理念,以合规管理为着眼点,以内部控制为着手点,以风险管理为落脚点,坚持"全面覆盖、权责清晰、务实高效"的原则,将风险管控与合规管理贯穿生产经营、项目建设、对外投资等全过程和各领域,真正发挥其强管理、促经营、防风险、创价值的作用。作为世界500强企业中合规体系建设试点单位之一,在开展具体工作的过程中,我们要做到思想认识、组织领导、工作措施"三个到位",推动企业合规体系建设及管理工作有序开展。一是建立合规制度体系。通过编制集团合规项目推进计划,建立合规管理组织体系,制定沙钢《合规管理指引》《合规手册》等文件,把合规体系嵌入生产经营的关键环节。二是开展合规风险识别工作。开展合规义务梳理、合规风险识别与评估工作,形成合规风险清单、合规风险评估报告,在日常业务中完善合规审查及合规尽职调查机制。三是营造合规文化。以典型案例为鉴,加强内部控制与违规行为防控,强化异常合同跟踪管理,重点规避涉外业务等的法律风险,规范企业合法合规经营的行为。

问： 请您谈谈企业未来有怎样的发展愿景。

答： 沙钢将致力于全面实现"做强",努力建成世界一流钢铁强企;在未来更加长远的发展过程中,追求"做久",实现基业长青。沙钢未来的发展愿景是打造基业长青的百年沙钢,成为可持续发展的实体经济企业典范。具体就是要着力打造"六个沙钢"。

绿色沙钢,就是要打造高于标准、优于社区、行业领先的"绿色工厂"。加快推进"花园工厂""清洁工厂"建设,着力从科技创新和精细管理两个方面深入推进碳减排工作,持续抓好环保提档升级项目高质量运行,争创超低排放A级企业和能效"领跑者"企业。在节能减排方面推广应用具有国际领先优势的超薄带等工艺技术,助力企业在绿色转型中实现更大发展。

品质沙钢,就是要满足、引领用户需求,提供优质优价的产品与服务。强化中高端产品研发与生产,以"高性能、轻量化、长寿命、近终型、耐腐蚀、可循环"等为研发创新的主要方向,将汽车用钢、建筑结构用钢、军工用钢、超薄带生产线相关配套产品等作为战略开发的重点,调整优化产业结构,推进其向绿色低碳转型。至"十四五"时期末,沙钢的板卷比力争达到65%以上,高附加值产品比力争达到70%以上。以东北特钢为基础,通过收购、兼并、整合等方式,进一步做大做强优特钢板块,使沙钢成为国内规模大、品种全、档次高、成本低、效率效益高且具有国际品牌影响力和竞争力的优特钢生产企业。

高效沙钢,就是要追求高效益、高效率,达到钢铁行业世界领先水平。以江苏省(沙钢)钢铁研究院、江苏冶金技术研究院等自有研发平台为依托,建立开放型的冶金人才和技术集聚高地,加快国际和国内前沿工艺技术应用,通过研发第三代铁水"三脱"(脱硅、脱磷、脱硫）预处理技术，采用"RIF炉—脱碳炉双联冶炼"工艺，工业化实现低成本洁净钢冶炼，开展基于钢—城融合的固体废物负碳资源化利用技术的研发，跟踪关注、研究探索氢冶金，以及碳捕集、封存和利用等前沿技术，推动产品品质和核心竞争力跻身世界钢铁行业第一方阵。优化和完善企业创新体制机制，大力推进创新积分、课题攻关、成果发布、专利申报等工作，调动全员创新的积极性，为企业发展提供强大科技支撑。

创业沙钢，就是要永葆开拓精神，升级传统产业，发展新兴产业。持续加大投入，上游以锁定矿山资源为重点，下游以更好满足用户需求为重点，抓好对外战略投资和对内项目优化调整，强化产业链上下游战略协同，着力打造相关近钢产业板块，提升集团抗风险能力。大力搞好钢铁物流和钢铁电商平台，积极推进产融协同联动和上下游关联产业社会贸易，打造以钢铁主业为核心的多元产业链条。至"十四五"时期末，沙钢力争非钢产业效益贡献度达到30%以上，形成钢铁主业既优又强、多元产业齐头并进的产业发展格局。

智慧沙钢，就是要应用新一代信息技术，提高生产经营水平。加快推进"互联网+"，大力推进集团业财一体化系统、集团安全智控平台、企业集中生产管控中心等项目建设，加快炼铁、炼钢、轧材等主要生产车间的智能化改造，抓好智能化样板车间建设。至"十四五"时期末，沙钢力争有800—1000个岗位用机器人替代，钢铁主业人均年产钢量力争达到1800吨，达到国际领先水平。

责任沙钢，就是要成为使政府满意、让社会放心、令员工自豪的企业。按照规划目标运营发展好企业，继续承担好纳税、就业、环保、公益等社会责任，同时让员工收入保持稳定持续增长态势，推进一批惠及职工及家属的民生实事工程建设，使员工的获得感、幸福感和自豪感不断提升。

协鑫集团：新能源行业的领跑者

企业简介

协鑫（集团）控股有限公司（以下简称"协鑫"）创办于1990年，是一家集风光储氢、源网荷储于一体，多种新能源、清洁能源与移动能源产业新生态并存，硅材料、锂材料、碳材料、集成电路核心材料等关联产业协同发展，以领先的绿色低碳科技主导创新发展的绿色能源科技企业。多年来，协鑫坚持听党话、跟党走，坚持科技引领、数字赋能、绿色发展，在"双碳"目标背景下打造全新

协鑫未来能源馆

的"科技协鑫""数字协鑫""绿色协鑫"。协鑫连续多年位居全球新能源企业500强、中国企业500强、中国民营企业500强,旗下控股多家上市公司,拥有员工近4万名,资产总额超2000亿元,营业收入连续多年超千亿元。协鑫已发展成为全球新能源行业的领跑者和率先积极践行"双碳"目标的绿色先锋企业。

企业家简介

朱共山，1958年生，协鑫集团创始人、董事长，政协第十二届全国委员会委员、江苏省政协第十二届常委、第十一届江苏省工商业联合会副主席、全球绿色能源理事会主席、亚洲光伏产业协会主席、中国企业联合会企业绿色低碳发展推进委员会副主任、中国电力企业联合会电动交通与储能分会执行副会长，同时兼任中国国际商会环境与能源委员会执行主席、中国侨商联合会副会长、中国富强基金会副主席、中国产业海外发展协会副会长、江苏旅港同乡联合会名誉会长、香港江苏社团总会常务副会长、SNEC氢能产业联盟理事会主席等职。曾荣获改革开放40年中国企业改革奖章及"改革开放四十年能源变革风云人物""改革开放40年能源领袖40人""能源功勋·新时代十大领军民营企业家"等称号。

问： 请简要回顾一下协鑫创办30多年的发展历程，其中历经了哪几个重要的发展阶段。

答： 协鑫在上海起步，和电力结缘。回顾30多年的发展历程，我觉得一个人、一家企业的命运与国家和民族的发展是紧紧联系、密不可分的。能源是国家发展的命脉，这么多年来，我们一直以"咬定青山不放松"的决心与韧劲，紧紧围绕着能源这个主业，只有心无旁骛，才能有所成就。当下，我们正以落实国家"双碳"目标为方向，全面实施"科技协鑫、数字协鑫、绿色协鑫"战略。简要回顾企业的发展历史，大致可以分为四个阶段。我重点想说说第一个阶段，即起步阶段。

第一个阶段可以概括成：改革探路，热电联产。20世纪80年代，随着中国经济驶入飞速发展的快车道，供不应求的电力成为制约经济发展的主要因素。我记得列宁有句名言"共产主义就是苏维埃政权加全国电气化"。我们当时在为上海发电企业做配套，也萌生了为国家办电尽一点心力的愿望。但对于一家处于初创期的民营企业来说，办一家电厂，很多人认为是天方夜谭。1996年，国家改革电力体制，尝试市场化运作，我们敏锐地洞察到创业机遇，下定决心试水热电联产。

由于企业资金不足，我只身前往香港寻找合作伙伴。经过多次沟通洽谈，澳大利亚置富国际（集团）与我们一拍即合。1996年11月18日，太仓协鑫置富热电有限公司在太仓正式奠基。

然而，正当我们满怀理想与激情开启创业之路时，1997年，亚洲金融危机突然爆发，澳大利亚置富国际（集团）的后期投资计划受到影响，建设中的项目陷入困境。开弓没有回头箭，我这个人做事一直都是不达目的决不罢休。于是，我继续到香港寻找新的合作伙伴，工程建设也在艰难中推进。没想到，好不容易找到的第二家港资公司，在合作后，后续资金也出现了问题。之后，我三上香港，终于"牵手"新海康投资（中国）有限公司。1999年1月，企业更名为"太仓新海康协鑫热电有限公司"。

受亚洲金融危机的影响，我们进入了创业之初最艰难时期。公司连续几个月发不出工资，我倡议公司上下同心协力，动员员工把家里的积蓄借给公司，向亲朋好友求援，想方设法帮公司渡过难关。当时，员工的作业环境非常艰苦，不仅在尘土飞扬的露天工地干活，有的甚至从马桶水箱里舀水刷牙。高管们坐公交车上下班，在简易房中日夜加班，睡简陋的木板床，清汤挂面加点榨菜就是早餐，中午、晚上就着青菜嚼米饭。创业之初，依靠的就是红军长征爬雪山过草地的精神和意志。

1998年12月8日，协鑫历史上首台装机1.5万千瓦的发电机组并网投产；1999年2月7日，同等装机容量的2号发电机组又迅速并网。协鑫第一次战略转型迈出了关键一步，我们终于从电企供应商变为电力生产商。

经过几年的发展，当时的太仓新海康协鑫热电有限公司还徘徊在"小热电"领域，相较于全国不断增长的电力市场依旧是"杯水车薪"。如何在电力领域发挥更大的作用？我们选择做大，走大型环保火电之路。2001年，太仓港环保发电有限公司筹建处挂牌，开始建设2台13.5万千瓦发电机组。在首台机组开工不久，长三角经济快速发展，愈演愈烈的"缺电"升级为"电荒"。这时，我大胆拍板，迅速调整规划，准备建设4台30万千瓦发电机组、2台60万千瓦发电机组。

早一天并网发电，就能早一天为缓解华东"电荒"贡献一份力量。公司组织2万多名建设者扑在工地上，日夜不停，艰苦奋战。从2003年5月到2004年12月底，2台13.5万千瓦、4台30万千瓦发电机组全部建成并网，创造了中国电力建设史上一年投运4台30万千瓦发电机组的奇迹。

问：协鑫是如何从电力企业向绿色新能源企业转型的？

答：大家都知道太阳能发电利国利民，但直到2006年我国还没有完全攻克技术难关。外国技术巨头"卡脖子"垄断市场，硅料价格最高时近500美元一千克。了解了这一行情后，我们决定上一条当时国内最大的年产1500吨硅料的生产线。2006年3月，江苏中能光伏科技发展有限公司（2008年1月变更为"江苏中能硅业科技发展有限公司"，以下简称"江苏中能"）在徐州正式成立。

由协鑫投资建设的苏州阳澄国际电竞馆超充站

当时,核心技术被国际巨头掌控,专业人才严重匮乏。为了打破技术瓶颈,协鑫努力寻求国际硅料装备企业的支持和帮助,在全球延揽各方面的人才。经过努力,我们获得了世界知名硅料厂家的长期设备提供和技术支撑:精馏设备是从日本引进的,还原炉是从德国引进的,尾气分离装置是从美国引进的……协鑫进口的全是最新一代设备。

引进设备只是起点,协鑫锚定的是世界前沿的新一代制造工艺。我当时才48岁,年富力强,和一些老专家带着一群年轻的技术人员,扎根技术革新现场,观察生产,记录数据,抓工程进度。当时,我们在临时搭建的板房里办公,没有节假日,不分白天黑夜,齐心协力搞科研。我们只有一个目的:一定要把集团第一家光伏企业做起来。

经过技术改造和对装置的精雕细琢,40多项具有自主知识产权的核心技术投入应用,尤其是自主研发的副产物回收核心工艺——氯氢化技术,实现了具有自主知识产权的GCL法(多晶硅超大规模清洁生产技术)集成创新。江苏中能成为世界上第一个采用冷氢化技术的企业。用传统工艺生产硅料,三氯氢硅还原过程所消耗的电能约占整体电耗的70%,而江苏中能的硅业科研团队利用冷却循环水将还原炉的余热用于精馏工序,有效地降低了单位产品能耗,附加值增长了25倍以上。江苏中能自2006年9月12日开工动土打桩,同年12月底精馏塔封顶,2007年9月19日第一炉12对棒多晶硅产品成功出炉。同期，国际上建设这样规模的硅料厂，在技术成熟的情况下至少需要2年时间。

这个成果，再一次验证了"协鑫速度"。

协鑫在江苏、四川、内蒙古已布局42万吨颗粒硅年产能。目前，每千克颗粒硅的生产成本仅为35.9元，较西门子法降低了30%，每年可节省用电186亿千瓦时。同时，协鑫生产的颗粒硅每千克碳排放仅为37千克二氧化碳当量。据法国环境与能源控制署认证的颗粒硅碳足迹数据估算，每年可减少二氧化碳排放约1059万吨。

2016年12月，江苏中能的发明专利《GCL法多晶硅生产方法》获得中国专利优秀奖。我们通常把这一阶段称作协鑫自主创新、打破瓶颈的阶段，也就是企业的第二个发展阶段。

从一期到四期，江苏中能不但实现了设备的逐步国产化，随着技改扩能，年产能从1500吨的"小试牛刀"到6.5万吨的"傲视全球"，仅仅用了5年时间，就赶超美国、德国等发达国家半个世纪的硅料研发与制造进度，而且扭转了中国太阳能发电产业"三头在外"（原料在外、市场在外、设备在外）的被动局面。

更有意义的是，此举还推动了中国硅料价格逐步下降，每千克从之前的近500美元到目前的50元左右，整个太阳能发电产业链也不再"高高在上"，为2018年国家太阳能发电补贴退坡奠定了坚实的基础，同时也使中国的太阳能发电产品迅速占领世界市场。

苏州民营经济高质量发展实录——与知名企业家面对面

问：2012年，党的十八大开启了中国特色社会主义新时代。2014年6月，习近平总书记在中央财经领导小组第六次会议上提出"四个革命、一个合作"能源安全新战略后，协鑫人是如何依托战略转型与时代共舞的？

答：新时代给协鑫人创造了新的发展动力和美好愿景。这个阶段是协鑫多元发展、迅速成长、壮大实力、攀登技术高峰的阶段，具体体现在以下三个方面。

苏州工业园区北部燃机热电有限公司夜景

协鑫集团

一是能源转型不转行。协鑫开始走向境外,开拓石油天然气市场。2012年11月7日,保利协鑫天然气集团控股有限公司于香港成立;2012年11月9日,江苏协鑫石油天然气有限公司成立;2013年1月29日,协鑫新能源控股有限公司(以下简称"协鑫新能源")成立;2013年11月16日,保利协鑫天然气集团控股有限公司与埃塞俄比亚矿业部签署石油产品分成协议;2014年5月9日,协鑫新能源在香港联合交易所主板上市。协鑫新能源主要从事光伏电站开发、建设和管理,装机容量最高时接近8吉瓦,位居全国第二。

二是承接国家高精尖项目。2014年，协鑫与国家集成电路产业投资基金合作，承接国家科技重大专项——"02专项"（极大规模集成电路制造装备及成套工艺专项）。2015年12月11日，江苏鑫华半导体材料科技有限公司成立。该公司建设了国内首条年产能5000吨的电子级多晶硅生产线。协鑫是经国家发改委、工业和信息化部（以下简称"工信部"）核准且国内少数几家在集成电路专用电子级多晶硅、12英寸（30.48厘米）大硅片、大尺寸晶圆领域具备相关"中国芯"材料进口替代技术及生产能力的创新型企业。2017年11月，我们正式发布了电子级多晶硅产品，纯度迅速达到13个"9"，突破了海外技术封锁，填补了国内半导体级原料制造的空白。这也是协鑫作为中国民营企业义不容辞的社会责任。

三是进军需求侧管理、能源大数据业务领域。2015年12月30日，我们注册了协鑫第一家售电公司——江苏协鑫售电有限公司。2017年9月，该公司成为江苏省第一批售电准入单位。2015年12月，苏州智电节能科技有限公司并入协鑫，以此为基准，建立工业企业需求侧综合能源大数据管理云平台，将能源消费数据、智能设备数据与客户信息相结合，充分挖掘客户行为特征和使用规律，帮助企业提高用能效率。2016年，协鑫抓住"储能"这个当代能源综合利用的风口，围绕用户需求倾力打造的"嫦娥"系列储能项目，获2017年度中国分布式能源杰出创新奖、2018年度中国储能产业最佳系统集成解决方案供应商和2018年度中国储能产业最佳用户侧储能商业化运营项目奖等荣誉。协鑫还积极参与国家首批"互联网+"智慧能源、多能互补、新能源微电网等多项试点示范工程项目的开发建设，并于2018年10月20日发布"鑫能云"综合能源服务体系。

2016年年底，我们并购厦门惟华光能有限公司，成立苏州协鑫纳米科技有限公司（以下简称"协鑫纳米"）；2017年10月，协鑫纳米投资7000万元，在苏州建成业界先进的10兆瓦级钙钛矿光伏组件中试生产线，2019年年初该生产线的生产工艺开发基本完成。2019年年底，昆山协鑫光电材料有限公司（以下简称"协鑫光电"）成立，开始筹建100兆瓦量产生产线；2023年12月27日，协鑫光电全球首个吉瓦级大规格钙钛矿生产基地在江苏昆山奠基。以上，可以称得上是协鑫的第三个发展阶段。

问： 目前，协鑫正进入第四个发展阶段。对于一家科技企业来说，人才、技术和创新是最重要的三个要素。请具体谈谈这三者在企业经营管理上起到的重要支撑作用。

答： 规模科技投入和人才孵化培养是相辅相成的。我经常说的一句话是"再穷也不能穷科技"。协鑫的研发经费常年保持在营业收入的5%左右，仅2023年集团的研发预算就达53亿元。即便是在2018年亏损的那一年，协鑫的研发投入也有37亿元，在那个最困难的时期，我们所有高管取消奖金、工资减半，但研发人员的工资和奖金一分不少。纵观协鑫多年发展，科技创新已经成为引领企业发展的第一动力。

目前，协鑫拥有员工4万多名，共有3700多名研发人员。其中，能源、电力相关工程技术人员超过1.5万名，多晶硅化学相关工程技术人员近4000名。按照我的构想，未来3至4年内，协鑫要将研发人员占比提高到45%以上。

我们一直强调在技术布局上要先人一步。协鑫从2017年开始就投入超亿元研发资金，并成立中央研究院。从"十年磨一剑"的FBR颗粒硅到"行业颠覆者"钙钛矿，再到电子级多晶硅、正极材料、碳链组件等，协鑫的科技研发一直走在行业最前沿。

除前沿技术以外，基于自身对能源行业和电力行业的深刻理解，协鑫还不断推动应用创新。其中，储能系统是协鑫应对当下变局和未来创新的重中之重。在我看来，新型电力系统的构建是实现"双碳"目标的关键，储能将在其中扮演至关重要的角色。协鑫的"光储充算"一体化系统解决方案，将会在发电侧储能、共享车储能和工商户储能三大应用端全面布局。

协鑫智算（苏州）中心

问：您常说"传统企业建立在土地上，未来企业建立在数字的土壤上"，请谈谈协鑫是如何把科技、数字、绿色作为战略关键点落到实处的。

答：协鑫作为绿色低碳先锋企业，始终坚持"科技驱动、数字赋能、绿色发展"三大原则，把科技、数字、绿色作为战略关键点，建设"科技协鑫""数字协鑫""绿色协鑫"。在产业数字化方面，十年

前,协鑫就率先布局能源生产安全仪表系统(Safety Instrumented System, SIS)、企业资产管理系统(Enterprise Asset Management System, EAMS)、预算管理系统及点检管理系统;2016年就牵手阿里云计算,推出"ET工业大脑",在全球率先构建光伏智能工厂,打造无人车间、"黑灯工厂",已经成为智能制造的范例。协鑫的光伏数字运维平台技术、移动能源数字换电云平台技术等,也一直走在行业前列。在数字产业化方面,协鑫在综合能源领域原创"仓颉""鑫能云"等平台,进行能源供给侧和需求侧的数字化智慧管理,获得全国电力行业设备管理创新成果奖一等奖。截至2024年年底,协鑫旗下的4家上市公司的所有核心制造基地,无一例外,全部都是省级及以上的"智能制造车间""智能制造工厂"或者"智能制造示范工厂"。"协鑫集团:打造财务数字化新模式"案例被清华大学经济管理学院中国工商管理案例中心列入案例库。

　　我一直强调,要通过材料创新倒逼产业创新、装备创新、制造创新,从而推动应用创新,这就是我们的未来。作为能源领域唯一主营"电力+算力"的上市公司,协鑫能源科技股份有限公司(以下简称"协鑫能科")一直致力于打造全球领先的"光储充算检网云"一体化数字能源服务商。2023年12月,协鑫智算(上海)中心投运暨宝山项目揭牌仪式在上海市宝山区交通信息产业中心举行,此举旨在打造上海首个专注于垂直领域的AI千卡集群。这是继2023年8月27日协鑫智算(苏州)中心投入运营之后,协鑫能科投入运营的第二个智算中心。该项目集成高性能计算、人工智能、大数据分析等先进技术,高效服务科学研究、产业发展和社会需求。根据我们的规划,协鑫能科今后还将在南京、深圳等多个城市布局智算中心。

　　我觉得,电力和算力是紧密相连的,"电力+算力=新型生产力",数字能源是未来数字产业的重要组成部分,这个市场潜力很大。目前,协鑫已将数字能源作为战略重点。放眼未来,协鑫的数字能源版图正在徐徐绘就。

问: 新能源产业既是苏州"5+1"新能源产业创新集群发展体系的重要组成部分,也是苏州聚力打造的4个万亿级产业之一。在这个产业体系中,协鑫扮演着怎样的角色,以及起到了怎样至关重要的作用?

答: 习近平总书记指出,"绿色发展是高质量发展的底色,新质生产力本身就是绿色生产力"。苏州目前正在全面实施"苏州智造"强基提质行动。我在苏州市"1030"产业沙龙新能源专场座谈会上提出,目前,苏州已明确光伏、风电、智能电网、动力电池及储能、氢能和智慧能源的"5+1"新能源产业创新集群发展体系,力争用3年时间,将新能源打造成苏州下一个万亿级主导产业。

那么,协鑫下一步该如何加速破圈?协鑫的发展思路是"做强两端,突出中间,强化示范",通过科技端、应用端、制造端三端发力,助推苏州成为新能源全球最强"科技之都""示范之都"。我认为,科技端是发起点和关键点,新材料领域是科技端重要且必要的切入点,对于布局风光储充氢氨醇等前沿科技产业,推动相关智能制造与场景应用进程的重要性不言而喻。

技术临界变革在即,苏州或将站在新能源科技最高点。作为中国新能源产业集聚度城市榜前三的城市,苏州新能源产业基础雄厚,加速崛起优势明显。目前,中国光储正在开启一场技术应用范式变革,无数产业机会深藏其中。我觉得,协鑫与固德威技术股份有限公司等新能源头部企业都是苏州新能源产业发展和体系建设的中流砥柱。协鑫凭借"黑科技"钙钛矿实现"面积、效率、成本"标杆性突破,一定会成为新一代太阳能发电材料的主力军。协鑫吉瓦级大规格钙钛矿昆山项目建成投产后,将实现产业从0到1的关键一跃,也将极大提升苏州新能源产业能级并为其注入高质量发展的新质生产力。

未来,如何通过有力抓手实现地区新质生产力发展?我认为,产业发展离不开招商引资,但硬核技术的产业化才是关键。在"5+1"新能源产业创新集群发展体系下,可优先围绕硅链、锂链和数字能源链,以爆点科技引流资本、营建生态,再以龙头培育招大引强、发展成片、聚势成链。

尽管这两年,在能源领域尤其是光伏"战场"上,近距离的价格战几乎处于白热化状态。但是,对于未来,我依然充满信心。我觉得,能源转型变革的上半场主要是能源系统电气化,下半场则是电力系统低碳化、数字化、智能化和去中心化同频共振。随着新型储能材料的研发和投产,未来2至3年,储能行业将会迎来爆发式增长。

最后,我想说的是,协鑫作为一家民营科技企业,只有心怀"国之大者",紧跟时代步伐,逐浪技术前沿,方能勇立产业潮头!

亨通集团：万物互联网络的筑路者

企业简介

亨通集团有限公司（以下简称"亨通"）是中国光纤光网、能源互联网、大数据物联网、新能源新材料等领域的国家创新型企业和高科技国际化产业集团。亨通拥有控股公司70余家，其中，5家公司在境内外上市；产业遍布全国15个省（区），并在欧洲、南美洲、

亨通光通信科技园

非洲、亚洲等地区创建12个海外产业基地、设立40多家营销技术服务公司；业务覆盖150多个国家和地区，全球光纤网络市场占有率超15%，成功跻身中国企业500强、中国民营企业500强。

苏州民营经济高质量发展实录——与知名企业家面对面

企业家简介

　　崔根良，1958年生，亨通集团党委书记、董事局主席，第十二届、第十三届全国人大代表，江苏省政协第十委员，中华全国工商业联合会常委，江苏省工商业联合会副主席，兼任中国光彩事业促进会副会长、中国企业联合会副会长、中国工业经济联合会主席团主席、中国国际商会副会长、中国民营经济国际合作商会副会长。1982年起，先后担任吴江丝织服装厂厂长、吴江乳胶厂厂长。1991年，创建吴江七都通信电缆厂（亨通集团前身）并任党委书记、厂长，1994年任亨通集团党委书记、总经理，2001年至今任亨通集团党委书记、董事局主席。30多年来，崔根良始终勇立潮头，以爱党爱国为信念，以产业报国为己任，从创业到创新、从制造到创造，带领亨通走出了一条自主创新发展之路。

问：我们都知道亨通一直把创新当作企业发展的命脉,亨通内流传着这样一句话——"今天不创新,明天就落后,后天就淘汰"。这种重视创新的战略思维是如何形成的呢?

答：创新是企业发展的"命门",更是民营企业与生俱来的"基因",是夹缝中求生存之道。没有创新就无法获得竞争优势,在竞争中就难以站稳脚跟。创新是亨通发展之魂,从创建时起就融入企业的血液之中。是创新倒逼亨通从小到大、由弱变强并不断发展壮大,是创新让亨通超越同行、超越自我成为行业的领跑者,是创新让亨通成为走向世界、定位全球发展讲好中国故事的民营企业。

企业创新,首先是科技创新。亨通依靠自主创新,一步步结束了30年前光缆靠进口、20年前光纤靠进口、15年前光纤材料靠进口的历史,把我国光纤通信核心技术牢牢掌握在自己手里,推动了我国网络强国、数字经济的快速发展。

创新永无止境,科技日新月异,企业创新更要与时俱进,持续推动技术迭代、产品升级和产业转型。亨通在打破欧美企业对中国光纤材料的长期垄断之后,又成功自主研发出新一代绿色零污染光纤材料,成为全球唯一掌握该项颠覆性创新技术的中国企业,特别是海洋光纤通信领先技术入选"大国重器""工业强基工程",并荣获国家科学技术进步奖等。

苏州民营经济高质量发展实录——与知名企业家面对面

如今的国际竞争不只是产品竞争,更是产业集群层面、产业链层面的竞争,以及不同应用场景系统解决方案等综合实力的较量,推动了中国企业从自主创新到系统创新再到集成创新的全方位创新,也让中国企业在边干边创新中练就了

亨通集团

一身硬功夫、真本领，推动了中国企业不断向高端技术、高端产业和高端市场转型布局。正因为亨通定位全球发展的国际化战略，才让其掌握了竞逐国际市场的撒手锏，从而在国际竞争格局中拥有一席之地，成功跻身中国企业500强。

亨通国际海洋产业园

问： 哪些创新成果助推亨通在那个时代脱颖而出，成为行业领先？

答： 助推亨通发展的创新成果包含多个方面。

一是坚定不移走科技创新之路。科技创新之路如同没有终点的马拉松，我们要有"十年磨一剑"的坚韧精神，遇到困难与挫折时，要不言败、不放弃。比如，在自主研发打破国外垄断的光纤材料（光纤预制棒）时，亨通研发工程师团队历经1000多个日夜，屡败屡试、屡败屡战，靠着不服输的拼劲，一门心思求创新创造，最终坚持下来，获得了成功。

二是永远保持爬坡过坎、翻山越岭的紧迫感与危机感。因为时代和社会一直在进步，技术创新迭代迅速，没有一家企业可以靠"一招鲜，吃遍天"。所以，亨通在核心技术上，始终秉承"产业化一代、研发一代、储备一代"的"三代叠加"科技创新战略，始终保持推陈出新、滚动创新的技术核心竞争力。

三是始终保持螺旋式上升这一符合发展的辩证规律。企业科技创新通常要经历"单个产品创新—产品多元化、系列化创新—产业链、供应链、创新链、人才链融合创新—构建全面系统的创新生态体系"四步，往往是一个点—线—面—体不断深化发展的创新生态融合过程。所以，亨通在十几年前就提出"五位一体"创新发展理念，即战略创新、人才创新、技术创新、机制创新、资本创新。

亨通光纤预制棒智能制造基地

　　亨通正是依靠创新生态体系不断自我完善、自我创新、自我发展，聚焦自身产业，不断进行科技创新以自立自强：主持并参与制定行业标准600余项，取得PCT（Patent Cooperation Treaty，《专利合作条约》）国际专利及授权发明专利等5000余项，标准制定和专利发明数位居同行之首；拥有2个国家企业技术中心、10个国家级及省级重点实验室，多次荣获国家科学技术进步奖二等奖及省、市科学技术进步奖一等奖；在光纤通信、超高压和特高压智能电网、海洋光纤通信与电力能源等领域，关键核心技术不断打破国外垄断，填补国内空白，实现国产化替代。

比如，亨通承建的全球首个漂浮式海上风电项目——葡萄牙项目，按照欧洲生态环保要求，利用海缆送电"上岸"必须从海床下面穿越，钻孔用到液氮降温技术，而这就遇到不能有海水渗漏的世界难题；保护深海输电系统，必须抛石覆盖、声呐定位。我们将十多个国家的工程技术专家聚集在海洋施工船上，语言不通，我们就请多名翻译人员，他们在船上一待就是一两个月。项目成功交付后，创造了世界输电容量最大的海上电网，打破了十几项世界纪录。

再如，亨通投资建设了中国唯一自主可控的国际高速海底光缆通信系统项目。该干线连接亚洲、非洲、欧洲三大洲，覆盖"一带一路"沿线20多个国家和地区，从新疆喀什到巴基斯坦瓜达尔港，到吉布提、肯尼亚，向北到埃及，经地中海到法国登陆，2023年年底已正式开通运营。目前，亨通正在投资建设从巴基斯坦到斯里兰卡，经马六甲海峡，到香港登陆的延伸段线路，建成后将形成中国第一条跨亚洲、非洲、欧洲三大洲的国际海洋光纤通信环网。

亨通在海上风电、海洋通信、海洋装备、海洋工程等领域的关键核心技术达到全球领先水平。我们牵头创建的江苏省海洋信息技术与装备创新中心已于2024年通过省里的验收，成为该领域唯一的省级制造业创新中心，目前正在申报国家级制造业创新中心。

问： 大家都知道创新，都在谈创新，真正落实到企业中其实并不是那么容易的。能谈一谈企业在创新中有什么难点吗？亨通又是如何去突破这一个个难点的呢？

答： 改革开放以后，特别是党的十八大以来，民营经济在中国经济发展中发挥着越来越大的作用。虽然民营企业已成为科技创新的主体，但是企业的创新不同于科研院所的科学研究，企业的科技创新最后都要转化为能满足客户需要的产品或服务，最终都要有人来买单。对于企业而言，如何实现科技成果的大规模产业化、商业化，如何通过创新为产品赋能（如性能改善、品质提升、用户体验提升等）并转化为有商业价值的产品或服务，这是检验科技创新能否转化为生产力的关键一步。

这些年，民营企业科技创新虽为推动行业进步、经济发展做出了贡献，但仍面临国产化替代、技术持续迭代、"卡脖子"技术难题，以及产业链和供应链是否自主可控、能否在自身擅长产业及专精特新领域持续做大做强等问题。一己之力毕竟有限，要通过强强联合、优势互补、整合资源，在以国内大循环为主体、国内国际双循环相互促进的新发展格局中，构建有利于自身发展的创新生态圈。亨通这些年始终在光纤通信、海洋能源、新材料等产业赛道上，聚焦强链补链延链，与清华大学、浙江大学、中国科学技术大学等开展项目联合攻关；与苏州大学共建"未来信息与人工智能研究院"，打造国家技术创新中心；与国内运营商成立"量子加密通信联合实验室"，共同研发量子保密通信技术及实现产业化；创新成果获评国际电信联盟及国家级、省部级科技项目，为可持续发展培育了新动能、厚植了新优势。

亨通"5G+工业互联网"智能车间

问： 亨通的创新生态体系推动着亨通持续进步、不断超越，那么又是什么一直推动着亨通创新生态体系的落地生根呢？

答： 民营企业是科技创新的主体。改革开放40多年来，民营企业贡献了全国70%以上的科技创新成果。新时代，推动高质量发展，服务创新型国家建设，民营企业科技创新更加大有可为、大有作为。

企业科技创新聚焦的是科技创新的大规模产业化、商业化，是以市场和客户需求为导向的科技应用创新。所以，企业科技创新，有需求就有市场，有市场就有创新。

企业科技创新就是要通过先进技术引领，实现企业创新驱动的高质量发展。对于企业来说，就是要进行更多的原始创新、自主创新，不断升级迭代产品和服务，打造企业的全球核心竞争力；对于产业来说，就是要解决"卡脖子"难题，保障产业链和供应链自主可控、安全可靠；对于国家来说，就是要填补国内空白，加快国产化替代进度，做强中国制造、中国创造，为国争光。

当前国际环境日趋错综复杂，新一轮科技革命与产业变革不断加速融合，全球创新版图深度重构，颠覆式创新、扼杀式竞争、挤压式发展，使民营企业科技创新面临的局势更加严峻。

中国民营企业历经40多年的创新发展，在很多领域都实现了从跟随式模仿创新向原创式自主创新的跨越，也走在了国际前列，进入了"无人区"。越是面临遏制，我们越要强化原始创新、自主创新，加快引领全球科技创新。现如今，亨通已成为中国唯一的国际海洋光纤通信全产业链企业，全球包括亨通在内的企业也只有4家（其他3家为美国泰科国际集团有限公司、法国阿尔卡特-朗讯公司、日本电气股份有限公司）。

科技创新不是单家企业的事。我们要打造创新生态链。"一花独放不是春，百花齐放春满园。"创新好比是一片森林，既要有参天大树，也要有遍地草丛，还要具备充足的阳光、空气、水分等，这样才能枝繁叶茂、生机勃勃。亨通一直倡导创新是一个生态体系。我们与清华大学、浙江大学、中国科学技术大学、东南大学、北京邮电大学、南京邮电大学、苏州大学、上海电缆研究所有限公司、中国科学院上海技术物理研究所等国内一流高校和科研院所，以及产业链上下游战略合作伙伴紧密合作，开展了数百个产学研联合攻关项目，面向市场加快科技创新成果转化落地。

问： 我们在亨通看到一个大大的标语——"看着世界地图做企业，沿着'一带一路'走出去"，能谈谈这句话的含义吗？

答： 今天不国际化，明天就成为别人国际化的一部分。企业要做大，必须定位全球市场；企业要做强，必须参与全球市场竞争。亨通的国际化是深度契合国内国际双循环发展格局的。充分利用国内国际两个市场、两种资源、两类要素（创新要素、生产要素），融合和带动整个产业链上下游生态圈的协同发展。国家发出共建"一带一路"倡议，亨通积极响应，在2013年年底提出"看着世界地图做企业，沿着'一带一路'走出去"，服务国家发展战略，让全球资源围绕亨通产业链得到有效配置，做大做强光纤光缆产业链、供应链、价值链，做大做强世界光纤光缆工厂和全球光纤光缆市场。亨通不断提高把握全球市场动向变化和需求特点的能力、掌握国际规则的能力、开拓国际市场的能力和防范国际市场风险的能力，在更高水平的开放合作中实现更好发展。在东南亚地区、南亚地区、南美地区、南非地区、北非地区和欧洲建设产业基地与研发中心，产品覆盖150多个国家和地区，为共建"一带一路"国家创造就业岗位、提升产业层级、改善民生福祉，为全球通信和能源基础设施的互联互通做出积极贡献。

问：在艰难复杂的国际形势下，亨通"走出去"发展势头很强，强的背后是哪些因素在起推动作用？

答：简单来说，一是国家政策给予的信心；二是国际化发展的决心；三是创新创业的热心；四是坚守实体制造的恒心。

问：您认为科技创新的本质是什么？

答：科技创新的本质是人才创新。创新是发展的动力，人才是创新的源泉，只有人才旺，事业才能旺。人才战略是企业的第一战略，我们坚持"引得进、育得出、用得好、留得住"的人才方针，大力营造赛马不相马、唯才是举、公平竞争的用人氛围，持续完善短中长期激励机制，如创新事业合伙人机制、产品研发项目机制、股权激励机制等，造就一代比一代强的人才队伍。亨通也成为成就事业的平台、人才集聚的高地。亨通除引进两院院士等柔性人才以外，自身还拥有享受国务院政府特殊津贴人员、有突出贡献的中青年专家、首席科学家、"333工程"人才、双创人才、大国工匠、技能大师、特级技师等。

要成就百年企业，首先要成为百年学校。亨通拥有1000多名中高级职称专业人才，堪称商学院级的师资队伍，开展人才自主培养、核心技能自主传承、职业资格自主评价。我们将亨通管理学院、亨通工匠学堂与多家院士工作站、博士后科研工作站、国家级高技能人才培训基地等平台相融合，推进实施"十百千万人才工程"，让创造活力竞相迸发，让聪明才智充分涌流，共同打造共建共赢的利益共同体、责任共同体、事业共同体和命运共同体。

问： 近年来，国家从上到下的创新意识越来越强，2024年全国两会上提出发展新质生产力，您能谈一谈对新质生产力的理解吗？

答： 习近平总书记在参加江苏代表团审议时，充分肯定了江苏经济社会发展取得的新进展新成效，强调："要牢牢把握高质量发展这个首要任务，因地制宜发展新质生产力。"总书记特别提出的"使江苏成为发展新质生产力的重要阵地"，饱含对江苏发展的厚望与关爱。作为本土企业，我们深受鼓舞，倍感振奋。30多年来，亨通始终坚持以科技创新实现自立自强，以全球化布局让亨通方案、中国智慧赢得世界赞誉。总书记的重要讲话，指向和任务十分明确，方向和路径非常清晰。我们将聚焦打造"新质生产力"，围绕新一代通信技术、绿色能源、深远海技术、新材料等战略性新兴产业，培育高质量发展新动能，抢占全球通信与能源互联的产业创新制高点，以建设世界一流企业为目标，努力为"强富美高"新江苏继续"走在前、做示范"做出更大贡献。

苏州民营经济高质量发展实录——与知名企业家面对面

亨通光电科技产业园

问：结合企业的创新发展，亨通未来在打造新质生产力、助推高质量发展上会有什么样的举措呢？

答：任何一个产业、行业，都会经历起起伏伏，都有周期性的发展循环，这是普遍的发展规律。亨通30多年来深耕通信和电力两大主业，也见证了行业发展多次周期性的起伏，每次穿越行业发展周期都会使强者更强。而要穿越行业发展周期，既要靠技术创新，也要靠商业模式创新，二者"双轮驱动"，企业发展才能行稳致远。

亨通集团

　　对于行业未来的发展，我们始终满怀信心。在数字经济、人工智能时代，大数据、云计算、工业物联网等新兴产业蓬勃发展，再加上全球绿色低碳新能源革命方兴未艾，光纤通信和电力能源未来发展前景必将更加广阔。通信作为社会发展的"神经网络"，能源作为社会发展的"血脉动力"，社会越是发展进步，越是离不开它们。同时，亨通近年来布局的新能源新材料产业不仅是长生命周期产业，更是十万级别的"大赛道"，为企业创新发展、合作共赢创造了足够的成长空间。

　　所以，企业发展始终要坚持共建共享共赢的合作理念，坚决抵制不正当竞争；要共同维护好产业发展的良好环境，以竞争合作促进共同进步。

　　亨通未来一要聚焦关键核心技术自立自强，加强原创性、基础性研发创新，解决"卡脖子"技术难题；二要聚焦产业链、供应链自主可控，全面推进强链补链延链拓链建设；三要聚焦对战略主赛道相关新产业、新领域的投资，不断提升在全球价值链中高端产业的布局进位；四要聚焦"智改数转"和绿色发展，加快推进"智能工厂""灯塔工厂"建设，全面增强国际竞争力；五要聚焦全球产业市场布局和一体化运营，加快向国际化世界一流企业迈进。

永卓控股：一座村办轧钢小作坊的蜕变

企业简介

　　永卓控股有限公司（以下简称"永卓"）创立于1984年，历经40年的发展，实现了从无到有，从单一轧钢厂到联合型钢铁企业，从主营钢铁一元产业到新能源、新材料、建筑、物流、金融贸易等多元产业的三次跨越式发展，现成长为一家产业多元化、管理专业化的总部控股公司，有员工1万余名。曾荣获中国工业大奖、国家科学技术进步奖、江苏省省长质量奖及国家智能制造示范工

永卓厂区全景

厂等各类荣誉百余项。2023年,永卓营业总收入1608亿元。2024年,永卓跻身中国民营企业500强第71位。未来,永卓将坚守钢铁主业、做强实业,坚持以产品结构升级、产业链延伸、降碳减排来推进强链延链补链,聚焦钢铁制造、新材料、新能源产业和投资贸易,致力于打造具有全球一流竞争力的企业。

企业家简介

吴耀芳，1959年生，中共党员，高级经济师。曾在南丰医疗器械厂、张家港市旅行车厂、南丰供销社工作。1986年6月，进入永联轧钢厂工作后，先后担任销售科科长、厂长、总经理、董事长，现任永卓控股董事局主席。多年来，充分发挥自身的管理和营销专长，带领企业走上持续、高速、高效的发展道路。1993年，吴耀芳以永联轧钢厂为核心组建成立江苏永钢集团有限公司（以下简称"永钢"）。2002年，团结带领干部职工，投资10多亿元，仅用341天时间建成了百万吨炼钢项目，创造了中国冶金建设史上的奇迹，使永钢实现了从单一轧钢厂到联合型钢铁企业的飞跃。2021年，以永钢为基础组建成立永卓控股有限公司。吴耀芳因工作表现突出，获评"全国劳动模范""江苏省劳动模范""2017年度'一带一路'建设苏商功勋人物"等荣誉称号。

问：2024年是永卓成立40周年。40年前企业是怎样创办起来的？创办过程中又经历了哪些曲折？

答：我们这家企业是改革开放以来，在永联村党委带领村民脱贫致富的过程中诞生的。永联是一片年轻的土地，是在1970年春天，由当时的沙洲县组织千余名民工围垦起来的644亩（约42.9万平方米）长江滩涂，被称为"七〇圩"。后来，陆续从南丰、鹿苑、兆丰、大新等地迁来了254户700多人，组成了南丰人民公社23大队。由于地势低洼，十涝九灾，永联连续多年都是全县最小、最穷的村，先后换了6个工作组也没有起色。

1978年，永联迎来了转折点：一是改革开放，二是吴栋材书记的到来。我父亲吴栋材参加过抗美援朝战争，右手负伤致残。退伍后，他走南闯北，做过生意，当过生产队队长，有见识、有胆识，上级党委、政府对他委以重任，希望他改变永联村贫穷落后的面貌。1978年7月28日，他担任南丰人民公社23大队大队长、党支部副书记；1980年5月，他任党支部书记。我父亲吴栋材天生有股不服输的劲，他下定决心要带领村民拔掉穷根。

1984年，苏南地区的很多农民开始建造楼房，需要大量的钢筋，我父亲认为办轧钢厂前景广阔。第二天，他就借车赶往浙江湖州的厂家，花7万元买下了一台二手横列式轧机。在那时，农民办轧钢厂犹如"天方夜谭"。注册登记、资金、技术、市场……哪一个都是难题。面对困难，我父亲没有被吓退，他从南丰供销社获得15万元资金支持，村里出资15万元，与南丰供销社合资创办了"沙洲县永联轧钢厂"，也就是永钢的前身，并把钢厂挂靠在南丰供销社，一举解决了资金和"户口"问题，由此掀开了全村繁荣富裕的新篇章。面对办轧钢厂的技术难题，他派人到周边的南丰钢厂学习，虽然对方以影响安全为由不让他们进厂，但他们还是想到了办法，硬是在短短一个多月的时间里把技术给学了回来。有些靠自己无法解决的技术问题，他就聘请来"星期日工程师"。1985年，也就是办轧钢厂的第二年，产值达到了1024万元，永联村由原来的贫困村，一举跨入全县十大富裕村行列。

创办初期的永联轧钢厂

永联轧钢厂虽然地处农村，由一帮农民创办，但始终坚持解放思想、与时俱进。1987年，永联轧钢厂成立杭州办事处，"走出去"拓展市场，后来又打开了上海、南京等地的市场。解放思想、与时俱进还体现在依靠科学技术扩大再生产。1992年，北京钢铁学院（现北京科技大学）钟廷珍团队研发的一套530高刚度短应力半连轧生产线图纸要出售，我父亲意识到必须依靠科技发展企业，于是他跑到北京买下了这套生产线图纸。当年，永联轧钢厂投资3200万元建生产线。这是江南地区第一套国产化的技术设备，年产钢材12万吨。第二年投产后，仅一年就收回了全部投资。1993年年底，经江苏省经济体制改革委员会批准，以永联轧钢厂为主体组建了省级企业集团——永钢集团。1995年，永钢又改造了650轧钢生产线，将钢锭轧制工艺从二火成材缩短为一火成材，将钢锭直接轧成螺纹钢，大大节省了生产成本，开创了国内行业先河。同年，永钢跻身全国黑色金属冶炼和压延加工业乡镇企业前三强。科技进步，让永钢快速发展壮大。

2002年11月，党的十六大召开，会议强调要走新型工业化道路，改善经济增长质量和效益。当时，受亚洲金融危机余波的影响，市场上的钢坯比钢材还要贵。永钢作为单一轧钢的企业，受制于原料瓶颈，轧一吨亏一吨，可以说到了生死存亡之际。这时候，党委班子成员研究上马炼钢项目。有人说，永钢继续靠买钢坯过日子，那是"等死"；如果上马炼钢，那可能是"找死"。党委班子成员反复讨论后一致认为，坐着"等死"一定没有出路，炼钢这个大方向是正确的，只不过中间有些困难需要克服，认准了方向，敢闯敢干、敢于打破自己的"蛋壳"，才能闯出新的天地，获得新生。当时上马炼钢项目其实是缺乏条件的：一没资金，当时企业只有3亿多元，资金缺口很大；二没技术，图纸是临时买的，边干边设计；三没人才，项目建好后要炼铁炼钢，也没人会弄，后来承包给周边钢厂的技术团队，边看边学；四没土地，短短三个月内需要拆迁274户人家，难度相当大。2003年又遇上了"非典"，那段时间，大家拧着一股劲，起早摸黑地干，仅用341天时间就建成了百万吨炼钢项目，创造了中国冶金建设史上的奇迹。永钢就此成为长流程钢铁生产企业。当时原辅材料很便宜，2003年以后钢材涨价，企业盈利水平大大提高。之后，永钢又乘势而上，陆续投资建设了第二线材厂、新棒材厂、第二制氧厂、3万吨级长江自备码头及配套的重大工业项目。

苏州民营经济高质量发展实录——与知名企业家面对面

永卓控股

值得一提的是3万吨级长江自备码头项目。为了保障炼钢项目投产后的原辅料运输,降低物流成本,企业考虑在七干河闸口附近的江面建长江码头。但上级有关部门认为,此处不具备建码头的条件,容易形成泥沙淤积。我们自行找专家论证后,得知不会淤积,党委班子成员统一思想,哪怕淤积了再挖,也要把码头建起来。但报批过程十分艰难,手续非常烦琐。为此,我们逐个单位、逐级公关,自身打好心理预防针:不管面对什么困难,无论如何也要拿到批文。后来,一共盖了100多个公章,批文才下来。现在,码头年吞吐能力达到3500多万吨,20万吨的开普型船舶(又称"好望角型船舶")减载后也能靠泊,有效增强了企业物流运输的优势。得益于这些项目的建设,永钢迎来了一轮大发展。2004年年底,企业年销售收入超100亿元。

长江码头

2008年，受全球金融危机影响，永钢出现了亏损。此前一年，企业为了解决原料问题，在辽宁北票投资开矿、建设球团厂，投进去3亿多元。后来，党委班子成员及时总结，痛定思痛，决定把在北票的资产全部赠送给当地政府，把战线、人员和精力彻底收回来。2008年，国家出台"四万亿投资计划"和"十大产业振兴规划"，永钢向苏州市委、市政府主动请缨，提出"一年一个样，三年再建一个新永钢"的口号，加快炼钢三厂、线材五厂等项目的建设。经过努力，企业的年产钢量从400万吨一下子提高到900万吨。永钢的规模和竞争实力进一步增强。

自党的十八大以来，以习近平同志为核心的党中央相继作出了"加强生态文明建设""推进产业结构调整""深化供给侧结构性改革"等一系列重大部署。

作为江苏省人大代表，我在2013年年初参与制定《江苏省大气污染防治条例》后，就和干部们说，抓好环保工作是大势所趋。那一年，我组织多批人员去山西中阳钢铁有限公司学习，广泛动员、统一思想，提出建设"花园式工厂"，要求加强节能减排、绿化管理，大力发展循环经济。之后两年，企业发展遇到困难，现金流十分紧张，一些项目停了下来，包括联峰重工装备二期项目、焦化项目等，但是我们咬紧牙关，没有停掉烧结项目，最终在2015年上半年建成投产。后来，面对上级的环保督察，以及根据一些重大活动要求控制排放，我们都没有受到影响。事实证明，这一步也走对了，我们把握住了发展的主动权，赢得了政策先机。

2015年，由于钢铁行业产能过剩、"地条钢"横行、下游需求不足，整个行业全面亏损。永钢的日子也不好过，钢材卖出去没有利润。一些银行看到钢铁行业形势不好，停止放贷，抽回资金。为此，永钢采取了应对之策：一是加大国际市场开拓力度，发挥国内国际两个市场的平衡作用;二是在非钢产业上谋发展,开辟期货、投资、第三方贸易等业务,保障企业的稳健发展。事实证明,熬过了冬天,就能迎来春天。经历过这些,我们有了更多思考:永钢的产业比较单一。大家很努力、很辛苦,但是努力和辛苦并不决定钱赚多赚少。为什么?因为钢铁行业属于周期性行业,周期好就赚得多,周期不好甚至亏损,所以必须"跳出行业看发展",推进产业结构调整,做逆周期产业布局。之后几年,永钢便往钢铁的上下游产业链去延伸。

2008年,永钢收购濒临倒闭的张家港市市政建设工程有限公司;2013年,组建江苏永联精筑建设集团有限公司,经过十余年的发展,该企业连续6年跻身江苏建筑业百强企业,连续12年蝉联"苏州市优秀市政施工企业"荣誉之冠,获得中国市政金杯奖等多项殊荣。

2013年,永钢着手筹建LNG(液化天然气)加气站及新能源运输车项目。十年磨一剑,2023年7月,年储运300万吨的张家港海进江LNG接收站项目(苏州LNG储备中心)取得江苏省发改委核准,目前正在有序推进。

2021年年底,为了适应产业多元化发展需求,在永钢基础上组建成立永卓控股有限公司,将永钢调整为钢铁制造板块的经营主体。2022年,依托1000万吨的钢厂、万吨级的长江码头、直穿车间的内河码头,永卓整合成立江苏永卓物流科技有限公司,货物吞吐量达3500万吨,未来计划建成拥有公路、水路运输,港口装卸、仓储,集装箱装卸、运输,冷链物流服务,物流运输服务托管、供应链再造的综合性物流服务企业。2023年,永卓在山东荣成投资建设年产1.2万吨的高性能碳纤维生产线,一期4000吨生产线正在火热施工中。

永卓旗下子公司——山东永成新材料有限公司

今天,永卓已经形成钢铁制造、新材料、新能源、建筑、物流和金融贸易等多元化产业。2023年,永卓实现营业总收入1608亿元,钢铁板块与非钢板块利润占比已经接近1:1,产业结构进一步优化,抗风险能力显著增强。

回顾上述发展历程,我认为,党的路线方针政策是前进的方向标、发展的动力源,永卓就是坚定不移听党话、跟党走,抢抓了发展机遇,破解了发展难题,一步一个脚印地做大做强,实现了可持续发展。

问： 您是哪一年来到企业工作的？当时为什么会到企业来？

答： 我是1986年到永联轧钢厂的。在少年时期，父母常年在外奔波谋生，为减轻家里的负担，我16岁高中毕业后放弃了学业，进厂当了工人，先后在南丰医疗器械厂、张家港市旅行车厂从事销售工作。因为工作踏实努力，加上头脑比较灵活，1985年我当上了南丰供销社的科长。在当时那个年代，这可是"铁饭碗"，是很多人眼里的"香饽饽"。那年我26岁。

可是没过多久，我就迎来了人生的一次重大抉择。那时，永联轧钢厂刚刚创办，人才极度匮乏，产品滞销，发展受到很大制约，我父亲找到南丰供销社的领导，想让我辞职去永联轧钢厂。我刚当上供销社的科长，正准备大展拳脚干出一番事业，加上我与父亲性格、脾气不一样，考虑到父子俩在一起可能处不好，我便不想去。但看到他没日没夜地为永联轧钢厂忙碌奔波，我的心里很不是滋味。反复考虑后，1986年，我放弃了"铁饭碗"，来到了永联轧钢厂，担任厂长职务，从此也在永联扎下了根。为了拓展更大的生存空间，我从销售抓起，带着供销员在外推销钢材。1987年，在杭州成立了第一个驻外地办事处，后来又陆续开辟了南京、上海等地的市场，在华东地区打开了局面。一转眼，在企业干了30多年，后来，为了企业的发展与传承，也为了让年轻人挑担子，2019年，我辞去了总裁职务，从生产经营一线退了下来。回顾30多年的工作历程，尽管遇到过这样那样的困难，碰到过这样那样的挫折，经历过这样那样的打击，但我始终保持创业、创新、创优的热情，抢抓机遇、攻坚克难、顺势而为谋发展。

问： 20世纪八九十年代，苏南地区有很多小钢厂，经过40年大浪淘沙，很多企业已经消失在历史长河之中，但永卓保持基业长青，不断做大做强，其中有哪些宝贵经验可以分享？

答： 20世纪八九十年代，张家港市有近30家轧钢厂，光南丰镇就有南丰钢厂、14大队轧钢厂，它们都比永联轧钢厂规模大，但它们都被市场淘汰了。永卓40年的发展历程，可以总结的经验和理念有很多，但重点来说有这么几个方面。

一是党建引领企业发展。永卓的发展壮大源于党的建设，更得益于党的领导。1984年永联轧钢厂成立时，由永联村党组织领导；2018年，企业单独成立党委，"强村富民"的初心使命和共建共享的机制没有变。永卓始终坚持听党话、跟党走，实行党委班子、总裁班子交叉任职，打造学习型党组织，有效将党的路线方针政策与企业的经营管理实际相结合。2002年，企业响应国家走新型工业化道路的号召，上马百万吨炼钢项目，成为长流程钢铁企业；2008年，企业抓住国家"四万亿投资计划"和"十大产业振兴规划"机遇，建设大高炉、大转炉等项目，产能达到900万吨。永卓40年的发展历程就是一部落实党的路线方针政策的实践"教科书"。发挥党支部的战斗堡垒作用，始终坚持市场主体在哪里，支部就建在哪里，并紧紧围绕"书记有能力，班子有活力，制度有落实，工作有特色"来抓支部建设。强化党员队伍管理，坚持在党员干部中开展读好"政治理论、管理科学、专业技术、人生导向"四本书，坚持党员"学习在先、攻关在先、服务在先"等长效机制，实现"把党员培养成骨干，把骨干培养成党员"的双向培养目标。

正是在党的理论思想的指导下，永卓始终能够坚持走共建共享、共同富裕的发展道路，能够坚守"强村富民"的初心使命。正是因为积极落实党的方针政策，永卓才取得了发展壮大的辉煌成就；

正是因为党员干部充分发挥先锋模范作用，战天斗地、披荆斩棘、开拓进取、勇攀高峰，永卓才能从许许多多同期创办的企业中脱颖而出，一路走到今天，成功跻身中国民营企业500强。

二是抢抓机遇，与时俱进。每一次的跨越式发展，都是企业解放思想、抢抓机遇的结果。比如，2002年，受亚洲金融危机余波的影响，党委班子成员审时度势，决定上马炼钢项目。恰恰在新一轮宏观调控前建成炼钢项目，打通了钢铁生产全流程，搭乘上了钢铁行业黄金十年的发展快车。如果当时不能及时解放思想，缺乏逆势而上的勇气，势必会错失高速发展的良机。2012年，党的十八大做出"大力推进生态文明建设"的战略决策，企业深刻领会国家的政策精神，迅速、及时地做出调整，集中精力建设"绿色工厂"，大力发展循环经济，至今已累计投入近100亿元。事实证明，企业的思路和决策是正确的。党的十九大以后，党和国家提出要打赢蓝天保卫战。正因为我们提前启动了相关工作，所以把握住了发展的主动权，赢得了政策先机。

三是人才为本，四海用人。人才为本是永卓高效、快速、持续发展的重要支撑。在40年的发展历程中，企业秉承"人才是第一资源"的理念，坚持"五湖四海、三教九流，有为有位、无为让位"的用人观念，建立了一套"能者上、庸者让、劣者退"的灵活用人机制。比如，初办永联轧钢厂时，我们聘请"星期日工程师"，让懂设备、有技术的轧钢技术人员利用节假日等业余时间进厂指导工作，帮助轧钢厂逐渐走上正轨；企业与高端人才合伙成立公司，允许合伙人在公司股权结构中占据多数，"不求所有，但求所用"，支持他们干事创业，这让企业布局的一些产业逐步发展壮大。

企业始终以员工为本，努力创造员工可以安心工作、舒心生活的条件。20世纪90年代，兴建永钢小区作为第一批人才房；2013年，投资6亿多元建设颐和公寓，改善员工居住条件。之所以投入巨大财力为员工"筑巢"，是因为企业深知，只有让员工的小家安定了，员工才能把力量融汇到企业这个大家里。这么多年来，企业管理层始终秉持"员工无小事"的态度，坚持把员工的切身利益放在心头，每逢重要节日都深入一线慰问留守员工，开办暑期托管班照看员工子女，在员工就医、就学方面给予帮助。

企业努力吸引人、用好人、留住人，与员工事业、价值、利益构建共同体关系，充分释放员工价值创造动能，实现员工与企业的共同发展。

四是大胆探索，创新驱动。创新是永卓高效、快速、持续发展的动力源泉。在40年的发展历程中，永卓积极营造勇于尝试、大胆探索的创新氛围，广大干部职工大胆设想、小心求证、全心钻研，创新成果不断涌现。比如，1995年，在国内率先实现螺纹钢轧制"一火成材"；大胆应用国内首创的双机架线材减定径机组成套技术，成为行业内第一个"吃螃蟹"的企业。永卓坚持走自主创新道路，厚植创新土壤，激发创新热情，提升自主创新能力与水平，将"走出去"与"引进来"相结合，借智借力，让企业创新成果不断涌现，让发展质量不断提升。为此，永卓设立创新奖，激励员工开动脑筋，争先创新创优，企业成为各项产业创新的"孵化场"；加大科研投入，先后组建博士后科研工作站、省级企业技术中心、国家级实验室等科研创新载体，员工智慧得到了有效集合与利用，企业成为科技创新的培育地。

五是共建共享，共同发展。履行社会责任是永卓发展的驱动力，共建共享是永卓高效、快速、持续发展的方向标。在40年的发展历程中，永卓始终注重维系好与客户、员工、永联村等各方面的关系，让各方共享企业发展成果。

企业始终秉承"客户至上"的理念，聚焦为客户提供更高品质的产品、更优质的服务，用诚信、合作、共赢搭建起与客户共同发展的桥梁。近年来，围绕"高品质钢铁材料服务商"的战略定位，在提高产品质量的同时，企业为客户提供"门对门""个性化"服务，以服务赢得客户信赖。至2023年，与企业合作超过十年的客户近140家。作为全国最大的村办钢铁企业，永卓自创立以来始终坚守"强村富民"的初心使命，不断创新共建共享的体制机制，持续助力永联村建设发展，承担起永联村建设新农村的主体责任，做永联村乡村振兴的重要基石。作为具有较强竞争力的大型企业，永卓坚持依法纳税、努力吸纳就业、全力推进节能环保、热心社会公益慈善，在促进地区经济发展、推动绿色发展、带动当地就业、助力社会事业进步中发挥了重要作用，成为地区经济发展的重要推动力量。

永钢线材五厂摩根六代生产线

六是敢闯敢干，艰苦奋斗。办企业就要敢闯敢干，前怕狼后怕虎，什么事也做不成。曾经，我们面对一无资金、二无人才、三无技术的窘境，从1984年农民办轧钢厂，到2002年自筹10亿元上马炼钢、发展特钢，走多元化发展道路，无不体现了敢闯敢干、艰苦奋斗的精神。可以说，从企业创办之初，自强不息的精神就根植于企业的基因之中，引领着一代代永卓人励精图治、顽强拼搏、艰苦奋斗。40年来，正是因为我们自立自强，不怕苦、不怕难，敢于跟任何阻挡事业前进的艰难险阻一较高下，所以企业才能屹立不倒，一步步变大变强。

问： 永联村是全国闻名的富裕村，但这背后离不开永卓的支持。永卓与永联村是如何实现共建共享、共同富裕的？

答： 没有永联村就没有永卓。永联村创办轧钢厂的初心，就是要把轧钢厂打造成村民共建共享的载体，这成为企业40年来始终不渝的使命。企业的发展也离不开老百姓的支持，正是因为我们坚持共建共享、共同富裕，才有效凝聚了各方力量，形成了"众人拾柴火焰高"的强大合力。

20世纪80年代，通过"奖农补副"的举措，我们将企业部分利润用于奖励和补助村民农副业生产，让村民从企业中得到第二次分配；20世纪90年代，永联村坚持先富带后富，兼并周边3个行政村，企业发展空间得到扩展的同时，也大大增加了"奖农补副"的资金支出。1998年，企业实行股份制，进行民营化改革。在两次改革中，企业高管主动让出自己一半的股份，坚持给永联村集体保留25%的股权，村企形成清晰的产权关系,成为利益共同体。永联村永续共享企业红利。这25%的股权让村里每年获得过亿元的经济收益,人均分配超万元,有力地保障了永联村基础设施建设资金和村民福利。

除此之外,企业还助力乡村城镇化建设。永卓发挥企业融资平台作用,为永联小镇的建设提供36亿元,在实现99%的村民集中居住的同时,也为企业发展腾出空间。

助力农业现代化建设。永卓发挥企业人才优势,为科技农业发展招聘、输送人才,弥补农村人才难招聘的不足。发挥企业资源优势,将钢铁生产中产生的蒸汽,通过管道输送给永联村,用于种养殖和粮食烘干,年均节约农业生产成本超250万元。发挥企业产业优势,投资现代农业、发展乡村旅游,推动永联村第一、第二、第三产业融合发展,培育壮大集体经济,在永卓的扶持下,永联村建成包含现代农业、乡村旅游、社区服务等在内的产业体系,拥有实体企业5家、员工近3000名,年营业收入达8亿元。

助力农民共同富裕。随着永联村农村城镇化、农业现代化的推进,永卓吸纳近3000名村民进厂工作,同时把企业保洁、保绿、保安等岗位剥离出来,提供给村民,实现村民离土不离乡、就地城镇化的生活愿望。如今的永联村村民通过分配和就业,人均年收入突破6万元。

提升乡村治理水平,助力乡村振兴。永卓是永联村域的重要组成部分,是永联村进行乡村社会治理的主力军。2010年,企业发起成立永联为民基金会,每年捐款2000万元、捐助超3500名村民,实现致富路上一个也不落,因此被授予中华慈善奖。出资建设室内游泳馆、篮球馆、电影院,为员工和村民提供高品质的生活环境。加强精神文明建设,在文明停车、文明餐饮、"厕所革命"等方面引导村民提升文明素养,因此获评"江苏省文明单位"。

苏州民营经济高质量发展实录——与知名企业家面对面

如今的永联村已基本实现产业兴旺、生态宜居、乡风文明、治理有效、生活富裕的目标。全村10.5平方千米的土地上，展现出一幅由小镇水乡、花园工厂、现代农庄、文明风尚构成的中国农村现代化图景。永联村的综合实力在全国60万个行政村中名列前茅，连续六届获评"全国文明村"。

永卓推进乡村振兴的做法也得到了上级领导和社会各界的充分肯

永联村全景

定，企业申报的"钢铁产业绿色低碳全链赋能乡村振兴项目"摘得第七届中国工业大奖，既为钢铁企业绿色发展发挥了示范效应，也为民营企业赋能乡村振兴、促进共同富裕提供了现实范本和模式借鉴。2023年，企业共建共享、共同富裕的实践得到了中央电视台《新闻调查》栏目的关注，中央电视台用40分钟解析了村企发展"共富密码"。

通鼎集团：做通信行业有责有义有爱的500强

企业简介

　　自1999年成立以来，通鼎集团有限公司（以下简称"通鼎"）深耕信息通信产业，产品涵盖光纤光棒、光电线缆、网络设备、芯片模块、仪器仪表等全产业链，主要服务于国家通信网、交通网、能源网及各类专网的发展。

　　作为中国企业500强、中国民营企业500强企业，通鼎在董事

通鼎厂区

长沈小平的带领下,在坚守主责、做强主业的同时,把慈善作为第二份事业,每年将企业利润的5%—10%捐给社会公益事业。通鼎已累计向社会捐赠超10亿元,公益慈善足迹遍及全国23个省、20个国家级贫困县、11个经济薄弱地区。

企业家简介

　　沈小平，1963年生，高级经济师，模范退役军人，慈善家，享受国务院政府特殊津贴。现任通鼎集团、通鼎互联信息股份有限公司董事长，兼任中国慈善联合会副会长、中国光彩事业促进会常务理事、中国企业改革与发展研究会副会长、江苏省慈善总会荣誉会长、江苏省苏商发展促进会联席会长、苏州市应急与安全生产协会会长等社会职务。2021年2月，被中共中央、国务院授予"全国脱贫攻坚先进个人"称号，受到党和国家领导同志的亲切接见。沈小平和通鼎集团8次获得中华慈善奖，5次获得江苏慈善奖；个人还获评"全国脱贫攻坚奖奉献奖""全国优秀复员退伍军人""全国模范退役军人"，被授予"全国优秀企业家""中国经济年度人物""江苏省优秀企业家"等荣誉称号。

问： 2024年是通鼎成立的第25年。请介绍一下通鼎的基本情况及近年来的发展概况。

答： 我们都知道，一个对消费者负责的企业，更有可能赢得顾客与市场；一个诚实守信、保护环境的企业，更容易得到政府、投资方及消费者的支持；一个热心公益慈善的企业，更有可能树立良好的公众形象。所以，通鼎从成立那天开始，就明确了企业的发展定位，要做一个对消费者负责、诚实守信、热心公益慈善的企业。

通鼎所从事的是信息通信产业，这是国民经济中的战略性、基础性、先导性产业。在过去的40年里，我国信息通信实现了高速发展，无线通信从1G发展到5G，固定网络接入带宽从56千提高到2000兆，截至2024年9月末全国光缆线路总长度达到7183万千米。

25年来，通鼎以发展民族产业为己任，从一家名不见经传的小厂成长为中国企业500强企业、中国民营企业500强企业、江苏省规模骨干工业企业。

25年筚路蓝缕，我们深耕信息通信产业，产品涵盖光纤光棒、光电线缆、网络设备、芯片模块、仪器仪表等全产业链，主要服务于国家通信网、交通网、能源网及各类专网的发展。

25年来，我们坚持"政策导向、市场驱动、价值引领"，坚持走内涵式、集约化发展道路，坚持通信网、交通网、能源网及各类专网主营业务"四网"融合，坚持产业链、供应链、创新链、生态链"四链"协同，在5G、大数据、人工智能、工业互联网等新技术和新业态方面创新研究，构建绿色低碳的现代产业体系，培育光纤光棒、光电线缆、网络设备、芯片模块、数据运营、信息安全领域的产品竞争优势。

我一直对员工说，我们从事的是一份光的事业。我们逐光而行，向阳而生。我们坚守"立足光、迎着光、成为光"的战略选择，在形与势、虚与实、攻与守、快与慢的差异化竞争中守正创新，实现主营业务的稳步增长。

问：吴江是江苏省民营经济的"领头羊"。与吴江区内其他的500强企业不同，通鼎不是脱胎于村办或乡办企业，而是从0开始，一步步成为行业翘楚并成长为中国企业500强的。那25年来，通鼎是怎么一步步做到的呢？

答：25年，说长不长，说短也不短，我感觉是弹指一挥间。

如果要简单归纳通鼎的发展历程，首先是做精做专。25年来，我们深耕主业，通过建立国内光电线缆制造领域产业规模突出、产品规格齐全、生产技术先进、配套能力完善的技术研发基地和产品生产基地，实现了产品"从一根缆到一张网"。通鼎用自主创新、集成创新、联合创新，拓展企业"第二增长曲线"，形成从方案到"软件+硬件"再到技术服务共享的全价值链优势。同时，我们还培养"种子选手"，提高"集团作战"的综合优势产业链垂直整合能力。

其次是有责有义有爱。通鼎把社会责任融入中国式现代化企业发展新实践，探索出"以科技创新解决社会问题，以产业优势助力共同富裕，以组织向善完善慈善生态，以资源联动放大社会效益，以财富向善塑造发展格局"的公益实践路径，成为行业内备受尊敬的企业。

问：企业既有经济责任、法律责任，也有社会责任、道德责任。作为一位退役军人，多年来，您一直在用力帮扶退役军人就业成长。您是如何带领通鼎以最优质的资源，助力退役军人就业创业的？

答：军人是最可爱的人。我在部队待过，深知退役军人各方面的素质都比较强，他们一切行动听指挥，关键时刻不含糊，一定会跟企业发展的步调一致。为此，通鼎始终将退役军人作为企业"高质量的发展，有温度的增长"中一支重要的生力军。多年来，通鼎以企聚人、搭建平台、以家育人，帮扶退役军人就业成长，让"最可爱的人"成长为"最有用的人"。2019年12月，通鼎也被授予江苏省首批优秀"退役军人之家"称号。

江苏省首批优秀"退役军人之家"命名授牌仪式现场

从2005年开始，通鼎持续打造退役军人服务组织。2019年8月，通鼎成立退役军人"一站式"服务中心，通过别具匠心的"加减乘除"，出台退役军人"需求清单、服务清单、活动清单"和"企业地图、工作地图、生活地图"，通过整合企业党政工团等的各种资源，让退役军人充分感受到"企业的文化、家的幸福、军人的味道"，实现双促双赢。

通鼎将"传承绿色基因，弘扬亮剑精神"，在退役军人就业创业工作中，把退役军人作为最"铁"的朋友、最"棒"的知己、最"燃"的亲人，让每一位退役军人都融入"战斗军团"，成为"行家里手"，在推动企业"高质量的发展，有温度的增长"中实现人生精彩。

问： 习近平总书记在中共中央政治局第十一次集体学习时强调，"发展新质生产力是推动高质量发展的内在要求和重要着力点"。"新质生产力已经在实践中形成并展示出对高质量发展的强劲推动力、支撑力。"加快发展新质生产力，已经成为新时代新征程解放和发展生产力的客观要求。通鼎是如何发展新质生产力，以科技创新推动产业创新，推进自身由传统制造业企业向科技型企业转型的？

答： 新质生产力代表一种生产力的跃迁。我们认为，与传统生产力形成鲜明对比，能摆脱传统经济增长方式、生产力发展路径的先进生产力，都是新质生产力。新质生产力应该具有高科技、高效能、高质量等特征。

在制造业领域，我们坚持上下求索、内拓外延，打造"长宽高深"立体产业集群。

通鼎集团

"长"是指把产业链做长。通鼎建成国内首个光棒、光纤、光缆、光器件、机电设备、新材料"六位一体"的现代化线缆及配套产业集群。

"宽"是指推动传统产业转型升级。通鼎建成国内领先的集线缆、网络设备、信息安全、工程施工于一体的全价值链集群,建立产业链自主可控的生态运营机制,在存量上"提质",做向"宽"发展的"护城河"。

"高"是指通鼎加快战略性新兴产业培育,形成旗下多家企业"产业+科技+市场"模块化深度融合的发展高地,在增量上"拔高提速",预存未来的"动力源"。

通鼎光缆智能车间

"深"是指通鼎在"智改数转"网联工作中，向纵深挖掘，实现从订单下达、物料控制、生产计划、质量控制、设备管理、物流仓储到决策控制的全流程数据化覆盖，并将系统紧密接入上下游产业链企业，全力打造"个性化定制、网络化协同、柔性化生产、可视化监造"的智能制造模式，实现全生产系统、全产业链、全生命周期"上云端"，推动产业智能化、绿色化、融合化。

在科技创新方面，通鼎"融合大数据与智能算法的智能工厂解决方案""光缆智能制造试点示范项目""光缆制造智能提升工程新模式的研究和应用"3个项目先后入选工信部智能制造试点示范项目和智能制造综合标准化与新模式应用项目名单。

问：通鼎从创立到现在，一直在逐浪前行，紧紧把握住了一轮又一轮科技革命和信息通信产业变革的机遇。通鼎是如何通过抢抓每一个风口，实现全业务增长的？

答：通鼎已经连续7年成为中国企业500强企业，连续17年成为中国民营企业500强企业。

可以说，通鼎从成立以来就坚持"高质量发展"这一硬道理，坚定"沿着数据做好连接与安全"的战略路径，坚守实业、聚焦主业，向进发力、向新而行。

当风来的时候，只要站在风口，就能迎风起舞。通鼎所做的，就是努力让自己一直站在风口。

作为中国企业500强企业，通鼎聚焦产业，深耕主业，形成"以智能电网为龙头，以5G通信为基础，以信息安全为支撑，以大数据

通鼎光纤智能车间

运营为增长点"的产业布局。

针对爆炸式增长的大数据需求,通鼎研发了具有自主知识产权的云存储系统、数据大脑平台、人工智能云平台、信息安全平台等产品线。

依托国家企业技术中心等多个国家级、省市级研发平台,通鼎坚持产学研用一体化,坚持产业链、供应链、价值链协同推进,打造"产业+科技+市场"深度融合的发展高地,实现技术、产品及资源的协同,长板互用。

围绕新一代信息技术、新能源、新材料、人工智能等数字经济发展新赛道,通鼎坚持科技创新,布局国内首个光棒、光纤、光缆、光器件、机电设备、新材料"六位一体"的现代化线缆及配套产业集群。

问： 未来，通鼎将如何继续以科技创新推动产业创新，构筑企业核心竞争力？

答： 推进传统制造业企业向科技型企业转型，既是当代企业发展的重大课题，也是通鼎发展新质生产力、以科技创新推动产业创新的长远且重大的任务。

通鼎接下来的创新发展思路也是非常清晰的。我们将在以"5G+千兆全光网"为代表的全光网络建设中，依托国家企业技术中心、院士工作站、博士后科研工作站等高层级科技创新平台，与国内外20余所高校、科研院所结成产学研用的"创新共同体"。

前不久，通鼎与南京大学、中国科学院半导体研究所联合承担的"基于PWB技术的16×100Gb/s混合光子芯片封装技术研究"项目已入选科学技术部国家重点研发计划"战略性国际科技创新合作"重点专项，通过了科学技术部的验收。这个项目将成为通鼎以科技创新推动产业创新的重点项目。

通鼎将认真贯彻新发展理念，提升科技创新力，加快培育战略性新兴产业，形成旗下多家企业"产业+科技+市场"模块化深度融合的发展高地；聚力光通信核心关键技术研发攻关，在光通信、组网技术、数据安全、全场景数字化运营、电能储备传输等领域自主创新、集成创新、联合创新，拓展企业"第二增长曲线"；坚持"智改数转"网联，积极应对风险挑战，在稳健的基础上统筹好"高质量"这一发展要义。

问：通鼎是如何走上慈善之路的？

答：通鼎的慈善之路，还得从25年前说起。那时我还没办企业，偶然碰到我的小学老师。他跟我讲，村里的小学缺少电教设备，电脑课等新课程没办法安排。我想，再穷不能穷教育，于是就把当时家里所有能拿出的钱都拿了出来，购置了45台电脑送到学校，建起了吴江地区的第一个"乡村小学电教室"。之后，我又为学校建了图书馆，为困难学生发放了助学金。

自此，走在慈善之路上的我，从未停下自己的脚步。我一直说"赠人玫瑰，手有余香"。一个人为自己活是非常渺小的，人生的价值在于创造财富，而财富的价值在于奉献社会。只有将小我融入大我，把财富用于社会，人生才更有意义。

我们每年把企业利润的5%—10%拿出来捐给社会公益事业，以确保公益活动的可持续性和成长性。目前，通鼎已形成"做优1个基金会、打造9个专项基金、联结N个平台、实施系列精准慈善项目"的从内到外、综合立体的长效社会责任发展新格局，常态化开展乡村振兴、教育扶智、防灾救灾、古迹保护、社工服务等公益慈善活动，积极参与"第三次分配"，助力共同富裕。

25年来，通鼎累计向社会捐赠超10亿元，公益慈善足迹遍及全国23个省、20个国家级贫困县、11个经济薄弱地区。

我的愿望是让慈善的光照亮每一寸土地，把慈善的温暖送至五湖四海。

问： 请简单介绍20多年来通鼎开展的公益慈善活动。

答： 梳理通鼎的慈善之路，主要从四个维度展开。

一是同联星村等周边经济薄弱村建立长效帮扶机制。到2024年，通鼎已连续9年为联星村60周岁以上老人发放"新春助老金"。2016年，我在联星村设立了"新春助老金"，9年来，以每人每年增加100元的方式持续进行。到2024年，联星村"新春助老金"已经从最初的每人1000元增加到每人1900元。通鼎已累计发放联星村"新春助老金"超1000万元。此外，通鼎在乡村信息基础设施建设、河道整治、弱势贫困群体救助等方面投入超千万元，带领乡亲走上脱贫致富之路。

二是依托光纤入户等产业优势，将光缆拉进重庆乌羊坝等多个悬崖上的学校。通鼎先后在江西、四川、云南、新疆等中西部9省（区、市）开展产业扶植。

三是坚持"企业带动+学校培训+定向就业"的帮扶模式，向徐州、盐城等地的职业技术学校捐赠资金、产品生产线和核心技术，建立实训基地。

四是2008年汶川地震时，通鼎注资1000万元成立爱心基金；玉树地震、雅安地震、鲁甸地震、阿坝地震，江苏盐城龙卷风灾害，江西、湖南、河南水灾等自然灾害发生期间，通鼎率先"出列"，累计投入近2亿元，第一时间帮助灾区恢复通信，用爱心传递社会温暖。

总的来说，我们深度聚焦特殊困难群体、低收入群体、农村弱势群体，连续10年参与江苏省慈善总会发起的"情暖江苏"春节慰问活动，捐出善款1000多万元；与全国多个慈善组织在乡村振兴、儿童福利、康养服务，以及残疾人、失能老人等生活困难群体的帮扶方面，建立长效帮扶机制；依托产学研用一体化发展平台，先后在全国22所高校捐资助建实验室、实训基地，助力高校基础研究、人才培养。

　　2023年，通鼎与苏州市检察院、苏州市慈善总会共同设立"苏城检爱·通鼎司法救助专项基金"，并将在三年内向该基金捐赠600万元；在江苏省震泽中学百年华诞之际，捐赠1000万元支持校园建设；捐赠给北京大学1800万元，用于通鼎博雅讲席教授等人才项目建设；捐赠给南京大学2000万元，用于江苏国家应用数学中心建设；捐赠给东南大学2000万元，用于支持"至善青年学者"项目；向中国乡村发展志愿服务促进会捐赠2000万元，用于支持与帮助该促进会开展乡村振兴、救助帮扶等项目；捐赠638万元参与地方古迹保护等工作，延续民众对历史文化的集体记忆。

　　"道德+舍得，方为大德。"通鼎的慈善之路没有终点，我们将更好地践行慈善使命，担当社会责任，用实际行动书写大爱情怀。

问： 慈善共富是通鼎多年来追求的目标。通鼎将如何通过慈善助力社会经济持续发展？

答： 步入新时代，慈善早已不是单纯的募捐、解决温饱问题，而是要以创新的公益慈善模式去实现人民对美好生活的向往。

早在2018年，通鼎就发起成立了全国首个地方性社会工作发展基金会——苏州通鼎社会工作发展基金会，用"公益的心态+市场化的运营"，推动慈善事业和社会工作高质量发展。

苏州通鼎社会工作发展基金会还与苏州市民政局、苏州科技大学联合发起成立了江苏省首个社会工作发展研究院——苏州市社会工作发展研究院，落地了系列社会工作标准化柔性理论成果，打造了苏式"产教融合"社会工作发展新模式；深度开发了"农民工子女'四点半课堂'""苏州市集宿区外来务工人员增能减压"等精品公益项目。

在江苏省、苏州市两级民政部门的指导下，通鼎深入参与"苏皖豫社工机构'牵手计划'"，以及苏州与宿迁、信阳、阜阳联合开展的"暖心行动"与"牵手活动"等，创新项目化运作和专业化服务。目前，苏州通鼎社会工作发展基金会累计运营资助项目49个，落地全国20个城市，捐赠资金超过2000万元。2022年，苏州通鼎社会工作发展基金会获评江苏慈善奖"最具影响力慈善组织"。

苏州通鼎社会工作发展基金会将依据行业特点、地域特征和企业特色，精准开展公益慈善活动；依托各类慈善组织和平台优势，精准参与公益慈善项目。

我一直说，企业和企业家不仅要成为发展经济的强大创新主体，更要做"爱国敬业、守法经营、创业创新、回报社会"的典范。通鼎将持续走好慈善之路，更加坚守实业、聚焦主业，守正创新，更多地参与公共事业，更好地担当社会责任，更加向上向善，在推进中国式现代化伟大事业、促进共同富裕中做出新的和更大的贡献，用实际行动践行"富而有责、富而有义、富而有爱"的时代担当。

阿特斯阳光电力集团：
让太阳能走进千家万户

企业简介

阿特斯由瞿晓铧博士于2001年创办，中国区总部位于苏州高新区，2006年在美国纳斯达克（NASDAQ）上市，是中国首家登陆美国纳斯达克的光伏一体化企业。阿特斯阳光电力集团股份有限公司（以下简称"阿特斯阳光电力"）为其子公司。2017年，阿特斯基础设施基金（CSIF）在东京证券交易所成功上市。2023年6月9

阿特斯光伏电站项目——山西晋城150兆瓦光伏电站

日,阿特斯阳光电力在上海证券交易所科创板上市。阿特斯是全球头部光伏组件和大型储能系统制造商之一,其核心业务为晶硅光伏组件的研发、生产和销售,以及大型储能系统制造和系统解决方案制订。阿特斯阳光电力连续多年跻身中国对外贸易500强、中国企业500强、中国民营企业500强、全球新能源企业500强等。

苏州民营经济高质量发展实录——与知名企业家面对面

企业家简介

　　瞿晓铧，1964年生，现任阿特斯阳光电力集团董事长兼首席执行官、苏州高新区（虎丘区）新一代企业家商会名誉会长等。先后毕业于清华大学、加拿大曼尼托巴大学，1995年获加拿大多伦多大学半导体材料科学博士学位后，作为博士后研究员在多伦多大学从事半导体光学设备和太阳能电池的研究。2001年，瞿晓铧创办阿特斯。由于贡献突出，荣获"江苏省有突出贡献的中青年专家""江苏省劳动模范""江苏省科技企业家"等称号，还被授予江苏省第三期"333工程"突出贡献奖。2019年，当选为加拿大工程院院士。

问： 1987年，您远赴加拿大留学，后来加入了加拿大安大略省电力公司，在光伏领域开始崭露头角。那时您已经有了不菲的收入，为什么又会选择放弃体面、高薪的工作回到国内从头开始呢？

答： 1981年，我本科考上清华大学，读应用物理专业。1987年，出国留学。1995年，从加拿大多伦多大学博士毕业，后进入安大略省电力公司，做光伏研发科学家。28年来，我涉足的唯一领域就是光伏，所以说我的初心、我的使命和我的历程是完全相符的。大家会说："瞿晓铧，你真幸运，选对了赛道！"其实，这中间有命运使然，也有内心的驱使。

28年前，光伏产业刚刚萌芽，规模不及现在的万分之一，成本是目前的100多倍，前景不明，但好似一张白纸，有很大的想象空间，有很多技术问题待解。命运把我带上了光伏这条赛道，坚持在这条赛道上跑下去是我的选择。

问： 您创业初始，就拿到了大众汽车数百万美元的订单，可以和我们分享一下订单成功交付背后的奋斗故事吗？

答： 在我进入职场5年后的2001年，德国大众汽车招标做汽车电瓶的光伏充电器。我的方案被选中，但我的老板认为这项新业务规模不大、风险不小，不适合大公司做，如果我有兴趣，他支持我创业去做。当时，我是公司的战略采购和亚太地区业务负责人，算是高级白领，但我选择了创业这条前途未卜的赛道，选择了不忘初心，这就有了阿特斯。

我多次到国内青海牧区出差,为无电的牧民开发和提供太阳能灯,也因此体会到牧民无电可用的困苦。阿特斯成立之后,"让太阳能走进千家万户,让子孙后代享有更干净、更美丽的地球"就成为阿特斯的愿景,也成了我的使命!

感谢时代,虽然我在创业过程中经历了许多风雨,但阿特斯的发展还算比较顺利。2006年,阿特斯在美国纳斯达克上市;2017年,阿特斯基础设施基金在东京证券交易所上市;2023年,阿特斯阳光电力在上海证券交易所科创板上市。2023年,阿特斯在30多个国家和地区有员工2万多名,销售收入超过500亿元。

阿特斯阳光电力科技有限公司

问： 阿特斯从创立到登陆美国纳斯达克，仅仅用了5年时间，为什么能得到如此迅猛的发展？

答： 阿特斯创立之初，适逢全球对清洁能源需求高涨，国内光伏产业也初现萌芽。这为阿特斯的发展提供了良好的外部环境。

2001年，接到大众汽车的订单，阿特斯在太阳能应用小产品上赚到了"第一桶金"，但在对行业、市场进行深度分析之后，我们敏锐地察觉到应用产品仅是最低层级的光伏产品，只有抓住实现无电地区的电力化和大型电厂并网的机遇，才能拥有更大的发展前景。因此，在2005年，阿特斯果断转型制造大型光伏电站组件，年收入迅速突破千万美元，实现了由小作坊式工厂向规模化大公司的转变。2006年，阿特斯便成功登陆美国纳斯达克。

问： 业内有一句广为流传的话——"阿特斯不做第一，只做一流"。在光伏行业竞争激烈的情况下，您是如何产生并一直秉持这样稳健、理性的经营理念的？这样的经营理念又是如何助力阿特斯稳扎稳打，有力迎击诸如金融危机、行业周期等风浪的呢？

答： 的确。我从事光伏行业28年，创业23年，跨过了光伏行业的好几个周期，看到了这个行业的潮起潮落。遇到的最大的几次困难都跟大环境的变化有关，比如，2007年、2008年硅料价格的上涨，欧债危机和次贷危机的爆发，还有好几个国家对中国光伏组件发起"双反"调查，以及目前的产能过剩现象，等等。现在总结起来，阿特斯能够穿越这些周期，靠的是"有所不为"和"有所为"。

"有所不为"指的是要多思考和预判行业的趋势，凡事谨慎、不盲从。"有所为"指的是要追求创新，努力做到"卓尔不同"，做与别人不一样的事情。比如，在商业模式上，阿特斯在行业内率先进入光伏和储能项目开发领域，率先实现国际化；在技术上，阿特斯在光伏行业内首创半片、多栅线、双玻双面、大硅片等技术。2018年，阿特斯还开发了光伏行业内第一套基于深度学习的人工智能系统。创新使得阿特斯在每一次的行业周期中都能实现一次蜕变、一次飞跃。

问：阿特斯是一家全球化的企业，在全球范围内开发、建设、运营了许许多多的项目，其中有哪些标志性的项目？这些项目又有哪些亮点和技术优势呢？

答：阿特斯的座右铭是"卓尔不同"，创新一直是阿特斯和光储行业发展的第一原动力。但随着行业发展，创新空间越来越小，我2023年提出并强调，"非现实不卓尔，非魔幻无不同"，意思就是要员工换视角、开脑洞、大胆创新，但创新要接地气，要落脚在现实。在光伏和储能两条赛道上，阿特斯注重技术和商业创新。

首先，阿特斯的技术创新成果有很多，比如，布局TOPCon技术研发、HJT技术研发、储能项目等。截至2023年，阿特斯有效专利有2205项。在很长时间里，阿特斯一直

阿特斯TOPCon组件自动化生产线

是专利最多的光伏企业。在光伏技术方面，目前在用的基础技术（如半片、多栅线、双玻双面、大硅片等）都是阿特斯率先实现商业化的。2017年，阿特斯率先将硅片尺寸从158毫米×158毫米提高到166毫米×166毫米，使组件功率首次达到400瓦。这项技术看似简单，但做起来不容易，涉及整个产业链，帮助降低光伏的制造成本和光伏发电的度电成本，意义重大，引领了过去七年里硅片大尺寸化、组件高功率化的行业趋势，是近十年里影响最大的光伏技术创新。

其次,在商业创新方面,2009年,阿特斯开始在加拿大从事光伏项目开发工作,是全球最早涉足该业务的企业之一,由光伏制造的"一条腿走路"变成"光伏制造+项目开发"的"两条腿走道",上下游协同,形成合力,对公司顺利通过2012年开始的欧美光伏"双反"调查及后来的发展起到了至关重要的作用。2015年,阿特斯收购了当时在美国领先的光伏项目开发商Recurrent Energy,这帮助阿特斯成为全球规模领先、市场分布最广的光伏项目开发企业。2018年,Recurrent Energy开始规模开发储能项目,其也成为全球较早涉足该业务的企业。储能已成为项目开发新的营收增长点,

阿特斯光储电站项目——美国加利福尼亚州350兆瓦/1400兆瓦时"酒红(Crimson)"储能电站

阿特斯阳光电力集团

并支持阿特斯成为储能设备和系统集成的全球领先供应商。2024年，Recurrent Energy引进战略投资者贝莱德，启动由光储项目开发商向资产运营商和服务商的商业转型。

　　同时，阿特斯一直在积极开拓全球市场。国内光伏制造产能占全球的80%以上，但国内光伏市场常年只占全球的40%左右，显然，海外市场非常重要。阿特斯重视海外市场开发和品牌建设，产品的海外市场出货占比达70%—80%，全行业最高，是最早投资海外制造的光伏企业。2009年，阿特斯在加拿大设厂，后来在巴西、越南、泰国、印度尼西亚、美国设厂，投资回报都不错。

阿特斯

问： 2023年，机构股东服务公司（ISS）在企业社会责任（ESG）评级中给予阿特斯"最佳"评级，阿特斯位居行业全球第二、中国第一。在阿特斯的官网"卓尔不同"一栏中，"让太阳能走进千家万户"被放在了最显眼的位置，那么阿特斯是如何履行企业的社会责任的呢？

答： 在我看来，ESG［Environmental（环境）、Social（社会）、Governance（治理）］理念是指光伏是支撑全球可持续发展的主力能源，这要求我们以可持续的方式开展业务，持续降低产品的碳足迹，满足用户对低碳产品的需求，比如，法国ECS（Evaluation Carbone Simplifiée，碳足迹）和意大利EPD（Environmental Product Declaration，环境产品声明）认证产品等，是阿特斯重要的经营项目。在阿特斯初创时，我提出的企业愿景是"用二三十年时间，让太阳能走进千家万户，让子孙后代享有更干净、更美丽的地球"，当时还没有成体系的ESG理念，但公司的愿景就包含了朴素的ESG意识。阿特斯的ESG理念是规范治理、环境友好、善待员工、回报社会。在具体实践中，我们设定ESG三方面的年度目标，层层落实到部门，用可量化的方式提升公司的ESG表现。

在环境方面，2017—2023年，企业的温室气体排放强度下降了37%，用能强度、用水强度和废弃物排放强度分别下降了37%、72%和55%。我们计划在2030年前，做到100%使用可再生能源电量。在社会责任方面，女性员工占比、女性管理人员占比、残疾员工占比均逐年提高，但由于行业和社会原因，还没有达到我的要求。

在晶硅光伏行业，过去三年，阿特斯的ESG报告评分最高，这是对阿特斯ESG表现的肯定。我还有幸获得了安永可持续发展年度最佳奖项2023杰出个人。2024年"三八"国际妇女节当天，阿特斯举办了第七届"三八光伏技术论坛"。现在，这个论坛在光伏行业内有很高的知名度和影响力。举办这个论坛的初衷是鼓励女性从事光伏行业。女性员工比例，特别是女性管理人员的比例，一直是阿特斯的重要KPI（Key Performance Indicator，关键绩效指标）。我在公司里发起"用100双手托起一位残疾人"的倡议，要求把残疾员工比例提高到1%。我还坚持做视频号，现在有三个栏目：晓铧读书、晓铧游记和晓铧观点。我每一次都是坐在轮椅上直接拍摄的，从不掩饰自己是名残疾人，就是为了用我自己的例子来鼓励残疾人重新回归社会，并为他们鼓与呼，引起社会对残疾人的关注，为他们的工作和生活提供便利。

问： 您为何在硅料价格高企时决定不签硅料长期采购订单，并选择在加拿大进行光伏电站的开发？

答： 这是一个关于商业模式创新的故事。2009年前后，光伏用硅料价格大幅上涨，每千克从30美元上涨到400多美元。头部光伏企业纷纷签订硅料长期采购订单，并投资硅料产能。当时，阿特斯不缺订单，但如果不签硅料长期采购订单，就有可能错失业务机会。经过深入思考，我认为硅料高价不可持续，决定不签硅料长期采购订单。2010—2011年，西班牙和意大利政府修改光伏补贴政策，需求下降，导致硅料价格下降到每千克30美元以下，签硅料长期采购订单的企业、大规模投资硅料产能的企业都遭受了重大损失。

2009年之前，光伏的主要应用是分布式，就是大家通常看到的屋顶光伏。2009年，加拿大政府开始光伏电站招标，要求项目采用当地产组件。

光伏电站开发跟房地产开发类似，项目周期长，资金回笼慢，涉及购买土地、项目环境评估和批复、与并网公司签订并网协议、与电力公司签订售电协议、项目融资和建设、最终出售项目等环节，需要大量资金。这是一项全新的业务，整个光伏行业都没有直接经验可以借鉴。当时，每瓦电站的投资是3加元，一个100兆瓦的项目需要15亿元的投资。加拿大没有供应链，也缺少有光伏经验的技术人员和工人，工厂的建设和运营存在诸多风险与挑战。

但与完全没有经验的竞争对手相比，阿特斯还有光伏制造优势。选择在加拿大制造组件是因为我有在加拿大ATS Automation公司做光伏制造的经验，而且我之前在加拿大读书和工作，了解加拿大，也有一些人脉，这些都是优势。我认为，新业务虽然有点难，但竞争不激烈，阿特斯有一定优势，就决定投标，并先后中标和收购了400兆瓦的项目。

在建设过程中，我们聘用了有干劲、有冲劲、爱学习的当地员工，解决了项目开发和建设过程中的很多难题。我们加强与银行的沟通，说服国内银行"做第一个吃螃蟹的"，也因此拿到了项目贷款。我们还下力气解决在组件生产管理中遇到的跨文化沟通问题，组件工厂顺利达产。

问： 这些决策对阿特斯的发展有何影响？

答： 当项目开始建设时，硅料价格大幅下跌，组件成本相应降低，项目收益得到改善并超出预期。同时，也推动了我们项目开发业务的进程，通过加拿大项目，我们培训了大量能力强、有凝聚力的项目开发专家，有了先发优势和人才优势，为阿特斯后来在泰国、越南、巴西等国家和地区建厂积攒了宝贵经验。目前，阿特斯将项目开发业务拓展到五大洲的20多个国家和地区，是海外规模领先、市场地域最广的光伏和储能项目开发商。

问： 在了解您和阿特斯的故事的过程中,您坚韧不拔的精神力量令人动容。2019年的那场变故仅仅过去半年后,您就出现在公司的新春晚会上。2023年您又带领阿特斯阳光电力首次公开发行A股并在科创板上市,您是如何战胜挫折的呢?

答： 2019年的"五一"长假,我打算到内蒙古阿拉善沙漠植树种草,顺便到宁夏考察公司的沙漠光伏电站,却意外受伤,造成高位截瘫。后来,我在朋友圈里写过:"在那一瞬间,真的以为这只是柔软的黄沙跟我开的一个小小的玩笑。在那一瞬间,我用尽洪荒之力而无力;在那一瞬间之前,我的梦想在高山之巅,在冈仁波齐;在那一瞬间之后,我的梦想就是在有生之年能回到我的高度1米81。"

虽然积极配合医治,坚持康复,可我还是没能站起来,成了企业界的"张海迪"。受伤8个月后的2019年12月,我重回工作岗位,因为我不想放弃我的初心、我的使命。行动受限,在工作和生活上遇到了很多不便,这让我明白了残疾朋友的处境。我的一个新的使命就是为残疾朋友提供更多的工作机会,我也在网上开了晓铧读书、晓铧游记、晓铧观点等栏目,为残疾朋友鼓与呼,让更多的人了解他们的处境,从而支持他们。

问： 20多年来,阿特斯稳扎稳打地一步步成长为行业领先的企业,如果要为阿特斯贴上一个核心标签,您会选择什么?

答： 稳健。我的性格,包括创业过程的基调,都是稳健。我一直秉持的经营理念是"阿特斯不做老大,只想做最后一个死的光伏企业"。光伏行业波澜壮阔的同时也危机四伏,在这个高危行业里,稳健是企业生存的第一要义。只有稳健,阿特斯才能在大浪淘沙的长跑中,一直保持住中流砥柱的坚韧。

阿特斯阳光电力集团

问：您被大家誉为"追赶太阳的人"，未来您在"追赶太阳"的路上有哪些希望和愿景？

答：不忘初心，理性导航，步步为营，卓尔不同！

不忘初心。我自己是1996年进入光伏行业的，到现在28年，没换过行业，估计退休前也不会换了，对光伏可谓"从一而终"。阿特斯是2001年成立的，2024年10月过了23岁生日。在过去的23年里，历经风雨彩虹，但没有换过赛道，也没有开拓过别的业务。我们初心不改，对光伏坚贞不渝，是历史最长、业绩最稳的光伏企业之一。

理性导航。在过去的20多年里，光伏行业至少经历了四轮周期，有挑战，也有机遇，更有诱惑。由我这个理工男领航的阿特斯，坚持理性决策，稳健经营。想不明白的事情不做，虽然因此失去了一些短期博弈的机会，但没有走大的弯路，一路走来，还算顺利。

步步为营。做企业像走长征，像跑马拉松，只有企业做到了可持续经营，才能对员工、对社会负起责任。阿特斯不追求虚名，现金比利润重要，利润比发货量、排名重要，避免"押宝式"的过度投资，尽量轻资产运营，做到"船轻好调头"。阿特斯往往在行业周期的底部表现更好，并为目前这一轮新行业周期做好了充分准备。

卓尔不同。阿特斯鼓励和坚持创新，努力做到技术引领、商业落地、发挥优势、卓尔不同。

攀华集团：
勇攀高峰、闪耀中华 努力打造世界的『薄板之王』

企业简介

攀华集团有限公司（以下简称"攀华"）创建于2001年，总部位于江苏省张家港保税区。全集团占地面积5000余亩（超3平方千米），现有固定资产500多亿元、员工5000余名。旗下有20多家子公司，经营业务涉及薄板制造、码头物流、房地产开发、金融投资、食品加工等领域。集团主营热轧板、酸洗板、镀锌板、彩涂板、硅钢、型钢等系列产品，现已成为中国民营企业中最大的薄板生产

攀华集团总部

商,有江苏张家港、重庆涪陵、湖南岳阳、安徽望江(建设中)四个生产基地。集团连续多年跻身中国民营企业500强、中国制造业民营企业500强、江苏民营企业前40强、苏州民营企业前10强。同时,集团在菲律宾投资建设一个年产千万吨的综合性钢铁产业园和一个拥有2.5千米岸线的海港码头。产品畅销全球,奠定了集团在薄板生产领域的王者地位。

苏州民营经济高质量发展实录——与知名企业家面对面

企业家简介

　　李兴华，1970年生，现任攀华集团董事长，兼任重庆市人大代表、重庆市工商业联合会副主席、重庆市进出口商会副会长、重庆市青年创新创业促进会会长、重庆市新材料产业联合会会长、重庆市企业联合会副会长、江苏省苏商发展促进会副会长、苏州市工商业联合会（苏州市总商会）名誉会长、菲律宾江苏商会名誉会长、菲律宾中资企业总商会常务副会长、中国企业家俱乐部联席主席，以及西南大学、长江师范学院兼职教授。曾获"张家港市优秀企业家""张家港市十大杰出青年""张家港市劳动模范"称号；被评为"第五届全国乡镇企业家""'一带一路'建设苏商功勋人物""改革开放40年·最受尊敬的苏商功勋人物""十大重庆经济年度人物"及江苏省"光彩之星"；多次获中华全国工商业联合会和中国民营科技实业家协会联合授予的"中国优秀民营科技企业家"称号；获"2021年度杰出渝商"称号。

问：攀华是怎样从一家作坊式小工厂发展成如今的中国民营企业500强的？

答：1998年年底，亚洲金融危机的余波未平，国内市场对镀锌板的需求逐渐萎缩，彩色钢板因美观实用被广泛应用于基础设施建设中。而国内有能力生产彩色钢板的只有上海宝钢集团公司等大型企业。因此，彩色钢板大多依赖进口，并且进货渠道狭窄、价格高昂，造成市场供应严重短缺。我捕捉到这一商业发展契机后，审慎思索，做出了寻找生产彩色钢板合作伙伴的选择。通过长达两个月的国内多地实地调研及国外考察，我们毅然承包了重庆西南铝加工厂（2000年12月，改制成西南铝业（集团）有限责任公司，以下简称"西南铝"）涂层分厂加工彩色钢板，并一举获得成功。

2000年9月，在张家港市委、市政府的关心和支持下，我决定投资5000万元在港区镇民营科技园兴办具有国际先进水平的1500毫米彩色钢板生产线，建设国内生产彩色钢板的重要基地。为了抢占先机，使企业迅速投产达产，我们大力发扬敢于争先的"张家港精神"，仅用了同类企业三分之一的时间就完成了年产15万吨彩色钢板生产线的工程，创造了建设史上的奇迹，赢得了大量商机，"华达"牌彩色钢板被源源不断地销往国内外。

苏州民营经济高质量发展实录——与知名企业家面对面

2001年11月，攀华投资6000万元建设第二条年产20万吨的彩色钢板生产线，并于2002年5月正式投产；2002年4月，投资9000万元兴建第一条年产20万吨的镀锌生产线，并于2003年3月建成投产，紧接着另一条年产20万吨的镀锌生产线于2004年下半年正式投产；2005年，完成技术改造，投入8亿元，分别兴建2条酸洗生产线、3条冷轧生产线，其中，五机架冷连轧生产线为江苏省唯一一条，并将原有的第二条镀锌生产线改造成退火、镀锌一体的综合生产线；2006年，投资3亿元建造年产30万吨的连续退火生产线、年产20万吨的镀铝锌生产线，分别于2006年9月、12月投入试生产；2006年年底，投资建设纵剪生产线和横剪生产线，满足了广大客户对剪切配送的要求。至此，攀华就拥有了年产120万吨酸洗、120万吨轧硬、30万吨冷轧、40万吨镀锌、20万吨镀铝锌、35万吨彩色钢板的能力，成为中国民营企业中最大的薄板生产基地之一，产品远销国内外，并赢得一致好评。

到了2008年，在全球金融危机的影响下，世界经济处于低迷状态。而我抓住了西部大开发的战略机遇，顶住重重压力，坚定聚焦实业，果断地在重庆涪陵投资建设最具规模的薄板生产基地。一期项目投资40亿元，建造150万吨薄板系列项目。该项目自2009年9月开始建设，仅用8个月的时间，彩涂生产线就安装完毕进行调试。2010年5月20日，第一条彩涂生产线建成投产；2010年8月16日，第一条镀锌生产线正式投产；2011年，2条酸洗生产线和冷轧生产线相继成功投产。二期项目于2010年11月3日正式签约，落户重庆涪陵李渡工业园区，投资60亿元建设260万吨汽车板项目，主要设备有1780系列的酸洗生产线、五机架冷连轧生产线、镀锌线和退火生产线等。同时，攀华与国内大型钢铁企业开展强强联合，主要致力于生产无间隙原子钢（又称"IF钢"）、高强度IF钢和烘烤硬化钢、各向同性钢、高强度低合金双相钢和相变诱发塑型钢等。"新攀华"经过两年的发展，已颇具规模并取得显著成果。

攀华重庆涪陵生产基地鸟瞰

　　2009年8月，我在重庆江津投资10亿元建设重庆攀宝钢材市场有限公司，一期占地600多亩（40多万平方米），该市场也成为我国西南地区规模最大、档次最高、国内一流、国际领先的钢材贸易市场。

　　2020年，攀华积极响应国家"长江经济带"发展战略，以"坚守主业、做强实业、壮大产业"为出发点和落脚点，实施"点亮长江计划"，在湖南岳阳投资100亿元建设薄板生产基地。一期兴建年产250万吨冷轧镀锌彩钢板生产基地，二期兴建年产150万吨型钢生产基地。湖南岳阳的薄板生产基地是继江苏张家港、重庆涪陵两大生产基地之后，攀华沿"长江经济带"布局的又一数字化、智能化、集群化、绿色化、国际化的现代生产基地，它将与攀华投资35亿美元建设的"一带一路"菲律宾综合性钢厂项目联动，实现钢铁产业的垂直整合和创新发展。

2022年中央广播电视总台"3·15"晚会以后,华容芥菜千年产业面临发展危机。攀华临危受命,斥资15.6亿元,用不足100天的时间建成一座无人化、数字化、智能化、透明化、绿色化的"智慧工厂"——湖南华隆酸菜有限公司,厂区占地约6.67万平方米,生产车间建筑面积4.5万平方米,目前建成3条全国领先的全智能化生产线,同时配套200口标准化芥菜腌制池,以及多个标准化验室,倾力打造行业顶级的芥菜深加工、大物流、大销售、立体服务的全产业链。攀华为华容芥菜产业的转型升级提供了"华隆样板",帮助华容芥菜产业打了一场漂亮的"翻身仗",贡献了攀华力量。

华隆酸菜巴氏杀菌生产线

华达码头

随着中国工业化的快速推进,国内资源将越来越匮乏,吸收引进海外资源必将成为中国企业,尤其是中国沿海地区企业持续发展的选择。通江达海的码头及国际化物流定会成为满足这种市场需求的载体。2003年,攀华成功收购张家港旦复石化码头,并于2006年3月开始建设华达码头,2008年1月通过开放验收,正式对外试营。码头总投资5亿元,总长1000米,前沿水深12.5米,拥有2万吨级泊位3个、1万吨级泊位2个,可同时停靠5艘万吨级散杂货货轮,年吞吐量达1000万吨。为了充分发挥华达码头的优势,确保效益稳步增长,攀华在重庆涪陵投资3.5亿元,征用长江岸线1000米,兴建攀华码头,其中,建造3000吨级泊位2个、5000吨级泊位4个。码头年吞吐量达300万吨,主营散杂货的装卸、仓储和中转等业务。集团码头是攀华营收增长的新亮点。攀华采取内外相兼的发展战略,对内优化货物的品种管理,合理配置原来的钢材、木材、矿粉,从而提高堆场利用率;对外坚持诚信、高效、优质的服务理念,取得了良好的经济效益和社会效益。

"居者有其屋""安得广厦千万间",自古以来一直激励着中国人民追求更好的生活。2002年10月,"居住改变中国"的口号在全国掀起了一股热潮,这也深深触动了我的内心。身为一名具有高度社会责任感的企业家,我立即行动起来,在张家港金港镇、香港城商业中心及长春购置了大片土地,着手开发住房及商业用房。随着时间的推移,我投入越来越多的资源和精力,房产开发量持续增加。在集团的支持下,华达房地产开发有限公司开始崭露头角,逐渐成为张家港市房地产开发领域的佼佼者,并在业界赢得了良好的声誉。2010年11月18日,攀华又在重庆开始了新一轮的开发建设,其中包括攀华未来城、攀华国际广场、双岛湖御园等建设项目。这些不仅仅是简单的建筑,更是我对"居者有其屋"理念的践行。我希望能够为更多的家庭提供温馨舒适的住所,让他们实现自己的居住梦想。

在金融投资领域,攀华一直秉持着稳健务实的理念,不断拓展业务版图。其中,我们创立的张家港渝农商村镇银行于2010年4月27日挂牌开业,至今已经取得稳健的收益,并逐步发展壮大。同时,我们还积极参股了东吴证券、张家港农商银行、重庆农村商业银行、长春农商银行、天津农商银行、三亚农商银行等多家金融机构,取得了较好的效益。这些投资不仅为攀华带来了可观的经济回报,也进一步巩固了攀华在金融领域的实力和地位。攀华在金融领域的广泛布局和投资,不仅实现了资金的合理配置和风险的防范与分散,同时也为企业的发展提供了强大的金融支持和保障。攀华将继续坚持风险可控、稳健经营的原则,不断优化投资结构,为集团的长期发展保驾护航。

攀华集团

问：攀华是依靠什么理念发展成中国民营企业500强的？

答： 建厂创业之际，我既没有厂房、设备、人才，也没有"祖产"，完全是从0开始、白手起家。然而，正如毛泽东同志所说："一张白纸，没有负担，好写最新最美的文字，好画最新最美的画图。"出身于普通农民家庭的我，能够从"草根"走到今天，我认为靠的就是两点：生得好、选得好。

一是"生得好"。我的成功离不开家乡张家港的支持，得益于"团结拼搏、负重奋进、自加压力、敢于争先"的"张家港精神"。我在还没有创办工厂的时候，就已经在张家港积攒了不少人脉，他们为我开创事业提供了宝贵机会。除此之外，张家港为民营企业营造的"有求必应"和"无事不扰"的良好营商环境，也助推企业的崛起。

攀华望江年产200万吨薄板项目开工仪式奠基

二是"选得好"。1998年,我通过与西南铝的合作,进入彩色钢板领域。此后,我又投资5000万元与中国重型机械研究院股份公司合作,建成我国第一条自主研发的彩涂生产线,打破了由外资和国企长期垄断的市场格局,对彩涂板的合理价格制定、服务模式创新和大面积推广、应用起到了积极作用。从选择薄板行业至今,攀华虽然涉足了房地产、码头物流、金融投资、矿业开发、钢贸市场和食品加工等诸多领域,但一切布局始终紧紧围绕薄板主业。经过20多年的跨越式发展,攀华涅槃重生,秉持着"立足港城,花开世界"的经营理念,立足张家港,面向全国,走向世界,由一家传统的作坊式小厂发展成一个多元化、跨地域、国际化的集团。

我认为,企业不一定要做500强,但一定要做500年。危机会带来转机,也会孕育机会。攀华发展20余年,经历过大大小小的危机,但都坚持在危机中抢占先机,决不坐以待毙。一旦抓住机遇,便加大投资,不断发展。

问: 攀华如何聚焦高质量发展?

答: 当前,国内外经济环境日趋复杂,国内经济发展遇上多年未见的需求收缩、供给冲击、预期转弱"三重"压力。处在这样的历史时期,多数制造业企业的日子都是不好过的。做企业一定要顺应时代趋势,敏锐地抓住时代发展的机遇,否则就会被时代淘汰。我们要认识到,当前的新技术革命也为我们立足国内和开拓国际市场提供了难得的契机。

第一,生产制造环节的高质量。攀华通过与重庆大学、燕山大学、钢铁研究总院、中国重型机械研究院股份公司等高校和科研院所合作,吸引更多专业对口的人才,并根据企业的实际需求，深入商讨真正符合企业需要的合作方案，形成校企、院企双赢的局面。如攀华旗下的重庆万达薄板有限公司通过与中国重型机械研究院股份公司合作，研发出了具有自主知识产权且自动化程度极高的生产线——二期的1780汽车板轧钢生产线。该生产线只需8名工作人员操控，投产近两年来，已创造出巨大的经济效益。

第二，客户的高质量。攀华从过去的"客户选择攀华"转型为"攀华选择客户"，这意味着企业有能力选择更优质的合作伙伴，确保与国内龙头企业及世界顶尖企业建立紧密的合作关系。这种转变既是对企业发展壮大的有力支持，也是对其在行业内的竞争力的巩固。通过与这些行业领军者合作，攀华得以进一步提升自身的专业水平和技术能力，并且不断推动行业的发展和进步。客户选择攀华，不仅是因为攀华提供的产品和服务的质量卓越，更是因为攀华能够成为客户的合作伙伴，与客户共同成长、共同蓬勃发展。

第三，管理体系的高质量。攀华一直致力于建立和维护高质量的管理体系。为了不断提升企业的运营管理能力，攀华积极学习并借鉴央企的一些先进的采购经验、销售经验等。通过与这些行业领军者交流和学习，攀华能够更好地了解市场需求和行业趋势，从而优化自身的管理模式，提高运营效率和管理水平。此外，攀华还积极引进数字技术，将其应用于企业的生产制造和管理环节。通过数字化赋能，攀华实现了生产过程的信息化管理。企业负责人可以随时随地通过手机查看产品生产的各个环节，了解生产进度、产品质量及成本情况。这种实时信息的获取使得管理更加精准和高效，有助于及时调整生产计划，提高生产效率和产品质量。

问：之前您提到了攀华的菲律宾综合性钢厂项目，在当前复杂多变的国际形势下，您对国际重资产投资是怎么考虑的？

答：早在十年前，我就开始探索在海外投资钢厂的可能性。基于攀华的产业链缺少炼钢环节的实际情况，且国内开办千万吨级大型钢厂成本过大，而海外钢铁资源较为丰富，攀华就抢占先机，率先响应共建"一带一路"倡议，将目光聚焦于菲律宾。其间，我带领团队往返中国、菲律宾数十次。2019年9月16日，中国（重庆）-菲律宾经贸交流论坛在菲律宾首都马尼拉举行，攀华菲律宾综合性钢厂项目成功签约。该项目计划投资35亿美元，是菲律宾建造历史上第一个千万吨级大型综合性钢厂，形成千亿级的产业园区。项目签约之初，我们计划用4年时间在菲律宾建设年产2000万吨综合性钢铁产业园和一个涉及总岸线2.5千米、年接卸能力4000万吨、可接靠30万吨级海轮的海港码头。菲律宾综合性钢厂项目作为菲律宾总统的"梦想工厂"、

攀华生产的镀锌卷产品

菲律宾"大建特建"重点工程和国家"一带一路"示范项目，建成后将成为促进中国与菲律宾产业交流、经济贸易往来的桥梁和纽带，对菲律宾工业发展具有深远的历史意义和现实意义。

很多人担心攀华在菲律宾投资这么大，而国际重资产投资极易受各方面因素的影响，一着不慎就有可能满盘皆输。我在这里要告诉大家，做民营企业，不能害怕在夹缝中求生存。别人不敢走的路，你要去走；别人走不了那么远的路，你要坚持下来。只有经历无数次雷暴都没有倒下的树，才能成长为树林里最高大的那一棵。

我们一直相信，放眼全球，动荡和波折是暂时的、局部的。协同发展、优势互补必将是未来全世界共同的发展之道。攀华一直都坚持走出国门、拥抱世界的发展方针，力求打造世界"薄板之王"，打造一个世界级的现代化、生态化、绿色化、智能化的钢铁产业集群，而这必将推动企业登上新的发展高峰，开辟产业可持续发展的新局面。

龙腾特钢：30年走好一条路 做行业细分领域的排头兵

企业简介

江苏龙腾特钢集团有限公司（前身为常熟市龙腾特种钢有限公司，以下简称"龙腾特钢"）创立于1993年，是一家集传统钢铁产业和金属深加工于一体的钢铁联合型企业。龙腾特钢总资产200多亿元，下设特钢生产公司、型钢生产公司、钢棒生产公司、耐磨

龙腾特钢厂区

球生产公司、焊材生产公司、汽车锻件生产公司、新能装备公司、外贸公司、龙腾希尔顿酒店和龙腾现代农业园,有员工6000余名,年产各类特种钢450万吨及各类金属深加工制品500万吨。

企业家简介

　　季丙元，1962年生，龙腾特钢集团党委书记、董事长，常熟市人大常委会委员、苏州市人大代表。曾荣获苏州杰出人才奖及"第五届江苏省优秀企业家""2020年度苏商科技创新杰出企业家""全国钢铁工业劳动模范""苏商十大年度人物""全国百名卓越企业家"等称号。

问： 龙腾特钢从30多年前梅李镇的乡镇企业成长为常熟市的龙头民营钢铁企业，其间走过了一条非常艰辛的创业路。请介绍一下龙腾特钢的发展历程。

答： 龙腾特钢创立于1993年，1994年4月正式投产。

刚建厂时，龙腾特钢占地20亩（约1.3万平方米），只有40多名员工，两跨共4000平方米的小厂房，生产设备简陋，仅一条生产线——250轧机、一台加热炉、一台剪切机、一个产品——螺纹钢。厂区道路布满了渣土、碎石，由于缺钱，我们连围墙也打不起，就用竹竿、木棍在厂区外围扎了一道篱笆墙。可以说，今天的龙腾特钢就是从当年那道篱笆墙里走出来的一家钢铁企业。

建厂之初，龙腾特钢的固定资产不到400万元，我就任厂长时，厂里账面上的资金还不到10元。当时，工厂要资金没资金、要技术没技术、要人才没人才，甚至连电网都没有。250轧机的动力来自一台二手柴油机，但到使用时才发现那台柴油机的曲轴有裂缝，不能用。工厂一度要靠向附近企业借电维持。

1994年4月，当我得知附近电动平车厂为配合新厂区建设，安装了一座500千伏变电站时，我就立刻向供电部门申请从那座变电站接一根线到龙腾特钢。得到批准后，为了节省支出，我们买了十多根水泥电杆，我和7名员工分成4对，把一根根重近2000斤（近1吨）的电杆抬到各个电杆坑位，最远的要抬到五六百米开外。

架设这条线路，从测距、挖坑、竖杆、回填、校直、夯实到登高拉线，前后只用了不到一周的时间，当中除登高作业按规定请了几位专业电工师傅以外，其他都是我们自己动手完成的。

龙腾特钢最初只生产螺纹钢，本地和周边城市有许多小型钢厂也都在生产螺纹钢，市场上不可避免地出现同质化竞争的局面。面对这种状况，我决定停产螺纹钢，上马弹簧扁钢，但用250轧机无法生产弹簧扁钢，新设备又买不起。我就带着员工自己动手，土洋结合，把原来的250轧机改造成适合生产弹簧扁钢的300轧机。

有了300轧机，还要有冷床。市场上冷床有的是，都是生铁浇铸的大型平面冷床，冷床内还能灌冷却水，效果非常好，可一台冷床价值千万元，我们怎么买得起呢？但又不能没有，怎么办？我想方设法搞到一批旧铁轨，采用反铺铁轨的办法来满足冷床所需要的平面。由于铁轨的合金成分高，基本不变形，吸热效果也很好。

新产品弹簧扁钢终于生产出来了，可成形不好，反复检查后才知道是电动机转速的问题，原来那转速用于生产螺纹钢正好，但用于生产弹簧扁钢就太快了，在工艺流程全部设置好、基础设施全部摆到位的情况下，就是因为传动比过大，才又要拉出去改。

遇到的困难一个接一个，没有技术怎么办？没有人才怎么办？没有原料怎么办？没有码头怎么办？没有市场怎么办？那些年，常有人问"龙腾特钢还在不在"这个问题。这一路走来，龙腾特钢确实多次面临生存危机，硬是在生死线上挣扎、拼搏着生存了下来。

我想，为了企业生存，一个称职的企业领导要有百折不挠的意志和坚韧不拔的耐力，有困难扛得住、有压力顶得住、有风雨挺得住，再苦再累不言沧桑，埋头苦干，在逆境中拓荒前进。

问： 在龙腾特钢面临产品同质化、低价恶性竞争的危机时，您另辟蹊径，果断下马螺纹钢，转而生产汽车弹簧扁钢。您当年调整产品结构是基于怎样的考虑和思路？

答： 20世纪80年代后期，农村翻修、新建房屋普遍，螺纹钢作为建筑用材，是建材市场上的抢手货，龙腾特钢就是冲着螺纹钢市场而建的。哪知道计划赶不上变化，在我们建厂的过程中，螺纹钢市场就已经开始萎缩，加上许多同行都在生产螺纹钢，同质化竞争的压力非常大。虽然同质化竞争一损俱损、没有赢家，但对于刚建立的龙腾特钢来说，压力更大，更经不起这样的折腾。

老话说，穷则变，变则通，通则久。意思是无路可走了就要有所改变，改变了就能通达，能通达才能长久。正是基于这样的考虑，我下定决心远离同质化竞争的"独木桥"，另辟蹊径，与同行错位竞争，并逐渐形成"差异化发展"的思路。

到1994年5月，螺纹钢销售一天天萎缩，合资单位解约，龙腾特钢面临"夭折"的威胁。在这种情况下，我意识到，缺乏特色的企业都难逃同质化竞争的宿命，只有坚持错位竞争才能杀出重围。我不想跟在别人身后亦步亦趋，在"独木桥"上你挤我、我挤你，还弄得同行之间耿耿于怀。在龙腾特钢急迫的生存危机里，我通过观察、调研和思考，在心中逐渐形成一个崭新的理念：做人无我有、先于同行开发的产品，寻求差异化发展。

要做到"差异化发展"，必须审时度势、知己知彼。在内部，正视本厂规模很小、设备简陋、产品单一、缺少资金、技术和人才，综合实力不强等现实问题；在外部，正视周边"老大哥"企业，尤其是大型钢铁企业的地位。

为了找到这样的产品，我对本市和邻近城市钢铁市场上的产品做了一番调查，在钢铁行业细分领域寻找那种大钢厂不喜欢、小钢厂又不愿或没有能力生产的小产品来开发生产，这样的产品还要有较好的市场前景。为此，我们选中的产品就是汽车弹簧扁钢。

由于弹簧扁钢规格多、批量小、生产程序烦琐，大钢厂不屑生产，一般小钢厂又不愿做或没有能力做，而生产这样的产品与我们的综合能力相匹配。后来实践证明，随着我国汽车工业的发展，我们生产的弹簧扁钢大受欢迎，中国第一汽车集团有限公司和上海、北京等地的大型汽车制造企业都选用我们的弹簧扁钢，产品销量一度达到全国第一。龙腾特钢的第一桶金就来自弹簧扁钢。

弹簧扁钢的成功，让我坚定了走"差异化发展"之路的决心。我逐步完善这个理念，最终该理念成为贯穿在龙腾特钢发展历程中的经营战略思想。

问：龙腾特钢实施差异化战略和在行业细分领域寻求发展，都取得了哪些成果？这些产品的营销情况如何？

答：做细分市场领域的领跑者，是我的追求。

要做到这一点，就必须深耕细分市场、加强产业链合作、追求精细化管理、重视技术创新，注重提升产品细分市场控制力，靠质量、技术、服务赢得市场。

根据"差异化发展"思路，龙腾特钢果断下马才生产了两三个月的螺纹钢，转而在业内寻找那些既小又少且适应市场需要的产品，用今天的话来说，就是寻找"专精特新"产品。我们陆续推出小产品，除弹簧扁钢以外，还有横机面板、汽车轮毂钢、焊材、供电用大角钢、轴承钢球等，这些产品都很畅销，但其中有的像时令果蔬，很快就会度过热销期，怎么办？及时转产止损啊！

在"差异化发展"思路的指导下，我们最成功的产品是耐磨钢球、热轧球扁钢、PC钢棒（Steel Bar for Prestressed Concrete，预应力混凝土用钢棒）和履带钢。我们在这些产品的生产工艺、技术和

龙腾特钢下设的汽车锻件生产公司机加工中心

质量方面具有一定优势。我们的这些产品也都有十分可观的市场占有率，耐磨钢球、热轧球扁钢和PC钢棒都是中国钢铁行业细分领域的销售冠军产品。

到2004年，龙腾特钢就已形成以耐磨钢球、热轧球扁钢和PC钢棒为主打产品的"三足鼎立"态势。三个产品的国内市场覆盖率都达到60%左右，其中，耐磨钢球的销量在全球名列第二。龙腾特钢生产的耐磨钢球的出口量占到总产量的98%—99%，每年的销量基本稳定在40万吨，它是龙腾特钢的主要出口创汇产品。为了扩大销售，2021年，我们采用了双循环营销机制；2022年，耐磨钢球的销量达到43.6万吨；2023年，达到48万吨，这是我们的耐磨钢球自问世以来的最高年销量。

龙腾特钢生产的热轧球扁钢等船用钢，拥有世界十大船级社的认证，远销北美洲、欧洲各国，以及巴西、新加坡、韩国、日本等国家和地区。世界著名的韩国大宇造船、三星重工、现代重工和新加坡吉宝等都是我们的客户。

国内许多海上重点工程和大型船舶使用的热轧球扁钢也都来自龙腾特钢，如南海"海洋石油981"和"海洋石油982"钻井平台、浮式生产储油船，还有早在十年前就下海、当时属全球最大的20.1万吨大型散货船和40万吨超大型矿砂船、万吨大型渔政船，以及近年下水的2.4万标准箱超大型集装箱船等海运"巨无霸"所用的球扁钢、L形钢、船用角钢等很多都是龙腾特钢生产的。龙腾特钢为中国"造船第一大国"的发展贡献了自己的力量。

我们与中国船舶重工集团有限公司、中国船舶集团有限公司、中国远洋海运集团有限公司、中国长江航运集团有限公司、扬子江船业集团等大型船厂保持长期战略合作关系。由于龙腾特钢船用钢的规格齐全、储量充足，能随时为客户发货，因此龙腾特钢在业内被誉为"中国船用钢超市"。

PC钢棒在我国的建设事业中功勋卓著，2022年6月30日《中国冶金报》在头版头条以"龙腾特钢PC钢棒撑起'钢筋铁骨'"为题，发表了长篇专题报道，其中提到了一些使用龙腾特钢PC钢棒的国家工程项目，包括中国第一高的上海中心大厦，以及上海世博会中国国家馆、上海环球金融中心、上海浦东国际机场、北京首都国际机场、杭州东站、中国宝武钢铁集团有限公司湛江基地等。

PC钢棒原是日本独有的产品，20世纪90年代前后，我国重大工程所需的PC钢棒要从日本购买。到2001年，江浙一带才有零星的PC钢棒生产厂，仅一两条生产线，规模最大的也不过10条生产线。2004年起，我们开发了这个产品，半年后产量与质量都达到了全国第一。目前，龙腾特钢拥有70条PC钢棒生产线，年产能达到160万吨，是我国规模最大的PC钢棒生产基地。销量最大时达到国内市场总需求的65%，产品不但满足了国内需求，还出口到日本等国。

由于拥有三个销售冠军产品，龙腾特钢被工信部授予"制造业单项冠军企业"称号。

问：龙腾特钢有一个"五大之最"经营理念，能为我们具体讲一下这个经营理念吗？

答："五大之最"是指要把"产品质量做到最好，市场份额做到最大，成本控制做到最优，营销服务做到最佳，合作关系做到最顺"，这是我在20世纪90年代中后期针对一些产品质量问题提出来的要求。在粗放型发展过程中，我作为一个厂长，对产品质量的重要性必须保持清醒的认识，要在强化员工的产品质量意识和现代质量检测手段上多下点功夫。今天的质量就是明天的市场，你要让市场接受你的产品，就要做到哪怕只有一点点小瑕疵也不能容忍，把质量当天大的事情去抓。曾有客户反映耐磨钢球不圆，我针对这个问题提出的改进要求就是要像爱护鸡蛋那样爱护耐磨钢球。为了避免刚生成的热锻钢球在掉落淬火池的过程中因遭遇硬碰硬撞击而变形，我们采取了让钢球软着陆的举措，解决了这个问题。

"求其上，得其中；求其中，得其下；求其下，必败。"对于产品质量，我要求以超过国家标准为目标。1994年10月，我们的弹簧扁钢问世，但进入市场必须通过弯曲疲劳试验，测试时要把弹簧扁钢压弯到极限，然后观察其反弹能力和内部质量。国家的质量标准是要在单位时间里连续深度弯曲8000次，我们的弹簧扁钢能弯1万次以上。

习近平总书记提出要"加快建设一批产品卓越、品牌卓著、创新领先、治理现代的世界一流企业"。对标"十六字"一流企业标准，为了促进龙腾特钢高质量发展，我们加大对产品质量的把控和品牌建设的力度，在产品质量检验上真正做到了一丝不苟，对于一些产品，我们采取的措施不是抽检而是一件一件地过关。30多年来，龙腾特钢坚持用一流的产品打开市场、创建品牌。2023年，龙腾特钢获得了"钢铁行业全球影响力品牌"殊荣，而据《中国冶金报》发布的信息，龙腾特钢的耐磨钢球质量达到全球第一。

问： "现代管理学之父"彼得·德鲁克指出，企业家就是一群善于创新的人，创业精神本质上等同于创新精神。这是一种评价，也是一种要求。据我所知，您曾有一个建议，填补了国内空白，还被国务院增列为"九五"重点科技攻关项目。请您分享一下您的企业创新观。

答： 说一点体会吧！创新既是引领企业发展的第一动力，也是企业持续发展之基、市场制胜之道。龙腾特钢的发展历程，就是一个不断推陈出新、改革创新的过程，30多年里的创新与发展，互为因果，互相成就。

对于一家企业来说，创新是活路，也是出路，不创新，市场淘汰你的时候，连招呼也不会打。我们从拾遗补阙到自主开发，从低端徘徊到创新引领，一家小微钢铁加工厂之所以能在市场经济大潮中九死一生，跻身常熟工业企业第一方阵，就是因为我们注重创新。

1999年，我们好不容易把热轧轴承钢球生产出来，但由于我国企业用惯了冷镦钢球，结果是全国几乎所有客户企业都对我们生产的热轧轴承钢球不放心，产品基本没人问、没人买。

我想，光说热轧轴承钢球好是没用的，要让客户接受热轧轴承钢球，就要用热轧轴承钢球与冷镦钢球的对比数据来说话，可当时还找不到相关的资料。为此，我向中国轴承工业协会提出了开展对比试验的建议，并提供了具体试验方案，我所提的建议和方案被中国轴承工业协会等行业主管部门上报给国务院，被国务院列为"九五"重点科技攻关项目。后来，我们联合洛阳、大连、哈尔滨的科研机构和有关企业对直径10毫米和50毫米的两种钢球分别开展对比试验，结果表明，热轧轴承钢球的使用寿命比冷镦钢球分别提高了7%和31%。

专家组做出的评价是，这一建议和对比试验"为中、大型钢球批量生产开辟了一条毛坯生产的新路；热轧轴承钢球与冷镦钢球的寿命试验，填补了国内这项试验的空白；本课题攻关成功，将进一步推动行业的技术发展，为企业带来好的经济效益和社会效益"。

有时，创新就是"急出来的主意"，可以说，在龙腾特钢数次面临危机之际，都是靠创新转危为安的。但那时的创新是在没钱的情况下自主创新，是为了"活下去"；现在的创新则是为了锦上添花，压力不一样了，但那种破釜沉舟的拼搏创新精神不能丢。

龙腾特钢的创新首先是观念创新，观念创新表现在不因循守旧，不故步自封，敢于突破和超越极限。有了观念上的创新，才能指导其他领域的创新活动，如工艺创新、技术创新和新产品的研发等。

近几年，我们提出要"把产品质量在行业内做到极致，把生产工艺成本在行业内做到极致，把人均劳动生产率提高到极致"，通过创新实施"三大极致"，持续进行质量的改进与提升，不但有了三个单项冠军产品，其中的PC钢棒还荣获中国工业大奖表彰奖。国内首创的球扁钢"双矫直+强力矫直"微变形弯曲度控制技术，实现最大规格的球扁钢弯曲度小于千分之二，填补国内空白。

在龙腾特钢，我力主把创新的种子播撒在一线，培育创新型员工队伍，让年轻员工在创新和"五小"（小发明、小创造、小革新、小设计、小建议）活动中"八仙过海，各显神通"。我觉得，只要员工充满创新意识，企业就会充满活力。为了鼓励员工创新，我们在每季度一次的全体中层以上干部大会上，都会安排拥有突出创新成果的一线员工走上讲台向大家汇报，对于他们的成果，全体干部都报以热烈的掌声，我也会一一点赞，对他们的创新精神和成果做出高度评价。这营造了一种创新光荣的氛围。在我们的员工队伍中，还有"姑苏高技能领军人才"和"江苏省卓越技师"。

高质量发展是企业在市场竞争中获得成功的关键，我们牢牢把握这一点，以标准引领行业发展为导向，以国家企业技术中心为抓手，围绕品质品牌、工艺成本、产能与人均效率做到同行业最优化的三大提升项目的颠覆性创新，做到在领跑产品细分领域市场的前提下，一手抓存量创新，一手抓增量创新。

总之，在龙腾特钢发展的30多年里，非凡的成就都来自创新，我们迄今已拥有320多项发明专利和技术专利。

我们还凭借江苏省高新技术企业、国家企业技术中心的研发优势，每年将不低于3%的营业收入作为研发费用投入科技创新中，全面强化技术团队建设及产品研发。2023年，龙腾特钢在拥有国家企业技术中心、江苏省企业技术中心、江苏省海洋装备用型钢工程研究中心等研发平台的基础上，又被认定了江苏省海洋工程用金属材料工程技术研究中心等研发平台。

问： 您对龙腾特钢的未来有什么规划？

答： 30多年来，龙腾特钢的产能从数万吨增加到500多万吨，员工从40多名增加到6000多名，固定资产从400万元增加到200亿元，年创税收从0增加到10多亿元，产品从一种增加到上百种。获得授权的发明专利、技术专利达到数百项，这无一不是开拓创新的成果。

2024年第一季度，龙腾特钢生产粗钢约90万吨，钢材产品销售与去年同期相比基本持平，虽然近期钢价下跌幅度较大，导致整体销售价格偏低，但长产业链的优势使得企业金属制品板块的产销依然平稳。通过向产业链下游延伸，龙腾特钢的钢材全部经深加工后出厂。向产业链下游延伸使得企业终端产品价格稳定，尤其是型钢、耐磨钢球、焊丝等产品，下游市场景气、价格稳定，与普通钢材价格关联性较低，从而确保了利润水平。

龙腾特钢发展到今天，有这样的规模和成就，靠三个法宝：党的政策好、地方党委和政府服务经济的措施好、全体龙腾特钢人共同努力拼搏的精神好。龙腾特钢永远要争做

"社会尊重的龙腾特钢、政府认可的龙腾特钢、市场首选的龙腾特钢、员工向往的龙腾特钢"。

如今的龙腾特钢旗下有七大钢铁生产分公司，6000多名员工，厂房面积从4000平方米增加到250万平方米，年产销各类特种钢材500多万吨。2011年，以炼铁分公司及两座高炉的建成为标志，龙腾特钢从一家小型钢铁加工企业跃升为集钢铁生产与金属深加工于一体的钢铁联合型企业。

我们确定的未来目标是到2028年，实现年产450万吨粗钢、深加工500万吨特钢产品，实现年销售总额500亿元。截至2023年年底，我们为这一目标所做的基础工程项目已经全部落地。

面向未来，我有一个百年龙腾特钢的梦想。既然当年一穷二白的龙腾特钢能发展到今天，也有了一点实力，那我们就有足够的理由在这个基础上去创造下一个更好的30年，接着也就有足够的理由去实现龙腾特钢的百年梦想。

为此，我们要记住昨天，做好今天，走向明天，继续传承和发扬龙腾特钢人坚韧不拔、勇往直前的进取精神，同甘共苦、患难与共的团队精神和追求卓越、勇于突破的创新精神，瞄准国内国际两个市场，不断地开发创新产品，为中国的强大和繁荣做出更大的贡献！

龙腾特钢一号高炉打桩

永鼎集团：
奠定通信行业基石　擘画百年永鼎蓝图

企业简介

　　永鼎集团有限公司成立于1978年，旗下江苏永鼎股份有限公司（以下简称"永鼎"）是全国光缆行业中首家民营上市公司，历经40多年的发展，已逐步成长为以通信及智能互联、电力电能、汽车产业、超导产业为核心的国家级高科技创新型产业集团。永鼎的成功基于三代企业家的不懈努力和对实体经济的执着追求。从最初的

永鼎总部大楼

村办加工厂,到光通信领域全产业链的业界领先企业之一,以及为海外12个国家提供电力系统集成解决方案的"一带一路"的排头兵,永鼎已跻身中国民营企业500强、中国制造业民营企业500强、中国电子元件百强、中国电子信息百强等。

企业家简介

　　莫思铭，1987年生，现任永鼎股份董事长，兼任中国电子元件行业协会副理事长、江苏省工商业联合会第十二届执委会执委、江苏省光彩事业促进会副会长、苏州市政协第十五届委员、苏州市工商业联合会副主席、苏州市青年商会副会长、苏州市光彩事业促进会副理事长、苏州市吴江区新一代企业家商会会长等职务。曾获得中国光通信年度创新管理人物奖、中国机械工业科学技术奖、江苏青年五四奖章、江苏省科学技术奖等荣誉，并被授予"江苏省优秀企业家""苏商高质量发展领军人物"等称号。

问： 永鼎已历经40多年的发展，请简单介绍最新发展情况。

答： 作为全国光缆行业中首家民营上市公司，经过40多年持续稳健的发展，永鼎已形成"光电交融、协同发展"的战略格局。永鼎连续多年跻身中国民营企业500强、中国制造业民营企业500强、中国电子元件百强、中国电子信息百强等。

在光通信领域，永鼎立足光棒、光纤、光缆等基础网络通信产品，并延伸至光芯片、光器件、光模块及光网络集成系统领域，如今已发展成为通信全产业链覆盖的业界领先企业之一。

永鼎光棒智能车间，实现光棒、光纤、光缆一体化

在电力传输领域，永鼎持续布局"一带一路"沿线的海外电力工程，围绕共建"一带一路"倡议，为海外12个国家提供电力系统集成解决方案，开展输变电国际成套系统集成业务。永鼎是江苏省推动"一带一路"建设的排头兵。我们为海外国家输送产品和服务的同时，也为共建"一带一路"国家输出了"中国标准"。

同时，永鼎全力开拓汽车线束业务，重点聚焦新能源汽车线束；在高温超导应用市场越来越活跃的背景下，永鼎持续推进高温超导产业化加速落地，尤其注重推进超导感应加热及可控核聚变反应堆的应用。2023年，由永鼎承建的我国首条高温超导低压直流电缆在苏州并网投运，填补了我国在超导电缆低压直流系统的应用空白。

永鼎不断加强数字化创新，深入推进"两化"融合，推动工厂智能化、数字化升级，提高智能制造水平和市场综合竞争力。截至2024年，永鼎旗下有国家级专精特新"小巨人"企业2家、国家5G工厂2家，江苏省智能制造示范工厂2家、江苏省5G全连接工厂1家、江苏省智能制造示范车间4个、苏州市智能工厂2家、苏州市级示范智能车间5个，全力打造数字经济产业集群。

问：从1978年到现在，永鼎走过了40多年，您认为哪几个点对于永鼎来说是值得关注的？

答： 首先是1978年公司的成立，那时候永鼎还是一家村办企业，是几个"泥腿子"办起来的塑料厂；1983年，永鼎进入通信电缆行业，产品主要供应到上海；1997年，江苏永鼎股份有限公司在上海证券交易所上市。后面几个时间点也非常有意义：2008年，永鼎开始做海外工程，从国内走向国际；2011年，永鼎开展超导业务，至今已有十余年；2015年，汽车线束业务板块进入永鼎业务体系；2019年，永鼎开始加快光芯片、光器件、光模块等产业的升级。

很多人问我，1997年的上市对于永鼎来说意味着什么？我觉得是一次质的飞跃，是一份责任。上市之前，永鼎还是一家乡镇企业，未来的发展方向是不清晰的。上市之后，我们要做长远的规划，不光要为企业，还要为股民、为社会的未来发展进行布局。

问：回望永鼎从初创到1997年成为全国光缆行业第一家民营上市公司，以及后来所做的一系列产业发展布局，未来您还想为永鼎做什么？

答：我小时候就跟随父亲到工厂里玩耍，看着父辈忙碌的身影，深深地感受到了他们的艰辛与执着。祖父、父亲用双手和智慧不仅为永鼎打下了坚实的基础，也为我们这一代人树立了榜样。

2020年9月，我正式"接棒"永鼎董事长之职。2009年，我大学毕业后，并没有马上回到永鼎，而是选择在北京创业。2011年下半年，我在北京成立了一家软件公司，主要做网络信息安全产品，开启了一段"北漂"奋斗之路。经过两年的艰难期，我的公司逐步走上良性发展轨道，此后盈利逐年攀升。

1997年，永鼎上市

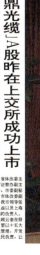

创业是一个复杂的过程，没有经历过的人是难以体会到的，正所谓"纸上得来终觉浅，绝知此事要躬行"。在北京的创业实践，让我深刻感受到创业不易。回到永鼎后，我先后担任集团副总经理、总经理，2018年出任永鼎股份总经理。

成立于1978年的永鼎，曾是全国知名的线缆企业。历经40多年的发展，永鼎产业链不断拓展延伸，现已发展成为以通信及智能互联、电力电能、汽车产业、超导产业为核心的国家级高科技创新型产业集团。担任永鼎"掌门人"后，我时刻不忘父辈创业的初心，坚持走实业报国之路，更以年轻人的创新精神带领永鼎加大转型步伐。

永鼎的企业文化就是不停地创新，在40多年的发展历程中，永鼎的产业链不停地升级，从我祖父那代开始，就有一个口号——百年永鼎，所以我们的产品要根据大环境的变化不停地升级换代，我们对企业的规划也要不停地转型升级。不管是现在，还是将来，永鼎始终坚持科技创新，发展永无止境。

问： 在传承中发展，在发展中创新。您认为您在此过程中传承了什么？创新了什么？

答： 我从前辈手中接过的不仅是企业，更是前辈专注实业的"初心"及其所拥有的"企业家精神"。而这主要体现在创新、诚信、责任、坚持上。但无论是在产业布局上，还是在企业管理上，我都想为永鼎带来一些创新和改变。

当今世界，科技创新已成为一个产业、一个国家、一个民族不断向前发展的强劲动力，技术往往是企业的"命根子"和"破壁机"。经过数十年的持续创新，永鼎建立了以国家企业技术中心、产业技术研究院、工程技术中心、重点实验室等为支撑的创新平台体系，并与国内高校、科研院所建立了长期稳定的合作机制，加速推进企业科研创新成果的应用转化，构筑起一条永鼎"创新链"，服务企业高质量发展和地区产业集群协同发展。

永鼎主要是做光纤、光缆等基础传输通信产品的，我们逐步从多元化发展转型到产业聚焦，深入延展多个主业关联产业。2015年前后，永鼎发展态势良好，我们把汽车线束板块纳入企业发展中；2019年，永鼎开始布局光模块、光芯片产业；2020年，永鼎在从组织框架到人才团队再到业务协同上进行了大幅度的调整和变革，主动选择"往外走"和"往上走"两条应对道路，积极响应共建"一带一路"倡议，努力拓展海外市场。

目前，永鼎的海外团队成员近200名，长期扎根孟加拉国、埃塞俄比亚等共建"一带一路"国家，累计承揽合同金额超30亿美元。同时，永鼎向光通信产业链上游投资研发和生产光芯片产品。目前，永鼎组建了芯片公司，专门做通信芯片、激光芯片等，多款先导产品已进入批量生产阶段，这标志着永鼎在高性能光芯片领域达到"芯"高度。通过整体布局，永鼎形成了从光芯片到光器件到光模块再到小系统集成的完整产业链。

问： 2015年前后，永鼎为什么会在主导产业发展已经很稳定的情况下，选择布局汽车线束呢？

答： 我们基于企业长远的发展、成本的控制，在企业发展良好的时候把汽车线束板块纳入进来，作为企业多元化发展的一项重点业务。永鼎主要从事常规低压汽车整车线束、新能源汽车高低压线束的设计研发、生产制造和销售，并加大对新能源汽车高压线束的开发力度。我觉得2015年把汽车线束板块纳入进来，其实是跟我们的主业有一定关联的。永鼎之前主要在做光纤、光缆等基础传输通信产品，汽车线束其实既传输信号又传电能，与光纤、光缆等是有一定关联的。永鼎一直奉行一个理念：可以多元化发展，但多元化的行业也好，多元化的产业也好，都要跟自己主业相关联。

永鼎旗下汽车线束生产线

问：2023年是共建"一带一路"倡议提出十周年，在这个历史关口，回过头来看，作为永鼎的"掌门人"，您认为共建"一带一路"倡议给永鼎这样的企业带来了哪些机遇？

答：受中国制造业遭遇出口环境恶化、国内产能过剩等多重影响，传统制造业面临跨国家、跨地区的大转移和大淘汰。永鼎作为传统的线缆制造企业也面临巨大压力，而东南亚地区和非洲的新兴市场正在为发展工业大力投资电力、通信等基础设施建设。共建"一带一路"国家的这些项目，把我们的一些产能带了出去，等同于我们在供应国内市场的同时，我们的产品和标准被带到了国外。

永鼎从2008年开始"走出去"。那时候，我们单笔项目金额才300万美元，后面单笔项目金额提高到3000万美元、3亿美元，再到现在的一个11.4亿美元的国家电网项目。永鼎积极引进国际化专业团队，率先在行业内实现从单纯制造转向设计服务—制造供货—运维服务一体化，并且专注于自身产业链延伸的"电力及通信传输网"建设，提供系统总集成、总承包服务，打造国际化品牌。

问： 在光芯片、光器件、光模块这种自主研发且自己主导的产业链、供应链上，您复盘后觉得研发过程包括量产中最大的挑战是什么？

答： 2019年，永鼎基于在5G方面的前瞻性布局，在5G前传市场实现了大幅增长。但由于国内芯片的短缺，出现了订单在手而上游芯片抢不到的尴尬局面，特别是一款调制芯片只有美国某公司具备成熟工艺和交付能力，但交付周期长达半年之久。在深圳展会上，我和团队在美国供应商门外排了很长时间的队，最后仅得到了半小时的陈述时间。回到公司后，我立刻召开专题会议，针对永鼎芯片布局，从相对简单的两款无源芯片入手，逐步进入复杂的激光芯片。仅用了三年时间，永鼎研发的多款无源芯片产品就实现了国产化替代，激光芯片实现了批量生产，完成了从光芯片到光器件到光模块再到小系统集成的全产业链布局。

最大的挑战和压力来自前期建厂过程。虽说我们没有跨行业，但也算是跨产业了。现在回头看当时的投入是对的，但当时看还是有很大风险的。任何事情都是有风险的，我们是在充分评估后，在确保风险可控的情况下才实施的。

问： 为什么要不断地顶着压力去尝试不同的产业呢？

答： 时代变化快，企业为了适应环境，需要新的产品和新的商业模式。这可能跟永鼎的企业文化也有关系。永鼎到现在已有40多年的历史，每到一个时间节点都会去做一些转型，我们一直跟着国家的脚步一步步脚踏实地向前走。

问： 在新一轮科技革命的大背景下，以永鼎为代表的传统制造业企业如何找准自己的新赛道？

答： 年轻一代的创业者更应紧跟时代潮流、勇于尝试，把握全新发展机遇，实现产业转型升级。在我看来，传统制造业企业要实现转型升级，必须立足自身优势，以创新为驱动，以科研为抓手，不断培育市场核心竞争力。一直以来，永鼎都非常重视科研投入，已累计主导省部级以上科技项目30余项，累计申请专利1000余件，主持并参与制定标准69项。企业科技创新和研发能力进一步得到有效提升。

一方面，在完成全产业链布局的基础上，进一步向光通信产业链上游投资研发和生产光芯片产品，以实现关键核心芯片和器件的国产化替代；另一方面，继续巩固推进海外电力工程市场，布局全球战略，形成全球资源配置能力，更紧密地拥抱全球产业链。除此之外，还加大新能源汽车高压线束的技术研发力度和市场开拓强度，主动贴合新能源汽车发展趋势；更大力度地支持所储备的前沿科技高温超导带材业务，为产品未来在可控核聚变、超导感应加热等领域的应用打下坚实基础，不断推动高温超导的产业化，为国内外未来发展人工智能、可控核聚变等提供支持。

永鼎集团

仅2023年，永鼎就成立了高速光芯片设计及制备关键技术高价值专利培育示范中心；携手中国电信研究院等完成了基于50G PON的工业互联网应用试点；发布了拥有业界最窄通道间隔的50GHz DWDM滤波片；组建了苏州市高端光通信芯片及光模块重点实验室；并网投运了我国首条高温超导低压直流电缆等。

永鼎已经实现从光芯片、光器件、光模块到小系统集成的全产业链布局

问: 在永鼎的经营发展中,您将以怎样的经营理念带领永鼎人打造"百年老店"?您希望如何将永鼎传承下去?

答: 前辈们选准了一个行业,会把全部精力投入其中,一直做到最专业为止。同时,他们对产业发展有独到的眼光,具有抢抓机遇的魄力。这些都是我需要学习的。在研发投入方面,永鼎推行"智能化、自动化、信息化、绿色化"发展理念,稳步由"制造"迈向"智造"。加大智能制造投入,围绕设计、生产、管理、服务等各环节加快企业智能制造步伐,增强市场竞争力。

在日常工作中,推进企业实现"两个转型",即产业方向的转型和组织能力的转型;谋求"两个升级",即产品的升级和产业的升级。推行制造业服务化新商业理念,推进销售模式、管理方式、科研开发、文化渗透等全方位的转型升级。在企业内推行"首席质量官"制度,明确产品质量对于企业生存与发展的要义。全面推行企业管理工作和绩效考核激励机制,在稳定团队的同时,为创造良好商业运行环境提供有力保障。

前辈们打下的基业要在我们手上发扬光大,这不仅事关企业的发展,更是几代人思想的共融共通,是守望相助、与时俱进,也是对长期积淀而成的企业文化的坚守与发扬。

我们在挑战、相融、创新中不断了解传承的内涵,挖掘传承的价值,释放传承的潜力,最终实现超越。

问： 作为年轻一代的民营企业家，您认为如何才能更好地彰显家国情怀？

答： 作为年轻一代，我们应该胸怀"国之大者"，要把企业发展同国家繁荣、民族兴盛、人民幸福紧密结合在一起；始终以产业报国、实体强国为己任，传承创业初心，坚守实业之路，主动承担起新时代赋予的全新历史使命，带领企业接续奋斗、勇争一流。

我一直有着浓厚的家乡情怀，这份情怀，在我"接棒"永鼎后，有了释放和转化的更大舞台。企业家要有社会担当，助力区域经济、群众生活等持续向好。在多重社会角色转换间，我从思考"如何使永鼎更好发展"上升到"如何使民营企业更好发展、推动家乡经济社会更好发展"。

我们应该牢牢把握住产业创新和技术创新，突破关键核心技术的制约和封锁，强化对"卡脖子"技术和"高精尖"产品的研发攻关，同时在数实融合、智能制造、强链补链等方面求实创新，不断增强企业的核心竞争力。

我们应该在追求商业价值的同时，重视并积极参与各项慈善事业，自觉履行企业的社会责任，为弱势群体提供暖心的帮助。2020—2023年，永鼎累计向社会公益组织捐款超过1100万元。永鼎组织"手拉手，送温暖"等公益活动，开展企业内和企业外的帮困结对，扶贫济困。

我们需要紧跟时代，更需要创造属于自己的时代。

波司登：从『中国第一』到『全球领先』
专注于羽绒服48年 畅销全球72国

企业简介

波司登股份有限公司（以下简称"波司登"）创立于1976年，是全球知名的羽绒服装品牌企业，旗下品牌包括波司登、雪中飞、冰洁等。波司登在国内拥有规模最大、技术最先进的七大羽绒服装生产基地，开设超过4000家零售网点，主营产品羽绒服连续29年（1995—2023年）在中国市场保持销量第一，为中国高端纺织及羽绒工业发展做出积极贡献。波司登品牌价值1075.82亿元，登榜世

常熟波司登总部大楼

界品牌500强,连续多年跻身"全球最具价值服饰品牌TOP50"榜单,品牌第一提及率、美誉度、净推荐值等稳居行业第一。波司登位列中国民营企业500强、中国制造业民营企业500强。面向未来,波司登以"中国波司登,温暖全世界"为使命,致力于成为世界领先的时尚功能科技服饰集团。

苏州民营经济高质量发展实录——与知名企业家面对面

企业家简介

  高德康,1952年生,高级经济师,高级工程师,全国劳动模范,第十届、第十一届、第十二届全国人大代表,中华全国工商业联合会纺织服装业商会理事长,波司登集团党委书记、波司登国际控股有限公司董事局主席兼总裁,古里镇康博村党委第一书记。曾荣获"全国非公有制经济人士优秀中国特色社会主义事业建设者""全国纺织工业劳动模范""改革开放40年纺织行业突出贡献人物""中国纺织服装领军人物""轻工大国工匠"等称号,以及"庆祝中华人民共和国成立70周年"纪念章。

问： 作为一家有着48年历史的民营企业，波司登走过了极不平凡的发展历程，请介绍一下最初的创业情况。

答： 我们家三代都是做裁缝的。20岁的时候，我开始跟着父亲学习裁缝手艺。我个性要强，什么都要争第一，什么都要做到最好。学裁缝手艺的时候，我一年学得比其他师兄弟学了三四年的还要好，很快我成了村里最好的裁缝。

我干活快、用料省，而且做出来的衣服板型时尚、工艺品质好，年轻人都喜欢找我做衣服。我14分钟做一条女裤，17分钟做一条男裤，20分钟做一件女衬衣，24分钟做一件男衬衣，40分钟做一件军装，45分钟做一件中山装。而像中西式棉服，我8小时可以做两套。这些是我当时创下的纪录，也因此打出了口碑，成了招牌。

1975年初夏的一天，我到上海石库门为一位教授上门做衣服，从他们家的报纸上，我看到了中国登山队从北坡登顶珠穆朗玛峰的报道。他们穿的登山服给我留下了深刻的印象，我也首次认识到服装的功能性和专业性，这是我第一次接触羽绒服。更重要的是，登山队队员历尽艰辛攀登珠穆朗玛峰的精神和信念，深深震撼了我，引发了我灵魂的共鸣。从那时起，我就想，有一天我也要做一件能登上珠穆朗玛峰的羽绒服。

1976年秋天，我和父亲商量，把村里干不了重体力农活的几个残疾裁缝和其他一些裁缝组织起来，一起加工各式服装，让大家都有活干、有饭吃。在村党支部、村委会的支持下，我租用了村里老中医家的一个四合院搭了一个简易棚，组建起了白茆人民公社第2生产大队缝纫组。缝纫组的主要任务是为四乡百姓来料加工各式服装。

苏州民营经济高质量发展实录——与知名企业家面对面

缝纫组原址旧厂房（1976年，高德康带领11个农民创办白茆人民公社第2生产大队缝纫组，开始了创业之路）

刚开始的时候，缝纫组的生意不是很好，都是村民来做衣服，或者翻新旧衣服，所以加工费很低，一年下来，扣掉房租，就没剩多少了。有一次，常熟城里的一家企业要定做一批工作服，通过熟人找到我，我一口答应了下来。我把缝纫组里所有的钱都集中起来还是不够，又从家里添了点，把布料买回来，8台缝纫机一同开工，很快就完成了任务。这一次我赚了一小笔钱，但更重要的是我得到了一个启发：我们平日里都是等人上门，活不多，如果主动走出去，应该比坐在家里等要好。

想好之后，我开始走出村镇，骑着一辆永久牌自行车，跑常熟、跑苏州，后来又到了上海。在上海的经历开阔了我的眼界。"办一家服装厂，一家真正的企业"，这个念头在我脑海中渐渐清晰起来。党的十一届三中全会以后，改革开放的富民政策带来了脱贫致富的新希望。我们把第2生产大队缝纫组改建为山泾服装厂。1978年，山泾服装厂的招牌挂了出来。这一年，常熟一共成立了28家服装厂，山泾服装厂是其中规模最小的。

我成了一名厂长，但是对如何办厂心里并没有底，真的是"摸着石头过河"。首先，我想到的是财务，财务是企业的"心脏"。我特地请来了一位被公认为认真到有些"呆板"的财务高手，制定了一套严格的财务制度。其次，我处处按照正规企业的标准要求这家新生的小厂。当时，我这个厂长除采购、销售一肩挑以外，还得兼任检验员，加上抓职工的思想工作，真是得有三头六臂才顾得过来。但我坚信"没有规矩，不成方圆"，因此不管多忙多累，我都紧盯产品质量，对规章制度的执行也绝不含糊。我自己也处处有意识地按"企业家"的标准要求自己。20世纪80年代初，我们为上海市联谊服装厂的"申旦"品牌做代工，我三天两头骑着自行车到上海接单送货。那时，常熟到上海往返大约200千米，而且都是石子路，非常难骑。为了方便装货，我在自行车上改装了一个架子，去的时候带上加工好的50多公斤（50多千克）重的服装，在上海跟厂家联系业务大概需要5个小时，之后再驮着50多公斤重的面料，连夜骑回村里。通常早上五点多出门，晚上十一二点才到家。渴了，就喝凉水；饿了，就啃干粮。回到家里，人累得像散了架一样。但是无论人有多累，路有多难走，想想厂里的弟兄还在"等米下锅"，即使电闪雷鸣、风雨交加，我也必须当天赶回村里。用现在的话说，真的是"努力到无能为力，拼搏到感动自己"。有一次，去上海送货时，自行车链条突然断了。那里前不着村，后不着店，身边又没有修车工具，我只好推着自行车慢慢走。推行装载了货物的自行车十分艰难，我推了十几里路，累得满头大汗，好不容易找到一家修理铺，等修好车赶到上海，单位已经下班了。货交不出去，我只好在传达室里饿着肚子坐了整整一夜。从那以后，我每次骑车去上海都随身带着修车工具。

工厂发展起来之后，1983年，厂里买了第一辆幸福牌250A型摩托车。有了摩托车之后，我经常一天两三次往返于上海和常熟。1983年到1987年的4年时间里，我骑坏了6辆摩托车。直到1987年，我买了一辆法国进口的标致皮卡汽车，开车往返于上海和常熟，拉单送货的效率大大提高，有时候一天要往返三四次。有一次开得太累了，我靠在路边休息，车子被人敲掉了玻璃。从那以后，我每次休息都会选择将车停在马路边上的工厂门卫室旁边，闭上眼睛休息一会儿又继续赶路。

这段艰难的创业历程，磨炼了我的精神和意志，也凝练了波司登"勇攀高峰，永争第一"的企业精神。这是企业自带的基因，它决定了我们和别人"不一样"。而正是这个"不一样"，让我们无论面对怎样的外部环境，都能够保持战略定力和坚定发展信心，都能够超越目标，不断突破。

问： 2023年12月13日，波司登首次入选世界品牌500强，这是我国服饰领域唯一入选品牌，彰显了波司登卓越的创新力和品牌影响力。您是在什么情况下创立波司登品牌，并成功将其打造成世界名牌的？

答： 早在1990年，我就有了创立自己品牌的想法。1992年，邓小平同志在南方谈话中提出"发展才是硬道理"，我感受到了当时社会环境的变化，于是就注册了自己的品牌"波司登"。"波"代表时代的波浪、时尚的潮流；"司"就是司令，引领者；"登"就是勇攀高峰，永争第一。从那时候起，我就立下了创中国名牌、世界名牌的志向。我们走出国门，勇闯俄罗斯市场，以过硬的品质改变了俄罗斯人对"中国羽绒服就是鸡毛服"的偏见，1993年得到了江苏省人民政府"一厂三外"的表彰。国内和国际市场的双重利好，让波司登逐渐成为名列行业前茅的"明星企业"。

然而，没有一个品牌的成长是一帆风顺的。企业发展的良好势头，让我沉浸在胜利的喜悦中，我开始放松警惕。1994年，我们开始用"波司登"品牌开拓北方市场。由于没有亲自调研市场，生产的23万件羽绒服只卖了8万件，其中，7万件还是其他授权品牌的。当时，价值2000多万元的产品全积压在仓库里，原辅料工厂、加工厂纷纷跑来要账，银行也上门催800万元的贷款账，企业到了生死存亡的紧要关头。在羽绒服行业摸爬滚打了十多年，直觉告诉我：一定是市场出了大问题。于是，我立刻赶往东北考察市场，寻找问题的根源，发现问题主要出在颜色、面料、款式、板型、工艺上。我还发现了当时全行业存在的一个通病：羽绒服显臃肿。

问题是找到了，但是当务之急的库存和资金问题怎么解决？凭借多年来用诚信铸就的口碑和积累的人脉，1995年夏天，我们在王府井百货开展羽绒服反季促销，我亲自设计了红白蓝三色带五角星的外拎袋，袋子设计独特，视觉冲击力强，令人印象深刻。促销期间，王府井百货波司登柜台前人头攒动，顾客排队购买，最多的一天销售了780件，满大街拎着波司登外拎袋的消费者成了品牌最好的广告代言人，为品牌进行口碑营销。这次营销极大地提升了品牌知名度。两个月后，我们实现销售回款500万元。难关渡过了，我终于安下心来。针对前期市场调研所找到的问题，我们对品牌、产品、渠道进行了全方位的创新。品牌方面，我们邀请清华大学创意制作，在中央电视台打出了第一支广告"波司登给你亲人般的温暖"，提高品牌曝光度，树立高端产品形象。产品方面，我们采用从国外进口的先进的环保哑光染色面料，该面料质量好，不褪色。我们一方面增加内衬密度，减少钻绒现象的发生；另一方面改进服装款式及板型，加入时尚元素，使其更符合消费者的审美。同时，我们把当时普遍采用的40%左右的含绒量增加到60%—70%，并选用蓬松度更高的优质绒，增加含绒量、锁定蓬松度，让羽绒服更轻薄、更保暖、更时尚。渠道方面，我们在全国各地成立贸易销售公司，招聘专业销售人才直接对接各地商场。有的高端商场不让我们进入，我就和他们签订销售对赌协议，让对方放心。当然，这也是因为我对波司登新产品有十足的信心和底气。

苏州民营经济高质量发展实录——与知名企业家面对面

产品体现品牌的深度，渠道体现品牌的宽度，而这两者共同决定品牌的高度。我们从品牌、产品、渠道方面进行全面革新。1995年冬天，焕然一新的波司登羽绒服闪亮登场，一炮打响知名度：生产了68万件，销售了62万件，销量增长了近7倍，一举摘得全国羽绒服销量冠军。与此同时，我们的产品在国际市场上也得到了高度认可，获得了俄罗斯圣彼得堡国际博览会金奖，彻底打破了俄罗斯消费者对中国羽绒服的刻板印象。

上海南京西路波司登旗舰店

为了进一步塑造波司登的品牌形象，1997年，波司登首次代表中国防寒服向世界发布流行趋势。1998年5月，波司登助力中国登山队登顶珠穆朗玛峰，挑战世界极寒，圆了我1975年在上海石库门的"登峰"梦想。之后，波司登又陪伴中国科考队队员远征南极、北极，成为第一个征服"世界三级"的中国羽绒服品牌。

在品牌提升的同时，我们不断推进产品创新、研发创新，引领和带动了羽绒服行业的发展。我认为，只有行业强大起来、发展起来，企业才有更大的发展空间。2001年9月，有专做保暖内衣的企业高调进入羽绒服行业，在中央电视台打出"鹅绒好还是鸭绒好"的争议性广告，引发了一场轰轰烈烈的"鹅鸭之争"，很多羽绒服小企业因此面临严峻的考验。作为行业领军品牌，波司登在行业大会上"仗义执言"："鸭绒、鹅绒都是羽绒，买鹅绒买品位，买鸭绒买实惠。"在非常时刻平息了"鹅鸭之争"，让鹅绒和鸭绒从替代品变成了互补品，促进了行业的健康发展。同时，波司登及时调整原料结构，推出了高鹅绒绿色标志认证羽绒服，确立了高科技环保理念，带动了整个行业向绿色环保转型。

2003年，当时正处"非典"防控的关键时期，以禽类羽绒为原料的行业面临生存危机，我们率先推出生态抑菌绒，这一场科技革命挽救了整个行业。2004年，我们和中国科学院携手推出纳米抗菌羽绒服，再一次引领行业科技变革。波司登的创新引领带动了整个行业的多次革命，使羽绒服成为中国服装行业最具全球竞争力的品类。

波司登20余年来还助力中国冰雪事业发展，与中国冰雪事业相伴成长。早在20世纪90年代，波司登就已经成为冬季奥运会中国代表团的装备供应商。20多年来，我们积极助力中国冰雪运动的发展，参与各类冰雪运动盛会，和冰雪运动结下了不解之缘。2006年，第20届都灵冬季奥运会上，韩晓鹏身穿波司登立体裁剪的比赛服，赢得了中国在冬季奥运会雪上项目上的第一块金牌。这标志着波司登的设计、工艺、标准等都达到了国际领先水平。赛后，韩晓鹏穿的波司登滑雪服被瑞士洛桑奥林匹克博物馆珍藏。2022年，第24届北京冬季奥运会之后，我们签约世界冠军谷爱凌为品牌代言人，这也是我们品牌基因和精神的一种传承。

苏州民营经济高质量发展实录——与知名企业家面对面

  2006年,我受哈佛商学院邀请,到哈佛大学作演讲。在哈佛大学的讲堂里,我提出了"波司登温暖全世界"的使命,我内心是想让大家知道:一个从中国的乡村成长起来的中国企业、中国品牌,有着走向世界,做到全球领先的目标!

  2007年9月11日,波司登被国家质量监督检验检疫总局评为中国服装行业唯一的"世界名牌",得到了消费者、专家、政府的多方认可。有行业专家认为,美国的可口可乐是饮料的代名词,中国的波司登是羽绒服的代名词,代表了行业发展的轨迹。作为中国服装行业"世界名牌"的唯一代表,我在人民大会堂向2500多家中国名牌获奖企业分享了波司登品牌建设案例,全场掌声雷动,我心情非常激动。这也算圆了我创品牌以来的梦想。

波司登获评"世界名牌"

问： 我们了解到，波司登品牌自创建以来，发展也并不是一帆风顺的。在波司登发展过程中，您遇到过什么样的困难，又是如何保持品牌活力和魅力的？

答： 随着中国经济进入增速换挡期，数字经济、移动互联等新经济业态对服装市场格局形成了现实挑战。2014年前后，波司登遭遇重大危机，面临品牌急剧老化、势能下降，和时代主流用户渐行渐远的严峻局面。"做品牌是奋斗者的梦想，更是企业家的责任。"我认为，没有成功的品牌，只有和时代一起成长的品牌。品牌的发展，一定要紧跟时代潮流，关注消费者价值理念的变化，不断迭代，不断自我创新和自我变革，要始终拥抱新潮流、拥抱新趋势、拥抱年轻消费者。波司登以习近平新时代中国特色社会主义思想为指引，深入贯彻习近平总书记"三个转变"重要指示精神，明确"聚焦主品牌，聚焦主航道"的战略方向，坚持品牌引领发展模式，踏上"二次创业"的新征程。

我们以全球视野对品牌进行重塑升级，在品牌、产品、零售、供应链等方面全面发力、领先发展。2018年，波司登羽绒服首次亮相纽约时装周，向世界展示中国文化的底蕴魅力和波司登的匠心之美。2019年，波司登登陆米兰时装周，诠释东西方时尚文化的完美融合。2020年，波司登以中国红元素惊艳亮相伦敦时装周，引得全场各国嘉宾高声呐喊"中国加油"，让世界感受到中国品牌的精神和力量。2021年，波司登携手中国国家话剧院，首创舞台剧式发布会，演绎"中国羽绒服全球领先"的温暖史诗。2023年，波司登连续第三年入选Brand Finance（品牌金融）"全球最具价值服饰品牌TOP50"榜单，品牌第一提及率、美誉度、净推荐值等稳居行业第一，赢得时代主流消费人群的认可和选择，展现出强大的品牌自信和时尚话语权。

苏州民营经济高质量发展实录——与知名企业家面对面

我以坚守实体经济48年的专注和底气,聚焦质量、创新、品牌和"工匠精神",培育"中国制造"的新魅力,以技术领先筑牢竞争壁垒,以设计赋能产品系列化、时尚化、品牌化,努力在自己擅长的领域,盯住一个品类,做到全球领先。波司登携手国际知名设计师,发布设计师联名系列:连续两年携手爱马仕黄金时代缔造者高缇耶,牵手国际著名设计师高田贤三,成为中国服装品牌与国际殿堂级设计大师合作的经典案例。抓住国潮兴起的大趋势,以全球视野融合国潮元素和文化,推出了国潮传统文化的"牖"系列、"忆江南"系列。同时,聚焦尖端领军产品的研发,以适应消费者在商务、运动、休闲等不同场景的需求,构建科技功能体系,开发出"登峰""高端户外""滑雪""极寒"系列等全新品类。波司登还首创风衣羽绒服、新一代轻薄羽绒服等,开创羽绒服全新品类,为行业发展开拓全新品类赛道。除此之外,波司登还推出了强功能性的防晒衣、冲锋衣,开展在"时尚功能科技服饰"赛道的品类延伸。波司登"登峰"系列获得中国优秀工业设计奖金奖;极致环保零压力羽绒服、复合结构露营羽绒服等原创产品荣获德国红点奖、美国IDEA奖、ISPO Award等多项全球设计大奖。产品创新让品牌具备了全球领先的专业实力,波司登羽绒服规模(销售额、销售量)位居行业全球第一。

在我看来,稳健、高效的业绩增长,离不开组织、机制、文化、人才建设系统及数字化信息系统。一方面,我们抢抓数字经济发展机遇,推动波司登将新一代数字技术和羽绒服传统经营模式深度融合,把大数据融入企业设计研发、采购制造、仓储物流、零售运营、用户服务等关键环节,实现了以消费者为中心的数字化"研产供销服"全链路协同,形成了基于大数据的"平台化设计、智能化制造、网络化协同、个性化定制、服务化延伸、数字化决策"新模式,

波司登智能仓库

使企业的运营效率、决策准确度、协同效率、人才效能得到大幅提升。另一方面，我们高效链接外部创新资源，推动制造业朝高端化、智能化、绿色化方向发展，构建起企业参与未来竞争的核心品牌资产，成为服装行业"智改数转"的标杆。波司登因此获评国家智能制造示范工厂、全国首批"数字领航"企业。

问： 我知道您是一位共产党员，作为一位民营企业家党员，您是如何践行自己的初心使命的？

答： 走过48年的创业发展之路，如果大家问我，波司登的成功源于什么？我认为最根本的，在于改革开放的时代机遇，在于我们身处中国这个全世界最有活力和韧劲的市场。在这48年的创业征途上，波司登走过的每一步，都紧紧抓住时代的发展机遇，坚持以党的方针作为决策依据，坚定不移"听党话、感党恩、跟党走"。1992年，我光荣加入中国共产党，从入党的第一天起就下定决心："我是农民的儿子，是党培养的企业家。我要时刻牢记党的宗旨，把我的一生奉献给我的家乡和社会。"入党30多年来，我带领波司登人始终坚持以党的方针作为决策依据，主动融入大局、顺应大势，使企业一步步由村办小作坊发展成为上市公司，引领波司登与国家的发展同频共振、同生共长，这是波司登能够穿越近半个世纪的市场风雨而始终稳健发展的力量源泉。

习近平总书记在参加十四届全国人大一次会议江苏代表团审议时，深刻阐述了新时代推动高质量发展的一系列重大理论和实践问题，殷切期望江苏在新征程上勇挑大梁、走在前列。在政协民建、工商联界联组会上，习近平总书记充分肯定了民营经济在经济社会发展中的重要作用，指出要坚持"两个毫不动摇""三个没有变"；要推动民营经济高质量发展，民营企业要担负起促进共同富裕的社会责任。习近平总书记的重要讲话极大地提振了民营企业发展的信心，也为我们指明了未来的发展方向。今时今日，促进共同富裕、承担社会责任是国家赋予民营企业的时代价值和历史使命。波司登创立之初，就以"中国波司登，温暖全世界"为初心使命，把对员工的责任、对行业的责任、对环境的责任和对社会的责任融入企业战略与发展实践中，以创造和实现更大的品牌价值。

为此，我将可持续发展理念融入企业战略和经营的全过程，积极探索企业科技、时尚、绿色的可持续发展责任。波司登凭实力入围中国首个"可持续时尚践行者"名录，ESG评级连续获评行业领先的A级，全球环境信息研究中心（CDP）企业评级跃升为B级，为民营企业社会责任管理提供了范本，在引领中国品牌企业整合资源，迈向全球产业价值链中高端中发挥了重要作用。在担任第十届、第十一届、第十二届全国人大代表期间，我积极履职尽责，围绕保护民族品牌、优化营商环境、扶持中小企业、加快智能制造及绿色可持续发展、乡村振兴等热点议题深入走访调研，积极奔走呼吁、建言献策，履行企业家的使命与担当。

1994年，波司登党支部成立，2024年是波司登党组织成立30周年。30年来，波司登集团党委坚持"围绕发展抓党建，抓好党建促发展"，探索实践非公企业基层党组织建设新思路、新方法，以党建引领非公企业高质量发展。我带领波司登全体党员，深入学习贯彻习近平新时代中国特色社会主义思想，坚持学思践悟、知行合一，实现了波司登特色党建和企业发展的"三融合"：党建工作与企业经营相融合，党的信仰与企业文化相融合，党组织建设与人才发展相融合。我们把红色基因融入企业发展"血脉"，把党的精神转化为推动高质量发展的不竭动力。我们还创建并深化"引领工作法"党建品牌，把骨干发展成党员，把党员培养成骨干，发挥优秀党员标杆引领作用和先锋模范作用。

2017年，我规划设计建设波司登"领航"党建馆，旨在强化党建引领，加强党员教育培训，不断增强拥护"两个确立"、做到"两个维护"的思想自觉、政治自觉、行动自觉。波司登"领航"党群服务中心入选首批苏州"海棠花红"先锋阵地，成为波司登亮丽的红色名片。波司登集团党委连续多年组织"不忘初心，砥砺前行"红色主题党史学习暨徒步拓展活动，走进遵义、井冈山、延安、茅山、古田等红色圣地，引领波司登人在一次次磨砺中坚定理想信念，筑牢信仰之魂，汲取奋进力量。

作为从农村基层成长起来的企业家，我时刻不忘富民强村的责任。从1999年至今，我累计筹资1.3亿元把山泾村变成了民富、村强、人和谐的全国文明村，绘就乡村振兴的时代画卷。同时，我有意识地把产业扎根在农村基层，把产能转移到农村腹地，建成七大直属工业园区，推动区域经济产业集群和品牌集聚，促进产业链和谐平衡发展。

波司登的主打产品是一件件暖身的羽绒服；波司登的文化核心是一份份暖心的社会担当。我坚信，有社会责任的企业，才有远方和未来。为了更好地开展公益事业，2011年年初，我个人出资5000万元，成立由民政部直属管理的"德康博爱基金会"（后更名为"波司登公益基金会"），积极参与光彩事业及"万企帮万村"行动，投身于"三区三州"深度贫困区，以精准扶贫实现精准脱贫，波司登因此被评为全国"万企帮万村"精准扶贫行动先进民营企业。在新冠疫情防控期间，我发起"波司登3亿高品质羽绒服驰援抗疫一线"公益活动，把最温暖的羽绒服送给最可敬可爱的人。波司登累计向社会捐款捐物超过14亿元，4次荣获中国公益慈善领域最高政府奖——中华慈善奖，彰显民族品牌的责任新高度。

我时刻提醒自己，要铭记身为中国品牌、民营企业的使命和责任；时刻警醒自己，不能辜负党和国家的信任，不能辜负总书记的重托，要始终牢记共产党员的初心使命，始终践行新时代企业家精神，做时代的企业，做党和人民信赖的企业。

问： 您是否满意如今波司登已取得的成就？您对波司登未来发展有着怎样的规划？

答： 波司登创立48年来，伴随着国家改革开放的步伐，把握大势，抢抓机遇，顺势而为，发展成为全球知名的品牌羽绒服企业，连续29年销量保持中国羽绒服市场第一，规模总量全球领先，引领羽绒服成为中国服装行业最具国际竞争力的品类。现在，提起羽绒服，大家第一时间会想到波司登。但是，所有的成绩只能代表过去，未来的发展依然任重道远，我们不会满足于做行业唯一、中国第一，而会朝着品牌"全球领先"的目标持续奋斗、不懈努力。

我们将坚定"中国波司登，温暖全世界"的初心使命不动摇，与时俱进地赋予品牌新的时代价值，成为全球领先的羽绒服专家，开创"世界羽绒服、中国波司登、引领新潮流"的新业绩，为全球消费者提供价值更高、体验更好的产品和服务，不断为人们的美好生活贡献力量。

中亿丰控股集团：
以智提质 塑造城市建设运营综合服务商

企业简介

中亿丰控股集团有限公司（以下简称"中亿丰"）创立于1952年，连续多年入围中国民营企业500强，是集城市建设、先进制造、科技孵化、产业金融、现代服务五大产业于一体的综合性建筑产业集团。集团总部设在苏州相城经济技术开发区，拥有员工5000名，旗下有100余家境内外控股子公司，其中，中亿丰罗普斯金材料科技股份有限公司（以下简称"中亿丰罗普斯金"）在A股上市，2家公司在新三板挂牌。旗下共有17家高新技术企业和6家专精特新企业。

中亿丰扎根服务长三角一体化发展，业务遍及国内主要城市群，稳

中亿丰未来建筑数字产业园

健开拓越南、泰国等共建"一带一路"国家的市场。业务布局以投融建运一体化为主线,提供涵盖投资开发(房地产开发、产业园运营)、工程建设(同时具备房屋建筑工程施工总承包特级资质和市政公用工程施工总承包特级资质)、铝业制造(门窗幕墙、光伏边框、工业铝材精深加工)、智能建造(软件研发、智能装备)、光伏建筑一体化、供应链金融、文旅运营在内的高质量产品与卓越服务。

面向未来,中亿丰将主动顺应新型工业化浪潮,牢牢秉持"建造—制造—智造"的"三造"融合发展战略,以新质生产力激发企业高质量发展新动能,努力为社会和客户创造更大价值,实现缔造一流城市建设运营综合服务商的企业愿景。

企业家简介

宫长义，1964年生，正高级工程师、正高级经济师，中亿丰控股集团党委书记、董事长，苏州市政协委员。现任中国施工企业管理协会副会长、江苏省建筑行业协会副会长、苏州市建筑行业协会会长、苏州市市政工程协会会长、苏州市房屋安全协会会长，中国建设教育协会副理事长、中华民族团结进步协会副会长、江苏省民族团结进步促进会会长、苏州市民族团结进步促进会会长，江苏省总商会副会长、苏州市总商会副会长。获"全国民族团结进步模范个人""江苏省劳动模范""全国优秀施工企业家""全国建筑业先进工作者""江苏制造突出贡献奖先进个人""江苏省产业教授"等称号，以及华夏建设科学技术奖一等奖、光彩事业奖章，享受政府特殊津贴。

问： 您进入建筑行业已经33年，一路走来，您遇到过哪些印象深刻的挑战？又是怎么破解的？

答： 1991年，我进入苏州二建建筑集团有限公司（以下简称"苏州二建"），从一名普通的施工员做起，经过十余年技术学习与项目管理的锻炼，我实现了从技术条线向企业管理条线的成长。2002年，我在担任苏州二建董事长一职时，正值政府发出国企改制号召，我提出"必须带领好员工和企业同生存、共成长"。我带领领导班子上下齐心，在2003年顺利完成国企转制工作，转制当年职工收入较往年接近翻番。随后十年，以民营企业身份搏击市场的苏州二建积极转变经营思路，提高房屋建造水平，年合同额、产值双双过百亿元，企业发展迈入快车道。2013年10月8日，苏州二建进一步完善组织架构，深化布局国内市场，迎来了以"中亿丰"为名的奋斗创业期，逐步形成涉及建筑全生命周期的产业集团。2020年，新冠疫情暴发，经济环境的诸多不确定性让中亿丰对"新发展理念"有了更深的认识。随即中亿丰收购了上市公司苏州罗普斯金铝业股份有限公司，这一战略措施的推进，既是产业领域的延伸，也是商业模式的延展。中亿丰算是摸着石头过河，进入了资本市场。随后的"智改数转"又推动了建筑工业化的新实践。一个个"总部经济体"在企业内部展现，逐步形成"三造"与"三链"的产业集群协同，全新的中亿丰也应运而生。

面对中亿丰发展过程中的难题，我们提出了"五个坚持"，作为破解之法：一是坚持高质量发展。经营上精打细算、生产上精耕细作、管理上精益求精、技术上精雕细琢，把效率和效益作为提升管理的永恒追求。持之以恒地深化提质增效，要求控股本部与各成员企业形成目标引领、行动带领、绩效评价、持续改善的工作闭环。打造全员、全过程、全方位、全要素、全产业链覆盖的价值创造管理体系，同时把提高运营质量摆在更加突出的位置，将守住现金流作为应对各种不确定性的"定海神针"。二是坚持创新驱动。创新是引领发展的第一动力，企业是创新的主体。要准确把握自身定位，以企业战略需求和产业升级需求为导向，以提升创新体系效能为目标，以解决实际问题为保障，加大科技创新力度，加快推进技术攻关，以科技创新引领商业模式、经营管理的全面创新，以知识产权护航技术突围，推动企业依靠创新驱动，实现科技创新与高质量发展的深度融合。三是坚持融合赋能。发挥中亿丰系"大协同"优势，突出全域经营升级市场、全链创效做强产业、全业协同提高质量。通过整合机构、人才、资本、科技等要素，实现企业内部各个环节、各种资源的高度协调和合理使用。大力发展与城市建设服务产业链相关联、与主责主业发展相协同、与企业资源禀赋相匹配的重点产业，提升专业化生产、服务和协作配套能力，尽快推动形成稳定的"第二增长曲线"。四是坚持安全护航。必须始终统筹、防范、化解各类风险，增强忧患意识，树牢底线思维，完善风控体系，坚决守住不发生重大风险的底线，保证集团持续健康发展。五是坚持共享共创。把强企富民作为落实共同富裕本质要求的根本抓手，树立"人心是最大红利"的理念，建立和完善集团高质量人才工作格局，科学优化绩效考核评价体系，让企业发展的成果更多、更好、更公平、更实在地惠及全体员工，激发广大干部职工的主观能动性，构建企业与员工命运共同体。

逆水行舟，不进则退。道阻且长，行则将至。当困难来临时，坚持长期主义，保持战略定力，回归本质思考。面对内外部形势的深刻变化，我们还要及时应变、主动求变，积极开展对标学习和考察调研，把影响和制约企业高质量发展的"顽疾"找出来，打好改革赋能"组合拳"。

问：如果用一个词或一句话来形容中亿丰改制后20多年的发展历程，您认为是什么？为什么？

答：回顾数十年的发展历程，我们始终坚持两个关键点：一是初心，二是创新。初心是无论企业发展到什么程度，都不能忘了为什么发展，以及发展的目的是什么。以中亿丰而论，我们的使命是"安居乐业好生活"，是人与城和合共进、融合发展。创新是企业生存向好的源泉，没有创新力的企业会失去活力，不久便会失去发展的后劲。所以，改制后的20多年，我们以初心为根本，以创新为驱动，始终坚持"破局重塑""提质升级"，眼睛看向远处，因时而异、因势而变。在中亿丰的基因里，始终有个声音："等、靠、要使不得！"所以，今天很多人认识中亿丰，或是通过一扇扇耐用、高品质的门窗，也或是通过山塘雕花楼美术馆、城市运动公社，抑或是通过一杯简单而不失精致的咖啡。这些年，我们的"换装升级"从未停止！

问：中亿丰的核心价值观是什么？这些价值观是如何影响您的决策的？

答：中亿丰将"信为本、诚为基、德为源、创为先"作为企业的核心价值观，使命是"安居乐业好生活"，发展愿景是"缔造一流城市建设运营综合服务商"。这里特别提一下，"创为先"在2020年之前没有被写进企业的核心价值观，尽管我们一直在践行。但是，面对企业的快速发展、行业的高速转型及经济发展的诸多不确定因素，我们郑重地将"创为先"写进企业"十四五"战略规划中，进一步提醒企业内的所有创业者、所有员工在干事创业中恪守并践行。

在企业治理与管理中,我始终坚持以高站位党建为引领,以高质量发展为主题,以高绩效组织为支撑,贯彻创新、协调、绿色、开放、共享的新发展理念,推动高能级转型。更重要的是,与领导干部、员工同频同步,增强遵纪守法、依法治企、诚信经营的行动自觉,在创新创业中继承、弘扬、传播优秀企业家精神,在市场竞争中勇立潮头、永不言败、履行责任、敢于担当,努力创造出更多的经济效益和社会效益,为经济社会高质量发展贡献力量。

问: 近年来,民营企业经历了全球经济下行、新冠疫情暴发等多重考验,展现出强劲韧性。您认为民营企业以变应变、勇毅前行的信心从何而来?中亿丰从中收获了哪些经验与启示?

答: 信心源于国家对民营企业的大力支持,当然更离不开诸多民营企业家的创业精神和创业情怀。

以中亿丰来说,首先我们始终坚定党建引领,在企业中倡导"红色和合文化",始终"听党话、感党恩、跟党走",关注政策、研究政策、用好政策,输出创新发展实践成果,提供企业发展样板。其次我们充分发挥企业成长快、机制灵活、捕捉市场信息敏捷、对创新具有强烈需求的优势,不断促进企业实现技术、管理、品牌、组织、商业模式创新,不断提升自主创新能力,以适应复杂多变的国内外经济形势,提升企业竞争力。

我想还是要修炼好"内功",持续围绕政策导向、围绕产业、围绕生态,探索"中亿丰+",向更多维度、更多领域裂变,不断地细分、聚焦和再生,持续推进组织变革与重塑,在复杂且充满不确定性的环境中找到正确的发展方向,创造新的经济增长点与价值。

问：党的二十大报告明确提出,"优化民营企业发展环境……促进民营经济发展壮大"。苏州也发布了关于实施促进民营经济发展壮大的20条举措,激发民营经济发展活力。中亿丰从中获得了哪些发展信号?在改革开放中成长壮大的民营企业,如何在新起点开创新局面?

答：《苏州市发展改革委等部门关于实施促进民营经济发展壮大近期若干举措的通知》内容涉及提振企业发展信心、激发民间投资活力、完善企业服务体系、支持企业做优做强、加强统筹协调引导5个方面、20条举措,有力提振民营企业和民营企业家的发展信心,推动实现民营经济发展壮大,用民营经济发展壮大推动经济运行持续回升向好。通知中提到"加强重大项目支撑",该条举措内容包括统筹研究布局苏州市包括民营企业投资在内的重大产业项目和民生项目,进一步优化分工和布局,避免重复建设和同质化过度竞争;鼓励民营企业扩大有效投入,大力支持企业就地增资扩产;加大民间投资项目培育和引进力度,建立健全民间投资重大项目库,支持民间投资项目纳入各级重大项目清单。可以看到,苏州在做好与国家、省级政策对接落实的同时,深入结合苏州民营企业实际,聚焦提信心、增活力、优服务、聚资源、广协同等多个维度,堪称诚意十足、干货满满,为民营企业发展营造了良好的发展空间与机遇。

　　站在新起点,中亿丰将从四大维度着手。

　　一是科技创新展现新作为。实施重大科技攻关和产业基础再造,以打造国家企业技术中心为努力方向,争创一批高新技术企业和专精特新"小巨人"企业,掌握一批行业核心技术和研发成果,在工程施工、智能建造、汽车轻量化铝型材等领域形成自主创新能力,各类科研平台与产业进一步互动衔接,科研管理体制机制进一步优化,营造有利于科技创新的良好生态。

中亿丰"三新"赛道之新能源:中亿丰罗普斯金 16 兆瓦分布式光伏项目并网发电

二是结构布局实现新势能。在产业结构方面,业务布局持续优化,"三新"赛道业务规模实现新突破。在区域结构方面,深度融入国内国际双循环格局,推动形成与国家经济发展空间结构高度契合的市场布局,国内业务的盈利能力明显提升,国际业务带动整个产业深耕"一带一路"沿线市场,擦亮中亿丰国际品牌。

三是企业治理取得新突破。立足中亿丰系,围绕资本经营与产业经营,做优以股权投资为手段的战略布局平台、以股权关系为纽带的母子公司管控平台。不断完善权责法定、权责透明、协调运转、有效制衡的公司治理机制,持续完善决策体系和授权体系,提升审计监督效能。

四是党建文化激发新活力。充分发挥"红石榴"党建品牌引领作用,打造理念统一、内涵多元、形式多样的党建品牌矩阵,把党建优势转化为市场竞争优势,以高质量党建引领企业高质量发展,树立民营企业党建工作新标杆,全面提升基层党组织的组织力和企业文化的凝聚力。

问： 您对建筑行业未来的发展趋势有什么看法？中亿丰今后在业务战略上会有哪些方面的创新？

答： 建筑业既是国民经济的重要支柱产业，也是第二大劳动密集型产业，还是绿色化、低碳化、数字化转型升级的最大场景。新材料、先进制造等将进一步推动建筑业和城乡建设方式变革。后疫情时代下基建补短板，如新基建、城市更新、乡村振兴等成为基础设施投资的重点方向。以EPC（Engineering, Procurement, Construction，设计采购施工总承包）工程为龙头，发挥专业优势，实现全生命周期管理，推动产融结合成为建筑企业发展的大势。中亿丰持续以打造"大土木"业务为核心，将建造事业打造成以"工程总包、专业协同、全面履约、优质运营"为主要特征的，集建造商、运营商和投资商于一体的建造服务平台，培育项目投资、设计、施工、运营全产业链优势。依托数字技术赋能，实现建筑全生命周期智能化升级，深化多场景数智化应用，加强智能建造标杆项目的复制推广，加快智能建造产业园建设，构建建筑业与数字化融合发展新模式。以绿色化推动建筑全生命周期节能降耗，建立涵盖绿色设计、绿色施工、绿色交付全过程的绿色建造管理体系，用"好产品+好服务"打造一批中亿丰"好房子"。

中亿丰参与投资、运营的相城区智能建造装备项目被授予"江苏省智能建造产业基地"

在行业服务方面，以建筑业劳务服务为核心，以建筑服务产业园、建筑业零工市场等平台为载体，整合优质劳务资源、企业资源、政府资源及各类社会服务资源，构建"平台+服务""平台+金融""平台+数字"发展模式，搭建建筑产业工人数字化平台，强化产业园等平台的金融属性、智慧属性和服务属性，构建合作生态，加速产业园模式的复制与输出。加大与劳务输出地政府合作，推进建筑产业工人组织化输出，建设新时代建筑产业工人培育基地，创新基地增值服务，构建产业队伍项目建设和产业工人服务平台双融合发展模式。坚持"实用化、特色化、差异化"原则，聚焦集团相关产业，积极构建人力资源培训体系。

在产业集聚方面，立足未来建筑数字产业园、人力资源服务产业园、中亿丰制造产业园、中亿丰检测基地等硬件优势，以政府产业政策为导向，发展产业园经济，丰富中亿丰系产业生态，发挥产业园产业协同和产业集聚效应。加强专业运营能力建设，完善招商政策、入驻条件、产业孵化配套服务种类和标准等管理体系，引进专业运营团队，为入驻企业提供全链条的服务软环境，重点打造产业技术性服务、产业发展性服务、生活配套服务、园区运营服务等，在服务入驻企业的同时，适时进行产业投资。

问： 提到创新，就不得不提到数字经济。那么该如何更好地用数字科技来赋能传统建筑业的转型升级呢？

答： 面对数字化、智能化加速应用的发展形势，中亿丰将"数字经济"作为"三新"赛道之一，坚持"实业为根，数字为翼"的发展思路，以市场为导向，以智能建造为发力点，深耕智能建造、智慧建筑、新城建领域，积极培育新质生产力。推进"平台+生态"模式，加快培育"软件+硬件+应用场景"一体

中亿丰"三新"赛道之数字经济:"一平台六专项"智能建造体系

化能力和产业数字技术优势,深入推进数实融合,赋能传统产业提档升级,打造国内一流智能建造解决方案服务商,不断拓展产业发展空间。深化"制造+数字"融合发展,强化数字技术及智能生产装备应用,完善工业互联网平台建设,打造工厂级、行业级智造样板,推广智能制造模式,全面推动制造业"智改数转"。推进精益化生产管理,实现高品质、高效率、低成本生产运营。围绕绿色化和高端化,打造零碳产业园,建设全产业链一体化智能生产基地。与此同时,从业务全局视角出发,贯穿产业链上下游各环节,沉淀可复用的核心数字资产,支持业务快速创新与拓展,通过数字化转型更好地实现和放大商业价值,让项目更加优质、产品更加智能、运营更加高效。通过数字化产品孵化,衍生新兴科技业务,打造新业务和新模式。

开拓新赛道，以"'三链'协同"为核心机制保障。中亿丰实施分管领导"链长"挂帅、核心成员企业"链主"引领、外部资源平台"链创"支撑的"三链"机制，是探索产业发展新模式的制度创新、放大全产业链优势的重要举措。2024年，中亿丰在数字、制造、海外三个板块率先落地推进。准确把握苏州推进新型工业化、打造"智造之城"的深刻内涵，以创新、智能、绿色、安全为方向，全力发展智能建造产业，着力打造并延伸铝产业链，研究人工智能、新材料、高端装备等战略性新兴产业，明确集团新业务统计口径，运用股权合作、并购重组、产业协同、联合攻关等多种方式，加快新业务规模化发展，探索出一条创新驱动发展、数实深度融合、绿色低碳发展的工业化新路。

问： 企业的发展离不开人才的支撑，中亿丰在人才建设方面有什么经验可以分享吗？

答： 中亿丰党委坚持党管干部、党管人才的基本原则，明确将"十上十下"作为对各级干部职工进行评价的基本标准，列为企业用人的基本要求，加强作风建设，打造高绩效的卓越团队。

一是聚焦集团战略目标，立足"破局重塑"总要求，选优配强各级领导班子，加大力度选拔并任用具有全局视野、战略思维和务实、专业的年轻干部。重塑人力资源管理体系，强化组织赋能，提升人均效能，加快将个人能力转换为组织能力，完善经营班子成员与经营业绩和责任贡献强挂钩、强应用的薪酬机制，有序做好股权激励、超额利润分配、虚拟股权等创新激励工作。加快发展人力资源服务业，实现人力资源职能条线管理与产业化经营的双向奔赴。

二是优化人才引进模式，提高专业人才与紧缺高层次人才引进的针对性和精准度，不断改善人才结构。健全人才培养体系，加强干部管理和人才梯队建设，构建核心岗位和关键人才梯次结构，形成年龄梯次合理、专业优势互补、来源渠道广泛的骨干团队，推进技能人才队伍建设。探索新时代企业大学定位与运作模式，致力于洞察业务发展痛点，制订人才培养方案，搭建业务交流协同平台，打造学习型组织。

三是强化激励约束机制。完善岗位管理体系，明确岗位任职资格标准，将业绩作为能力评判的主要依据，加大量化指标在绩效考核中的应用力度，强化考核结果应用，充分发挥考核"指挥棒"作用。把强企富民作为落实共同富裕本质要求的根本抓手，构建企业与员工的命运共同体。

中亿丰党委结合企业发展对干部和人才工作的要求，实行重要岗位党务、行政"一肩挑"，通过交叉任职、定期培训达到培养人、提升人、造就人的目的，力促"把骨干培养成党员，把党员培养成骨干"。设立管理学堂，负责人才梯队建设、人力资源优化等全方位、多层次提质增效工作，发挥人才作为"发展加速器"的重要作用。成立团校，实施青年人才计划和员工关怀行动，牢牢把握干部考察、培养、晋升和人才引进、培训、激励等方面的主动权，营造全体员工都能建功成才的良好氛围。在高端人才建设方面，制定《中亿丰高层次人才奖励办法》，组建院士工作站、博士后科研工作站、研究生工作站。成立科研组织，与高校进行深层次合作，搭建校企合作平台。

中亿丰金益(苏州)科技有限公司研发的7.3米超长电泳氧化生产线

问: 您如何理解新时代的企业家精神?一位优秀的企业家应该具备哪些品质?

答: 党的二十大报告明确提出"弘扬企业家精神,加快建设世界一流企业"。《中共中央 国务院关于促进民营经济发展壮大的意见》明确提出"民营经济是推进中国式现代化的生力军",同时要求"培育和弘扬企业家精神"。新时代的企业家精神要扎根中华文明、符合社会主义核心价值观的内在要求,它有多种实现形式,但最根本的是把企业发展同国家繁荣、民族兴盛、人民幸福紧密结合在一起,带领企业奋力拼搏、勇争一流,实现质量更好、效益更高、竞争力更强、影响力更大的发展。

我认为,无论何时,都不能忘记企业发展的初心使命。结合中亿丰的发展历程,以中亿丰发展精神描绘企业家精神,用三十二个字概括:上下求索、重谋巧干、敢为人先、创新创造、开放融合、绿色共享、团结奉献、使命必达。从改制、更名到新时代新征程,中亿丰人始终保持着奔跑的姿态——在发展中查漏补缺、完善优化,在发展中攻克瓶颈、破局重塑。我们始终坚持长期主义,保持稳健向上的心态,通过内部改革破局重塑对冲不确定性环境所带来的风险,力出一孔,合力推动企业高质量、可持续发展,共同创造价值。

问： 作为少数民族企业家，近年来您一直致力于民族团结、社会进步。您如何理解企业谋求自身发展与履行社会责任之间的关系？

答： 在新发展理念的推动下，系统思考企业与社会、企业与国家、企业与其他利益相关者的内在关系时，应该坚持把社会责任与创新发展作为动力源和落脚点。敢于担当、敢于先行，是企业通往成功之路的必要元素。中亿丰作为一家有责任、有担当的民营企业，一直致力于增进社会民生福祉。

中亿丰通过编制ESG责任报告公开公示公司治理与管理、员工关爱、民族团结、公益捐赠行动等内容，始终坚持自身发展与感恩社会、回馈大众共同前行。从产业上"新"出发，中亿丰绿色低碳行动成效显著，研发生产再生混凝土、再生沥青等绿色建材，以智慧工地管理系统、智慧管理平台推进建筑业与制造业控碳、减碳，形成绿色低碳产业集群，中亿丰罗普斯金等成员企业获评国家级"绿色工厂"、江苏省绿色发展领军企业、苏州市ESG社会责任领军企业等。发挥产业集群优势，围绕总部基地"中亿丰未来建筑数字产业园"实践"设计—建造—运营"全生命周期数字友好、绿色低碳、智慧服务的发展路径，"碳达峰碳中和愿景下构建数字友好产业园中亿丰未来建筑数字产业园的探索实践"获评第二届新华信用金兰杯ESG碳达峰碳中和优秀案例。2023年9月，中亿丰获评江苏民营企业社会责任领先企业。从民族"三交"（交往、交流、交融）出发，民族团结进步工作其实就是各民族交往、交流、交融的践行，作为企业负责人，我希望通过企业平台、各级行业协会平台，真正落实民族团结政策，铸牢中华民族共同体意识。2024年以前，中亿丰多聚焦自身主业，保障员工就业，促进行业发展，并积极投身于公益事业。2024年起，我们积极响应国家民族事务委员会"三交"工作，结合企业自身资源发展文化旅游产业，大力推动文化旅游促"三交"政策在苏州的实践，围绕"乡村经济""城市换新"及文化旅游等项目的孵化，探索各族群众喜闻乐见的文化休闲生活方式，以文化旅游产业促进经济持续释放活力。

闯关渡江，向新而未。中亿丰将努力保持责任的恒心与成长的韧性，以更多饱含温度的行动来诠释企业社会责任创新发展，以服务大局、服务城市、服务产业、服务民生为己任，为中华民族伟大复兴贡献力量！

中亿丰"三新"赛道之文化旅游：山塘雕花楼美术馆

雅鹿集团：
53年「不搏何获」的「中国羽绒领航家」

企业简介

雅鹿集团股份有限公司（以下简称"雅鹿"）创立于1972年，集团总部位于苏州市太仓市。在集团董事长顾振华的带领下，雅鹿秉持"不搏何获"的工匠精神，经过53年的发展，已成长为一个以"雅鹿"主品牌为核心，"多品牌、多品类、全渠道"经营布局的数智化服装产业生态平台。

雅鹿深耕中国服装行业53年，以"品质"与"创新"闻名全国，

雅鹿1972新品发布秀

自1998年以来,一直是国内羽绒服行业的领导品牌之一。近年来,雅鹿推进商业模式变革,借助电商、数字化打通产业链上下游,不断培育企业新质生产力,不仅实现了品牌升级,还创造了服装行业的平台化转型,带动了大批中小企业共同发展。2024年,雅鹿入选中国民营企业500强,居第341位;入选中国制造业民营企业500强,居第230位。雅鹿系列品牌价值达438.16亿元,居"2024年中国500最具价值品牌"榜第251位。

企业家简介

　　顾振华，1952年生，中共党员，雅鹿集团创始人、董事长，高级经济师，中国服装行业知名企业家，兼任中国服装协会理事、全国服装标准化技术委员会委员、中国质量检验协会副会长等多项职务。多年来，顾振华荣获"全国劳动模范""全国纺织工业劳动模范""江苏纺织服装优秀企业家"等称号，以及全国五一劳动奖章、"庆祝中华人民共和国成立70周年"纪念章等。

雅鹿集团

问： 雅鹿在长达半个多世纪的时间长河里，经历了怎样的创业和发展阶段？

答： 雅鹿创立于1972年3月，从生产、销售男装起家，截至2024年，一共经历了五大发展阶段，基本上每过十年就进入一个新的发展阶段。

一是创业阶段。创业之初，雅鹿只有6个人、3间茅草房。大家聚在一起，就开始了创业之旅。到1976年，我们在鹿河人民公社的批准下正式成立服装工厂，早年无资金、无技术、无产品、无市场、无品牌，出现过"三迁厂址，四易厂长，惨淡经营，依然亏损"的局面，在夹缝中艰难生存，后来通过为上海品牌服装厂做代工逐渐起家。

雅鹿创业时期旧址

二是"夹克衫大王"阶段。20世纪80—90年代,在改革开放的大潮中,我们解放思想、创新求变,迎来了雅鹿的快速发展阶段。在20世纪80年代初,我们借着当时的"西服热"逐渐发展起来;1983年,我们提出要扔掉"做代工"这根拐杖;1986年,我们注册"雅鹿"商标,开始创立品牌,走自产自销之路;1987年,雅鹿进入夹克衫市场;1988年,雅鹿推出的"飞龙"夹克衫一炮打响,市民在上海市南京东路连续争购163天;1998年,雅鹿夹克衫年产销量达100万件,做到国内细分领域的第一,成为中国的"夹克衫大王"。

三是"羽绒服专家"阶段。1997年以后,受亚洲金融危机影响,雅鹿积极求变,切换赛道,在1998年成功拓展出自己的羽绒服业务。雅鹿进入羽绒服市场前,羽绒服还只是防寒服;"雅鹿"牌羽绒服一经推出,就以时装化的款式设计,轻、薄、软、时尚的特色,赢得了消费者的青睐,俏销市场,引导人们转变传统冬季着装观念,从而拓展了市场边界,带动了一大批工厂发展。为此,我很荣幸被中国服装协会授予"羽绒服行业功勋人物"称号。雅鹿也长期位列中国羽绒服行业销量第2名,成为中国羽绒服行业的领导品牌之一。

雅鹿羽绒服生产基地

四是商业模式变革阶段。2008年,美国次贷危机爆发;到2012年,随着国家宏观调控政策的陆续退出,叠加其他复杂因素的影响,中国鞋服行业爆发严重的库存危机,企业原有的商业模式已无法适应新的市场形势。在此背景下,自2014年以来,雅鹿对商业模式进行了彻底的变革,从传统的重资产生产制造型企业成功转型为轻资产品牌服务型企业,打造出垂直整合的雅鹿生态链平台,通过产业链协同发展模式渡过危机。

五是数字化转型和品牌升级阶段。近三年来,雅鹿在行业内首创"4WD数字化生态模型",构建数字化雅鹿生态模式,进一步赋能品牌焕新、产品升级,不断培育新质生产力。2023年,雅鹿在米兰时装周推出"雅鹿1972"高端子品牌和"雅鹿极钻"高端产品系列,提升品牌产品势能,从而在服装行业整体承压的背景下迎来逆势高速增长的局面。2024年,雅鹿受郑和大航海精神的启发,以"领航"为主题,致敬中国大航海精神,将探索未知的勇气与永不放弃的精神融入"雅鹿1972"的品牌基因中,将其定位于"中国羽绒领航家"。未来,雅鹿将以久久为功的精神不断推动企业的品牌焕新、产品升级工作。

问: 雅鹿的品牌内涵包括哪些?企业的核心经营理念是什么?雅鹿为什么能不断地攻坚克难,一路发展至今?

答: 纵观雅鹿53年的发展历程,我们经历过种种重大转变,之所以能够克服各种困难,是因为我们的企业经营理念和品牌基因一直在支撑着我们。

我们的品牌取"雅鹿"这个名字，有两种解释：一是我们从事的是时尚事业，此为"雅"；我们创立于太仓市鹿河镇，故取"鹿"字，合称"雅鹿"。二可说"雅鹿"取自《诗经·小雅·鹿鸣》："呦呦鹿鸣，食野之苹。我有嘉宾，鼓瑟吹笙。"这描绘出鹿发现食物后叫唤同伴一起食用的场景，是一种积极、利他的美德。曹操在《短歌行》中引用该段，并升华为"山不厌高，海不厌深。周公吐哺，天下归心"，体现的是中国儒家思想核心——"仁"的精神。"雅鹿"体现出我们以这样一种"积极、利他"的"仁"的精神来从事时尚事业，为消费者和社会创造价值，这种精神是我们一路攻坚克难的力量源泉和强大法宝。

"雅鹿"商标符号在"YL"的基础上凸显出两个"V"，既代表雅鹿（Yalu），又代表胜利（Victory）和价值（Value）。"雅鹿"的"积极"就体现在对"胜利"的追求上，"雅鹿"的"利他"就体现在对"价值"的追求上，这是我们商标符号的意义，取自"仁"的精神，也是雅鹿品牌内涵所在！

雅鹿的品牌理念在企业经营管理中不断得到体现和发展。早些年，我们提出"不搏何获"，强调"奋斗"，这是一种极致的"积极"性的体现，在创业初期一穷二白的年代里，"不搏何获"指导我们走出了困境。到2000年，我们提出"以创新取胜，塑世界名牌"，强调创新，要做极致的"利他"者，在业务转型发展的过程中，"以创新取胜，塑世界名牌"指导我们迎来了新发展。到2009年，我们提出"成就梦想，共创价值"，强调"生态"，彻底打破边界，将自身的品牌经营理念融入生态中，在最近十多年的发展中，"成就梦想，共创价值"指导我们走上了构建数字化雅鹿生态模式的发展路径，实现了新的突破。这是一以贯之、循序渐进和不断发展演变的过程。

雅鹿之所以能不断攻坚克难，一路发展至今，其中的制胜法宝正是我们的品牌精神和一以贯之的企业经营理念。每当遇到挑战，我们就会从自身出发，出主意、想办法，我们坚信没有什么困难是战胜不了的。

问： 雅鹿在发展过程中都有哪些创新实践？

答： 雅鹿53年的发展之路，是一条不平坦的创新之路。雅鹿到目前所取得的发展成绩，应该说是闯过了无数的激流险滩，凝聚了一代又一代雅鹿人的聪明智慧，伴随着无数的创新实践，是全体雅鹿人长期共同奋斗的结晶。其中，有四个创新实践具有标志性意义。

其一，率先开展体制改革。雅鹿刚创办时只有一个缝纫车间；到1976年，才成立服装工厂；到1992年，雅鹿顺应时代潮流，开始走向资本市场，在当地政府的支持下，经江苏省体制改革委员会批准，成立江苏雅鹿实业股份有限公司，向社会募集2000多万元资金用于企业发展，这在当时的太仓是绝无仅有的。通过这次体制改革，雅鹿激发了组织创新发展的动力与活力，从而在后续市场竞争的大潮中迎来了快速发展时期。

其二，创立"雅鹿"品牌。从1983年起，我们就立志扔掉"做代工"这根拐杖，并于1986年成功注册"雅鹿"商标，自此走上自己的品牌发展之路。通过创立品牌，雅鹿在20世纪80年代就已经从传统的工厂思维转向零售思维，形成了自身的"市场—产品—设计"理念。

市场理念包括瞄准市场，新于市场，先于市场；人无我有，人有我新，人新我精，人跟我转；季季有新品，年年出新招。

产品理念包括快、新、精，即对市场变化反应快，开发速度快；款式新，面料新；工艺精，制作精。

设计理念包括借鉴国外，洋为中用，开发与国内消费者消费习惯相契合的产品；市场细分化，产品系列化，以百货应百客。

2000年，我们提出"以创新取胜，塑世界名牌"的企业发展理念。品牌成为推动战略布局的资产，创新则成为做好品牌的关键。

自"雅鹿"商标注册以来，我们不断丰富品牌内涵、提升产品质量，在行业中创新性地开展了一系列品牌营销活动，提升了品牌

雅鹿总部大楼与雅鹿1972店

势能，如开展"绿色革命"，推出"会呼吸的环保羽绒服"；在2009年，完成新的羽绒服填充物——"金朵绒"执行标准，获得国家专利，从而使雅鹿成为真正的羽绒服专家。

数十年来，雅鹿不仅获得了无数中国消费者的喜爱，还获得了无数品牌荣誉。2023年，在我们提出扔掉"做代工"这根拐杖的40年后，在新五十年征程的开局之年，我们在米兰时装周推出"雅鹿1972"高端子品牌，再次扬帆远航。

其三，切换市场，进入羽绒服赛道。1998年，雅鹿已经做到国内夹克衫市场第一，但是仍旧果断放弃已经占领的夹克衫市场，进入尚不成熟的羽绒服赛道。当年,雅鹿大胆计划投产20万件羽绒服,最终生产44万件,并且售罄。雅鹿带着自身的"市场—产品—设计"理念进入羽绒服赛道,既实现了自身的快速发展,也带动了整个行业的时尚化,拓展了市场边界,为消费者、为产业链、为社会创造了更大的价值。

近些年,中国羽绒服赛道面临量价齐升的发展机遇,雅鹿羽绒服产销规模庞大,具备品质优、性价比高的优势,契合国内最广大服装消费群体的消费需求,是不容忽视的品牌选择。

目前看,进入羽绒服赛道这个战略决策对于雅鹿来说是极其重要的。2023年,雅鹿羽绒服的交易金额达150亿元,羽绒服成了我们的"当家"产品。

其四,创新商业模式。截至2024年,雅鹿在创新商业模式方面经历了三个发展阶段。第一个发展阶段是20世纪90年代,雅鹿虽以龙头模式进行夹克衫和羽绒服产业链的一体化开发与销售,拥有良好的"生态基因",但仍是凭借一己之力参与市场竞争的重资产服装品牌。第二个发展阶段是自2014年以来,在行业普遍存在库存压力大、资金周转周期长的挑战的背景下,雅鹿彻底改变传统的重资产生产制造型的商业模式,成功转型为轻资产品牌服务型企业,与供应商、加盟商、电商平台方等合作伙伴共同出资、各取所长、共享收益,以整体生态参与市场竞争,从而真正建立起生态化的商业模式。第三个发展阶段是自2022年以来,雅鹿基于自身业务的复杂性与综合性(开展线上、线下业务,零售、授权业务,男装、女装业务,多品类四季化业务,等等),与抖音平台共创,成功打造出"4WD数字化生态模型",从而实现服装行业的数字化、平台化转型,带动大批中小企业共同发展。

数十年持续深化商业模式创新使雅鹿拥有了巨大的发展空间,越来越多的伙伴寻求合作。这是雅鹿在创新中跨出的一大步,打开了未来发展的大门,走出了自身独特的发展路径。

问： 雅鹿目前正在走的是一条怎样的发展之路？雅鹿是如何培育新质生产力，实现企业高质量发展的？

答： 近年来，中国服装品牌的竞争已从单一企业、单一品牌、单一模式的竞争演变为涵盖产销两端、快速响应市场与持续迭代的整体数字化生态格局的竞争。企业不再单打独斗。

而基于中国的国情，我们有全世界最发达的电商市场与数字技术，将电商市场与数字技术结合，打造数智品牌，融入企业核心竞争力，能为中国服装品牌提供重新定义品牌竞争力与规模的机会，形成中国品牌全新的发展路径。在新的市场竞争格局中，企业整合资源的能力有多大，企业就能做多大、走多远。雅鹿走的是一条全新的、生态资源整合的数字化赋能品牌发展之路。

在此背景下，我们创新打造出"4WD数字化生态模型"，该模型以消费者体验为核心，以品牌力为驱动，企业与电商平台、供应商、经销商四方实现多业务场景的数字化协同和共享，形成平台共创、品牌共建、分销裂变的四驱数字化生态系统，最终更高效地为每位消费者创造价值。

在该模型中，雅鹿坚持"共融、共生、共创、共享"的开放理念，与生态伙伴携手并进、共谋发展。雅鹿为生态伙伴服务和赋能，通过品牌这个平台，用好新的数智技术，整合各方资源，与生态伙伴做到融合共生，作为一个整体共同参与市场竞争，将互利共赢的蛋糕越做越大。

一站式数字化生态平台的建设能支撑起雅鹿生态产业链新旧动能的转换，具有一系列的优势，如统一平台、协同提效、数据共享、闭环交易等，从而形成雅鹿在服装消费市场及全产业链中的先导优势、特色优势和综合竞争优势，助力以雅鹿品牌为驱动的全生态链的由大变强，实现企业生态的高质量发展。

从2023年起，在"4WD数字化生态模型"的赋能下，我们启动品牌、产品、渠道的全方位升级工程，实施多品牌、多品类、全渠道的经营战略，实现"用产品温暖世界"的愿景。

在品牌升级方面，我们确立了多品牌发展战略，在升级"雅鹿"主品牌的基础上，逐步打造品牌矩阵，重点推进落实"雅鹿1972"高端子品牌布局。在提升羽绒服主品类的基础上，进一步细分和延伸品类，内衣、童装、家纺等品类的销售都实现了较大幅度的增长。同时，我们加大品牌营销力度，与多位著名艺人达成合作，并邀请国内外知名设计师联合打造"雅鹿极钻"高端产品系列，除此之外，还登陆米兰时装周举办海外大秀，成功将"国民品牌"推向国际舞台；通过抖音、快手、B站（哔哩哔哩）、小红书、豆瓣、新浪微博等年轻人喜欢的渠道加大数字化营销力度。

在全渠道布局方面，我们实现了线上线下的分层扩张、融合发展，提升各板块运营能力，持续以内生增长促进外延扩张，不断优化店铺结构，淘汰低效店，以包容性政策开大店、开好店，提高货效、坪效、店效。

3年来，雅鹿与合作伙伴多方协同，共同在雅鹿生态整体层面推进数字化转型升级，持续赋能品牌焕新、产品升级，培育雅鹿生态的新质生产力，从而迎来快速发展时期。

2023年，雅鹿线上、线下总计开店近5000家，合作工厂200余家，GMV（Gross Merchandise Volume，商品交易总额）近150亿元。雅鹿在抖音平台大服饰类目的实际成交额排名全网年度第一。2023年"双11"期间，雅鹿全网GMV达14.5亿元，同比增长66%，其中，抖音平台GMV达8亿元，同比增长112%。雅鹿男装、女装、童装、家居四个类目均进入榜单前六名。

2024年，雅鹿线上、线下总计开店7500家，合作工厂超200家，带动就业数万人。2024年"双11"期间，雅鹿全网GMV达25亿元，同比增长金额超10亿元，全年线上、线下预计达200亿元。

问： 在创办和发展企业的过程中，您觉得还有什么是特别有意义的事情？

答： 雅鹿始终重视承担企业的社会责任，创办企业和品牌本身是一件非常有意义的事情，半个多世纪以来，我们持续不断地在为社会创造价值。

在这个过程中，有一件我觉得特别有意义的事情，那就是自2006年以来，雅鹿集团和雅鹿村的村企联建。雅鹿充分发挥品牌与平台价值，在快速发展的同时，通过与雅鹿村结对挂钩，坚持党建引领发展、盘活资源、探索"飞地抱团"模式，抓住工业兴镇、产业转移机遇，巧用苏州强农惠农政策，发展现代农业，使得雅鹿村的集体经济迎来高速发展，不断壮大。

雅鹿村由当年村集体收入不足10万元的苏州市级贫困村一跃发展为2023年村集体收入达3270万元的苏州市富裕村、全国文明村，走出了一条"以企带村，村企联动"的乡村振兴之路。

未来，我们将为实现"百年雅鹿"的梦想而持续艰苦奋斗，雅鹿也将积极支持我国各项事业的发展，承担起更多的社会责任。

村企联动——雅鹿村村容村貌

雅鹿集团

村企联动——雅鹿村雅丰农场

华芳集团：奋力向世界纺织强企迈进

企业简介

华芳集团有限公司（以下简称"华芳"）创立于1975年，最初仅有职工176名、细纱锭1600枚，现已成长为以纺织为主业，集棉纺织染、毛纺织染于一体，兼有贸易、创业投资、酒店开发等业务，产业基地散布江苏、山东、新疆、河南、安徽等地的大型股份制企业集团。华芳形成了前后配套、横向联动的大纺织产业格局，产业密集度和完整度在纺织行业首屈一指。

近年来，华芳立足高质量发展，加快"智改数转"和产业升级步伐，着力打造信息化环境中的新型能力；通过兼并收购和管理模式嫁接，奠定规模经济的基础；实施"走出去"战略，跨区域布局并形成纺、织、染、整前后延伸，

华芳总部

棉纺织染、毛纺织染横向联动的大纺织产业格局；由做大向做强、做优战略转型，加快产业结构优化升级；大力发展第三产业（服务业），组建进出口、棉业、现代物流、创业投资、融资租赁、房地产企业和华芳金陵国际酒店、华芳新城酒店等，成为在纺织行业竞争优势明显、在多个领域快速拓展的大型企业集团。曾被授予"江苏省信用管理示范企业""中国棉纺织行业'十三五'高质量发展领军企业""全国纺织工业先进集体"等荣誉称号，核心竞争优势和可持续发展能力不断提升。2023年，华芳营业总收入309亿元。2024年，华芳居中国民营企业500强第391位、中国制造业企业500强第332位、中国制造业民营企业500强第263位。

企业家简介

秦大乾，1954年生，中共党员，华芳集团董事长。1980年，从苏州地区纺织工业公司起步，深耕纺织行业数十年，矢志不渝。自其1984年掌舵华芳以来，这家地方小厂便乘风破浪，实现裂变式发展。曾荣获"江苏省十大杰出青年经营管理者""江苏省劳动模范""全国乡镇企业家""中国纺织品牌文化建设杰出人物""改革开放40年纺织行业突出贡献人物"等称号。

华芳集团

问： 伴随着改革开放的进程，华芳由苏南一个名不见经传的纺纱车间，一跃成长为中国民营企业500强和迈向世界的现代化国际集团，其间经历了怎样的成长与蜕变？

答： 华芳伴随着改革开放的历史机遇起步、成长并走向成熟。作为市场经济的个体，华芳既是改革开放的见证者、受益者，也是改革开放成就的一个缩影。回顾华芳的发展历程，我们主要迈出了"三大步"。

1975—1991年，是华芳的起步阶段。1975年，华芳的前身——沙洲县塘桥综合厂纺纱车间成立，当时，一无厂房，二无设备，三无技术，凭着一股冲劲，在特定的历史背景下艰难起步。1976年年底，纺纱车间从综合厂分离出来，成为独立的纺织企业，定名为"沙洲县化纤纺织厂"。此时，全厂仅有细纱锭1600枚、职工176名。改革开放的春风让企业加快了发展步伐。1979年，纺织厂生产的维尼纶，被评为江苏省优良产品。1981年，开发、生产出的仿毛中长涤粘纱，被列入国家计划，产品供不应求。1981年5月1日，迁至新厂，纱锭增至8800枚，工厂被江苏省纺织工业厅确定为定点企业。1983年，纱锭增加到2.6万枚，研制出的涤维粘三合一仿毛混纺纱成为市场热销产品，获苏州市新产品开发奖。1987年，全厂实现产值4200万元，利润和税收共计450万元，被评为江苏省明星企业、苏州市先进企业。1989年，企业抓住改革的有利时机，进一步扩大生产规模，纱锭增至5.4万枚。1992年，全厂实现销售收入1.12亿元，居中国500家最大乡镇企业第355位。这一阶段，尽管企业始终围绕"一根纱"做文章，呈现出农民办厂的传统粗放型管理观念，但在短缺经济时代，通过几次生产规模的扩张、品种的调整开发，以及横向协作经营，企业初步实现了原始资本较大而快速的积累，为随后的飞跃发展奠定了基础。

1992—1996年,是华芳的规模扩张阶段。在邓小平南方谈话的鼓舞和指引下,企业进行了较大规模的兼并收购和嫁接技改投入。很多老华芳人不会忘记,1992年,张家港的市属企业红星针织厂陷入困境,政府为了挽救企业、防止职工下岗,决定把该厂交给具有灵活管理机制的我们来管理。当时,我们虽然自身实力尚不算强大,但还是向身为市属企业的"老大哥"伸出了热情之手,同意接纳。当时,在红星针织厂的一些职工眼中,我们只是一家乡镇小企业,一时间很多人上访到张家港市人民政府。我们很快就用事实说服了"老大哥",依靠严格的企业管理和明显的市场优势,迅速让一家濒临倒闭的企业重现生机,职工福利待遇也得到了较大的提高。人们由此认识到这家乡镇企业的实力。这次政府"拉郎配"式的兼并使企业迅速扩大生产规模,经营范围拓展到针织行业,多年经营"一根纱"的局面被打破。1993年4月,经国家工商行政管理局批准,组建华芳实业总公司,成为江苏省第一家免冠行政区划的企业。在由计划经济向市场经济转轨的过程中,一些国有企业和集体企业陷入困境。我们凭借自身的优势,主动兼并,到20世纪90年代末,华芳先后兼并20多家企业。在此基础上,引进118台剑杆织机、65台针织大圆机及自动络筒机等国外先进设备,进行配套组合、延伸开发,组建了化纺厂、棉纺厂、针织厂、色织厂等12家企业。产品也由之前的单一棉纱,逐步衍生为"三大系列、九大产品"。至1997年,华芳年产品销售收入达到10.5亿元,比1992年增加了9倍。在这一阶段,华芳形成了产品组合优势和规模效应优势,集团框架初步形成,市场竞争能力明显增强。

1997年至今,是华芳的高速发展阶段。在这一阶段,华芳逐步探索现代企业管理体制,按照现代企业制度要求,全面进行企业转制。1997—2001年,华芳前后经历了4次变革与完善,初步建立起现代企业管理体制,规范了企业法人治理结构,实现了政企分开,由镇办集体企业彻底转制为规范的民营股份制企业,拥有充分的企业自主权，完全按照市场经济规律进行企业管理，在原有管理模式的基础上进一步深化与提升，促进了企业的高效持续发展。2003年，"华芳纺织"在上海证券交易所上市，华芳踏上了资本经营的新路。同年起，华芳"挥师西进"，加快异地布局，先后在山东夏津、新疆石河子、河南修武和安徽五河兴建了4个大型纺织基地，奠定了华芳东、中、西部的区域布局和棉纺织染世界第二、毛纺织染世界第一、棉织布行业领先的地位。2006年以来，华芳又先人一步，顺应时势，提出了由做大向做强、做优战略转型的思路，企业机制不断优化，综合素质稳步提升，企业也随之迈入产业升级的崭新阶段。近年来，华芳立足高质量发展，加快"智改数转"和产业升级步伐，着力打造信息化环境中的新型能力，获得江苏省智能制造示范车间、江苏省信用管理示范企业、中国棉纺织行业"十三五"高质量发展领军企业、全国纺织工业先进集体等荣誉，核心竞争优势和可持续发展能力不断提升，跻身中国民营企业500强、中国制造业企业500强和中国制造业民营企业500强行列。

2006年，华芳在新疆石河子的纺织项目开业投产

问： 华芳的发展，除外部政策推动以外，还得益于哪些铸就辉煌的内生因素和精神特质？新形势下，我们需要呼唤什么样的精神力量？

答： 回顾华芳的成长足迹，华芳的发展离不开改革开放的时代背景和华芳人"我们总在超越"的发展理念。在不同的发展阶段，华芳的超越理念有着不同的精神内核。

在创业初始阶段，主要是渴望致富而奋勇拼搏的精神。沙洲县在1962年建县之初，工农业总产值只有3000多万元，被称为"苏南的北大荒"。1975年，华芳人靠自力更生、艰苦奋斗的精神，自制4台1293K型细纱机，购买国有企业淘汰的旧设备，生产获得成功，逐步奠定了起步基础。历史经验告诉我们，当时自筹资金办企业，是冒着很大的政治风险和经济风险的。敢于冒着这么大的风险去闯、去拼，其内在的精神动力就是谋求人生出路的强烈愿望。

在成长阶段，主要是政策的激励和境界的提升。1992年邓小平南方谈话的发表，以及党的十四大的召开，激发了企业改革的活力。悟性高、洞察力强的创业者抓住了这一大好机遇，适时将"船小好调头"的发展思路转变为"船大好远航"。华芳也放开手脚，凭着逆向思维和超越理念，先后兼并了20多家企业，这些企业中既有纺织同行，也有钢材厂、铜材厂；兼并的地域也由塘桥镇向周边镇延伸。这不仅促使华芳的发展机制更加完善，还为因纺织企业而陷入绝境的乡镇卸下了包袱。在这一阶段，华芳不仅在思想文化、人才培养、技术进步、质量提高、制度建设等方面创造了若干个行业第一，而且使自己逐步成长为行业的领跑者。骄人业绩的背后，是党的政策指引和企业家自身境界的提升。

新形势下,华芳能够继续前行,主要是因为战略思想的转变。21世纪以来,世界格局和国内外纺织市场都发生了深刻变化,纺织行业加速进入"洗牌期"。在此背景下,一些企业或墨守成规,或能力有限,缺乏新的应对招数,陷入生死存亡的困境。华芳于危机中寻机遇,从战略层面做出快速调整,将行业危机视作企业转型升级的契机,提出"由做大向做强、做优转型"的战略构思,适应新形势的需求,继续推进产业的健康稳健发展。

从初建时期仅有百余名职工的小车间成长为影响市场的"纺织航母",从最初的只能纺"一根纱"发展到如今纺纱、织布、印染、成品加工"一条龙"产业链,从地处一隅的地方企业到迈向世界的国际化大集团,根源就在于华芳独特的超越文化,这是经常被外界忽略的,也是难以被复制的核心竞争优势之一。根据现代社会的人文要求,许多企业都在加强文化建设,构建和谐企业。华芳早在2006年就提出,企业管理方式要向"情感化"管理转变,用"柔性"策略稳定职工队伍。文化是企业的灵魂,它的"真经"体现为十个字:平等、尊重、信任、合作、分享。新形势下,管理者要运用高超的智慧、博大的胸怀、平等的态度,尊重员工、信任员工,把员工看成是自己亲密的合作伙伴,深入他们中间,倾听他们的呼声,帮助他们解决工作和生活中的困难,与他们分享成功的喜悦和胜利的果实,这才是我们该有的企业精神。

问：近年来，我国纺织工业发展环境发生了深刻变化。国际上，大国博弈如火如荼，贸易政策深刻调整，全球纺织产业转移和产业链重组步伐加快；国内则面临着资源环境对粗放型发展的更大约束，以及高成本时代的加速到来。在此背景下，纺织产业应如何跳出"夕阳产业"的惯性认识，实现基业长青？

答：华芳很早就意识到，纺织产业和其他制造业一样，正处于从依赖劳动力、土地、资本等基本生产要素的传统动能，向创新驱动、提高全要素生产率的新动能转换的关键时期。只有加快"两化"融合和智能制造进程，充分激活数据、管理、技术等高级生产要素，改造提升传统动能，培育发展新动能，纺织产业才能永葆勃勃生机，具有持续的竞争力和生命力。为此，我们早在2006年就提出"立足纺织主业不动摇""加快由做大向做强、做优转型"的战略定位，近年

华芳生产车间

来更以"两化"融合、智能制造为抓手,层层递进,全力推进传统纺织产业的转型升级。

一是围绕生产自动化、管理信息化,加快传统产业提档升级和信息化建设步伐,努力打造竞争新优势。通过"腾笼换鸟",结合市镇发展规划,特别是高铁新城的建设要求,先后对本市杨园、凤凰、妙桥等地的纺织传统产能实施淘汰或转移策略,共清理落后纱锭约120万枚、织机约1500台,下好了优化存量的"先手棋"。通过"机器换人",累计完成技术改造投入20多亿元,高起点、大批量引进行业一流的清梳联合机、粗细联合机、细络联合机等先进设备,大幅提高了企业的装备档次和生产自动化水平,唱好了提高效率的"重头戏"。通过"空间换地",张家港区域大力发展总部经济,并先后在山东、新疆、河南、安徽等地兴建大型纺织工业园,实现了以产业转移带动产业升级,形成了布点合理、后劲充足的产业新格局,打好了做大增量的"主动仗"。通过以上举措,不仅保持了纺织产能总体稳定,更大幅提高了装备自动化程度和劳动生产率。目前,华芳员工总数比高峰时减少了70%以上,但产出总量仍基本持平,产业、产品结构持续优化,保证了华芳在行业低谷期逆市走强。

二是以"两化"融合为先导,加快智能制造和数字化转型步伐,努力培育发展新动能。推进"两化"融合,2017年以来,华芳先后在下属的毛纺织染公司、色织公司导入"两化"融合管理体系,通过业务流程驱动,对生产线进行了自动化升级,部署了MES(Manufacturing Execution System,制造执行系统),优化了ERP系统,并将其与MES整合,营造了更为深入、全面的生产管理系统环境,实现了提质、降本、节能、增效的整体优化目标。打造智能车间,对棉纺车间实施智能化改造和系统集成,引入参数自动采集、数据实时统计分析、故障自动发送、不间断监控和品质追溯等功能,实现了人与设备的实时联通,构建了高效的智能制造模式。对毛纺织染公司实施智慧生产信息一体化互动平台建设,重点基于机联网提高生产设备的自动化与智能化水平,通过管理创新提高企业管理水平与竞争力,在利用信息技术促进企业升级方面为企业带来了突破性的改变。实施数字转型,针对集团无整体平台,数据整合能力弱,不能有效承载业务多样性、复杂性的现状,华芳开启了信息化建设向数字化转型之路,规划搭建一个统一的数字化企业平台,通过业务流程重塑,实现业财一体化,设计、制造一体化,智能车间、数字化营销、产业链一体化,以及集团管控统一化,以有效实现数字化管理、数字化经营、数字化商业三大目标,获取增长收入、降低成本、提高效率、控制风险四大价值。"工业4.0"是完成"工业1.0""工业2.0"并基本完成"工业3.0"之后的自然延伸,而我国制造业尚处于"工业2.0"后期发展阶段。所以,既要奋发有为,不失时机地推进智能制造发展,也要实事求是,同步推进"工业2.0"补课、"工业3.0"普及和"工业4.0"示范。对于华芳而言,实现智能化运营是我们智能转型的终极目标和最高层次。对自动化程度较高的产能,要重点实施数字化、网络化和智能化改造;对相对传统的产能,则要强化自动化、信息化能力。此外,在智能制造推进阶段,华芳将在完善智能连接(物联、机联、人联)、加强智能控制(质量全面管控、智能监测预警和实时指挥、高级排产及调度等)的基础上,不断提升智能决策能力(大数据分析、模拟决策、自学习等),使旗下各产业都能成为行业标杆。

问: 企业如同社会,唯有变革才能推陈出新,这是大势所趋,"停顿和倒退是没有出路的"。就华芳的现状来看,在企业战略转型中,有哪些需要重点着力的地方?还有哪些变革的空间?

答: 当前,无论是行业形势还是国际局势,无论是短期之"形"还是长期之"势","变"字始终如影随形。纺织人面临着把控"危"与"机"、协调"生存"与"发展"、平衡"现实"与"理想"的重大课题。

大浪淘沙，不进则退。面对近忧、远虑，华芳一方面立足当下、苦练内功、固本强基，另一方面面向未来、守正创新、蓄势赋能，核心是全面贯彻新发展理念，扎实推进高质量发展，加快战略转型，厚植竞争优势，推动产业提质升级，永葆企业发展活力与竞争优势。

　　理念重塑，智强超越。全面贯彻以"我们总在超越"为核心的企业理念，加快"规模超越"模式的新陈代谢，实现由数量规模型向质量效益型的转变，以及客户结构、产品定位、发展动能、产业组合的转变，加速由做大向做强、做优战略转型。

　　市场重构，经营超越。切实以市场为导向、以创造客户为宗旨，聚焦优质客户，调整客户结构，调优市场布局，强化经营联动、产销联动，完善信用管理、风险防控，实现强强联合、协同进步，坚定不移地走好品种路线、客户路线和高附加值路线，推动经营上台阶、生产上水平。

　　产品重整，价值超越。以品质、品种、品牌为塑造优势的重中之重，即要做到三个方面：一是坚持质量立命，实现品质跨越；二是优化品种结构，实现价值跨越；三是丰富服务内涵，实现品牌跨越。通过"三品"工程，全面满足客户需求，提升为客户创造价值的能力，不断向价值链中高端攀登。

　　动能重蓄，资源超越。集聚人力资源，激发全员活力；提高运行效率，控压运营成本；加快智能转型，推进"两化"融合，打造智能车间，实施数字化转型，积蓄发展动能。除此之外，还要充分激活人才、管理、技术等高级生产要素，不断提高"含智量""含绿量""含金量"。

　　产业重组，效能超越。加快形成"以纺织为主体，以三产服务、金融投资为两翼，以品牌经营、资本经营为引擎"的全方位发展格局。持续优化总部经济与异地布局相互支持的产业格局，提升分工协作的整体效能。精准对接纺织产业全球梯度转移，积极应对国际贸易政策变革，打造现代化国际集团。

澳洋集团：
民营企业多元化经营的成功典范

企业简介

澳洋集团有限公司（以下简称"澳洋"）创立于1998年，是一家跨地区、多元化的大型民营企业集团，旗下有子公司30余家、员工5000余名。集团产业以大健康为主体，以绿色生态和纺织服装为两翼，涉及医疗服务、健康管理、康复护理、养老养生、医药流通、

2015年建成的集团总部大楼

园林绿化、生态修复、毛纺生产、服装制造、产业投资等领域,产业分布在全国30个省(区、市)。2023年,营业总收入达336亿元。澳洋连续多年入围中国民营企业500强,曾获"国家知识产权优势企业""江苏省文明单位"等称号,以及苏州慈善奖等荣誉。

企业家简介

　　沈学如,1954年生,中共党员,高级经济师,现任澳洋集团董事。从青年时期开始,沈学如就热衷于家乡经济社会发展事业,历尽千辛万苦,将一家濒临倒闭的社办小厂,打造成拥有总资产132亿元、员工5000余名的中国民营企业500强企业。曾被评为江苏省优秀企业家、江苏省劳动模范等。

问：澳洋集团是在1998年转制成立的，请先谈谈企业转制前的发展历程和集团成立之初的一些基本情况。

答：澳洋从1978年沙洲县塘市人民公社的一家小织布厂起家。当时，织布厂有8台老式棉织机、8万元固定资产、80名工人，被人戏称为"三八式"工厂。在工厂本就起步艰难之时，1980年的一场大火几乎将资产付之一炬，干部职工含泪集资重建厂区，在政府的帮助下，终于恢复生产。多难兴企，那时候大家心很齐，都自愿加班加点。我自己也不分白天黑夜地工作，也没有什么节假日，大年初一都在厂里，全身心地扑在工作上。1984年，大家生产劲头更足了，这一年我看到国内兴起毛衫和西装，萌生出再建一个散毛染色车间和再上一个精纺车间的想法，但扩大生产风险很大，公社内的个别领导也有看法。我顶住压力，在公社书记召开的党委会上，把自己的想法说了一下，强调发展才是硬道理，大家同意了。可是，没有钱，借又借不到。当时，乡里还有几家企业也想借钱扩大生产，竞争很激烈。我跑了银行十几次才借来5000元，后来我又跑到上海，通过各种途径借来两三万元，最多一次竟借到1000万元，这在当时已是个

20世纪70年代，澳洋前身塘市公社织布厂女工在织机前

天文数字。有了钱就好办了,我开始征地、建房、购置设备和原料,扩大生产。当年不仅新建了散毛染色车间、织造车间,还提出"以粗养精、以精补粗、粗精并举、加快发展"的战略方针,大胆决策上马精纺,建成了一个具有3200锭生产规模的精纺车间,成为全县首家拥有粗纺、精纺和染、织并举的生产流水线的工厂。

工厂的发展不仅增加了效益,也在乡里引起了好的反响,给企业带来了荣誉。塘市乡党委向全乡发出号召:学习毛纺厂负重奋进、艰苦创业的"毛纺精神"。之后两年,我们没有故步自封,继续负重奋进。

1986年,张家港市成立,企业更名为"张家港市毛纺织染总厂",并进入快速扩张期。企业引进国外先进设备,建针织绒厂、毛毯厂、毛线厂、化纤厂、热电厂,成为当时全市为数不多的产值超亿元的企业,实现了从社办小厂到市办企业的飞跃。

进入20世纪90年代,我们把目光转向外商、外企、外资,坚持以优势为本,开始走"以外引外,滚动发展"之路,千方百计发展外向型经济。1990年,张家港市委、市政府任命我为塘市农工商总公司总经理,我虽任职,但仍把主要精力放在毛纺织生产上。1991年4月,化纤厂、热电厂动工建造,当年产值就突破1亿元大关,企业被划定为"国家中型一档企业"。1992年,成立了乡镇企业集团——江苏华纺(集团)公司,同时也进入了企业发展高潮期。在张家港市委、市政府的关心下,企业建设欧洲精纺城,吸引了德国南毛集团、法国霞日集团、德国格玛斯集团等全球毛纺巨头纷纷进驻,集聚了张家港扬子纺纱有限公司、张家港扬子精梳毛条有限公司、江苏格玛斯特种织物有限公司等一批大型企业。

欧洲精纺城建成后,在张家港市内外引起轰动,前来参观的人络绎不绝。1997年,集团公司拥有资产近2亿元、职工2300余名,下辖7家生产商、4家公司、3家合资企业,产值突破10亿元,利税8804万元,规模、效益均居全国同行业前列,实现了由市级企业向省级和国家级（乡镇企业集团）的跨越。

　　1997年，江苏华纺（集团）公司积极响应地方党委加快产权制度改革的号召，实施全面改制，先对集团下属的家具厂、电镀厂、污水处理厂等几家小企业进行资产剥离，将其转为私营企业。1998年4月，集团下属的粗纺厂、毛线厂、毛腈专纺厂转制为私营企业。剩下的几家厂，包括精纺厂、化纤厂及热电厂，规模、资产都比较大，若要转制为私营企业，则需要一大笔资金，并有隐性亏损，风险很大，没有人敢认领。市里领导做我的工作，让我带领几个人组建公司，将几个规模、资产比较大的厂转下来。我反复权衡了利益关系，觉得转下来虽有一定风险和难度，但毕竟这几个厂都是在我手里发展起来的。再说，塘市是我的家乡，塘市的水土养育了我，我对家乡是有感情的。企业转制是形势所迫，我应该顺势而为，担起这份责任，为家乡多做贡献。想好以后，我辞去了塘市镇党委书记职务，根据张家港市委意见，保留了塘市镇党委副书记职务。但是，钱从哪里来呢？只能从银行贷。好在中国农业银行看好我，很支持。是年7月，我同另外2个股东向银行贷了9000万元，将精纺厂、化纤厂、热电厂转了下来，合并改组，成立张家港市澳洋实业有限公司，其中，个人股占80%，集体股占20%。

　　转制以后，我就同其他几个股东商量，一方面对这些企业进行技术改造，购置新设备，引进技术、人才，提高产品质量，取缔对环境有污染的企业，以及技术含量不高、劳动密集型的企业。同时，我还考虑将化纤厂搬到新疆，以支援西部大开发。1999年，企业实行二次转制，张家港市塘市镇资产经营公司在张家港市澳洋实业有限公司的20%集体股全部退出，公司成为完全的私营企业。

　　2001年，江苏澳洋科技股份有限公司正式成立，标志着澳洋开始从传统的乡镇企业向规范的公司法人治理企业转变，朝着进入资本市场而努力。

问： 多元化发展是澳洋的产业特色，请谈谈澳洋多元化发展的历程。

答： 澳洋成立以后，我就开始考虑多元化发展的问题。我首先将目光投向物流、高新技术、生物医药等前沿产业。2002年8月，开发建立了澳洋创业园、张家港市澳洋高新投资开发有限公司，开始对澳洋顺昌物流、澳洋医院等项目进行论证、筹划。

2002年，澳洋顺昌物流项目投产

当时，我们挑选产业首先排除了劳动密集型、高污染产业，另外还要是符合国家政策的产业。在这两个前提下，我们首先进军的产业就是金属物流，主要是为IT产业服务的，因为当时在珠三角、长三角这两个地区，IT产业非常发达。2002年9月，我们与香港昌正投资有限公司合资成立张家港澳洋顺昌金属制品有限公司，注册资本250万美元，这标志着澳洋开始走出传统的纺织制造业，进军现代钢铁物流业，迈出了多元化发展的关键一步。2003年8月，张家港澳洋顺昌金属制品有限公司建成投产，当年实现销售收入2.5亿元，完成增值超2000万元。澳洋顺昌物流项目的成功，让我们尝到了多元化发展的甜头。我开始静下心来，认真考虑多元化发展的问题。

澳洋集团

2007年,江苏澳洋科技股份有限公司上市

2003年年底,澳洋做出"多元化经营、跨地区发展"的战略决策。在拥有以江苏澳洋纺织实业有限公司为主体的纺织服装产业、以江苏澳洋科技股份有限公司为主体的化学纤维产业、以江苏澳洋顺昌金属材料股份有限公司为主体的金属物流产业的基础上,培植医疗投资、工程咨询两大产业板块。

2007—2008年,江苏澳洋科技股份有限公司和江苏澳洋顺昌金属材料股份有限公司先后在深圳证券交易所上市,为公司的进一步发展提供了更加广阔的平台。2011年,以江苏如意通动漫产业有限公司为主体的"如意通动漫"品牌正式确定,澳洋正式涉足文化产业。

此后，澳洋驶入多元化发展的快车道，产业涉及毛纺服装、化学纤维、金属物流、医药健康、高端制造、养老地产、绿色生态、文化创意、金融投资、电子商务十大领域，基本形成了"一二三产业、本外地企业、境内外机构全覆盖"的产业格局。

在多元化发展的过程中，我们也对产业进行了一些转型和调整，去粗取精，保留和发展优势产业。从2018年起，我们对涉足的十多个产业进行调整与合并，至2023年年底，集团产业以大健康为主体，以绿色生态和纺织服装为两翼，涉及医疗服务、健康管理、康复护理、养老养生、医药流通、园林绿化、生态修复、毛纺生产、服装制造、产业投资等领域。

下面着重介绍澳洋的医疗健康产业、绿色生态产业、纺织服装产业和现代企业金融。

医疗健康产业：主要包含医疗产业、医药产业、养老产业、健康产品四大板块。目前拥有1家三级综合性医院及3家分院、1家护理院、2家养老机构、1个健康管理中心、1家医疗美容医院、1家医药物流公司、1个野山参交易中心和1家生物科技公司。医疗服务方面，以澳洋医院总分院为主体，总床位数超2000张，涵盖医疗、健康管理、母婴服务、整形美容、康复护理等领域。澳洋医院挂牌江苏大学附属澳洋医院，是张家港市三大医疗中心之一，拥有4个苏州市重点专科、4个张家港市重点专科及长三角高级专家诊疗中心、江苏大学澳洋肿瘤研究院，是三级综合性医院、美国医疗机构评审联合委员会国际部（JCI）认证医院、全国优秀民营医院、全国最具价值民营医院。康复护理方面，按照三级康复医院的标准，建有包含300张床位的张家港港城康复医院。同时，拥有1家护理院，设有床位556张，为需要长期护理服务的患者提供优质的医疗照护和居家式健康管理服务，是江苏省优质护理院、江苏省老年友善医疗机构优秀单位。医药流通方面，以国家AAAA级物流企业——江苏澳洋医药物流有限公司为主体，形成医药快批、商业调拨、医院纯销、终端配送、品种代理、电子商务等多元化业态。同时，在张家港地区，建有优居壹佰如意家院和优居壹佰吉祥家院两大机构，分别提供高端养老服务和普及型养老服务。两家养老院按照五星级酒店标准打造，为住户提供吃、穿、住、行、养、护六位一体的高端养老服务，其中，优居壹佰如意家院获评"江苏省五级养老机构"。2021年，我们设立江苏澳洋生物科技有限公司，以完善大健康产业链。该公司集健康产品研发、生产、销售、服务于一体，旗下自主品牌"贵玺"主要经营传统滋补产品、功能性食品、跨境滋补产品等健康产品。江苏澳洋生物科技有限公司在全国道地长白山野山参主产区吉林集安投资5亿元建设了清河澳洋野山参国际交易市场，总建筑面积达10.5万平方米，围绕澳洋"贵玺"品牌，全力打造集加工、贸易、仓储物流于一体的道地药材产业基地。

绿色生态产业：以生态园林领域的设计、施工及城市基础设施投资运营和生态修复领域的设计与施工、生态技术研发、实验室检测为核心技术，开展湖泊水库综合治理、土壤改良及修复、黑河道治理、污水处理、水质土壤指标检测等业务。先后承接了北京雁栖湖国际会都、2019年北京世界园艺博览会、2022年北京冬季奥运会等国家工程，以及云南碧色寨、云南泸西黄草洲国家湿地公园、徐州潘安湖国家湿地公园等大型重点工程。

纺织服装产业：毛纺生产方面，拥有粗纺面料、精纺面料、毛条、毛纱（线）、平绒五大类产品，年产粗精纺呢绒1000万米、纱线1.5万吨、毛条2万吨，拥有毛纺纱锭15万枚，经营规模在全国毛纺织行业中居前五强。服装制造方面，拥有自主品牌"澳洋"和"沃尔芬"，生产西服、衬衫、夹克、T恤等全系列产品，年产中高档职业装150万套、衬衫120万件，是全国服装行业百强企业。

现代企业金融：我们依托江苏鑫澳创业投资有限公司，通过PE（Private Equity，私募股权）投资，培育运作了重庆蓝黛传动机械有限公司、江苏如意通文化产业股份有限公司等多家公司；设立了并购基金，参股实体企业；同时，运营张家港市电子商务产业园，目前入驻企业80余家，为园内企业项目孵化提供电商人才、企业成长、办公配套、创新创业、金融支撑、网络信息六大服务，致力于打造区域内一流和具有影响力的电商产业集群。

问： 作为创始人，请您总结一下是什么促使澳洋完成历史性的转变。

答： 我想，促使澳洋完成历史性转变的主要有以下几个方面。

一是发展契合国家战略，这是我们事业获得成功的核心与前提。国家的政策往往为企业发展带来机遇，国家的战略往往给企业发展指明方向。我们始终紧跟国家宏观发展方向，把握发展大局，将思想动力转化为发展动力。21世纪初，我们先后响应国家"西部大开发"战略和江苏省"南北对接"的号召，在新疆玛纳斯、盐城阜宁建设大型工业企业，支持地方建设。我们将企业战略全面融入国家发展当中，抢抓时代机遇。紧跟医改政策，长期投资医疗健康产业，共同描绘"健康中国"的美好愿景。围绕"中国制造2025"战略，不断壮大LED（发光二极管）、锂电池等高端制造产业。国家倡导"互联网+"，我们就投入电商产业园建设。我们以建设"美丽中国"为强大动力，扎实推进绿色生态产业，用绿水青山留住美丽"乡愁"。在产业转型方向上，我们始终紧跟国家战略和政策方向，坚持"三不"原则，即高污染、高能耗的产业不转，劳动密集型产业不转，不符合国家产业政策的行业不转。澳洋集团党委把握的政治方向就是企业的发展方向，它决定了我们做什么样的企业，也确保了企业的经营发展依法合规。

二是坚定理想信念,这是我们拥有强大力量的根本法宝。我们始终将"张家港精神"作为澳洋干事创业的精神力量,澳洋是"张家港精神"的实践者、推动者。在企业内部,澳洋明确了"客户为尊,奋斗为本,行于精进,习于自省"的核心价值观,这成为澳洋人的行动指南。在集团内,澳洋营造了"学习、创新、执行、协作"的企业风尚,汇聚精英,锐意进取。不管是在经济向好、市场繁荣、产业兴旺等顺境时的乘势而上,还是在金融危机、市场低迷、亏损举债等困境下的逆水行舟,澳洋人始终咬住目标,保持定力,不消极、不悲观、不摇摆、不彷徨,艰苦奋斗,迎难而上,充分发扬"敢为人先,勇往直前"的"澳洋精神",不断诠释"张家港精神"的生动内涵。在干部选拔上,将"德才兼备,以德为先"、认同澳洋核心价值观作为干部选拔任用的原则与标准,坚决改变"只能上不能下"的任职体系,全面推行干部轮岗、换岗等机制,坚持党员志工优先提拔。在分配改革上,将奋斗文化贯穿人才管理的始终,坚持末位淘汰制,充分激发各类人才的创造活力,打通"管理、专业、操作"职业晋升三大通道,树立"让奋斗者不白干,让雷锋不吃亏"的用人观。建立以责任结果为导向、以奋斗者为本的绩效考核体系,建立新的利益分配体系,体现奋斗价值,营造"让愿奋斗者收获满足,让想奋斗者值得期待,让不奋斗者无处容身"的企业氛围。澳洋还要求干部职工明辨是非界限,远离法律红线,守住道德底线,严格遵守集团董监高(上市公司董事、监事、高级管理人员的合称)行为规范,坚决执行惩戒措施,以正确、积极向上的价值取向为指引,维护好国家、社会、企业、股东、员工各方的利益。

三是坚持改革创新，这是我们实现巨大跨越的活力之源。澳洋的发展史就是一部改革创新史。各产业始终开展对标经营，对"坐标"，瞄准方向做正确的事；对"行标"，学习行业内先进标杆；对"目标"，瞄准集团产业规划不放松，全面加快发展步伐。在产业发展的同时全面推进母—子—孙公司管控体系建设，实现集团与各产业板块的协调发展。在集团内，全面推进资源整合，建立内部共享经济模式，实现财务共享、信息数据共享、服务共享、资源共享。当前，在中国特色社会主义新时代的大背景下，澳洋深刻把握当代变革发展的新特征，在新时期适时提出"子公司多元化，集团专业化"的发展战略，在多元化产业中进一步筛选适合澳洋的优质产业，推进产业整合，以医疗医药产业、绿色生态产业、纺织服装产业、康养产业、现代企业金融五大产业板块为重点发展方向，开启了由十大产业到五大产业板块的整合之路。澳洋基于企业百年发展目标和时代发展前景，又提出了"构建澳洋生态圈"的战略部署，在澳洋产业资源的基础上，进行社会化分工、专业化合作、产业链互补，旨在构建一个以资源、价值为共同追求的生态平台，实现共赢共享的发展目标。事实证明，改革创新、与时俱进是澳洋不断发展的康庄大道，只有坚持改革创新，才能获得发展与进步的生机和活力。

问： 展望未来，澳洋有什么样的发展愿景？

答： 展望未来，我们将一如既往地坚定理想信念，始终将"张家港精神"作为澳洋干事创业的精神力量。我们要以国家战略和产业政策为发展导向，更加积极地参与到共建"一带一路"和推动"长江经济带"高质量发展等国家发展战略中，参与到苏州全市发展大局中，借时代之机、政策之力，抢抓中国高质量发展所带来的机遇，加快汇聚创新资源，凝聚创新力量，努力争做全市产业标杆和创新先锋。

展望未来，澳洋将开启新征程、开创新时代。我们将重点发展大健康产业，巩固提升纺织服装产业，精心培育绿色生态产业和现代企业金融，为实现"实力澳洋、品牌澳洋、百年澳洋"的目标而努力奋斗。要实现美好愿景，还必须始终有回归社会的责任与担当。我们将更多兼顾国家、社会、企业、股东、员工等各方利益，回报社会、造福地方；持续扩大苏州澳洋公益基金会、张家港市澳洋志工协会的组织规模和社会影响，我们不仅要做锦上添花的美事，更要多做雪中送炭的好事，重点关注孤残困病弱势群体和科教文卫环体等领域。作为一家大型民营企业，我们坚决维护张家港企业的良好形象，兼顾社会效益、经济效益、生态效益，规范运作，以实际行动践行民营企业的责任与担当。

东山精密：智能制造创建互联互通的新世界

企业简介

苏州东山精密制造股份有限公司（以下简称"东山精密"）的前身是20世纪80年代成立于苏州东山的一家小型钣金和冲压工厂，立业数十载，通过内生外购深耕拓展、优化主业，业务布局上逐步形成了电子电路、光电显示和精密制造三大板块。在电子电路领域，公司是全球第二的柔性线路板企业、全球第三的印刷电路板企业。近年来，公司依托在消费电子、通信设备行业积累的技术优势，积极开拓新能源汽车行业全新赛道，构建起以消费电子和新能源汽车为核心的产业发展格局。

东山精密运河小镇总部

东山精密2023年营业总收入达336.51亿元，2024年居中国民营企业500强第399位、中国制造业民营企业500强第270位。公司以创建更互联互通的新世界为使命，以打造千亿级先进智能制造平台为愿景，秉承开放、包容、务实、进取的核心价值观，不断创新技术，用心服务客户。东山精密及其子公司曾获国家智能制造示范工厂和江苏省智能制造示范工厂、江苏省绿色工厂、江苏省5G工厂、江苏省工业互联网标杆工厂等殊荣，以及中国ESG金责奖最佳进取奖等。

企业家简介

袁永峰，1977年生，中共党员，现任东山精密董事、总经理。立业数十载，通过内生外购深耕拓展，不断优化主业，袁永峰带领东山精密团队从太湖之滨的钣金小作坊发展成业务遍布全球的国际化跨国集团，逐步形成了电子电路、光电显示和精密制造三大板块。

问： 东山精密自创立伊始，已经走过数载春秋，历经风雨洗礼。在创业之初，公司的创始人怀揣着怎样的梦想和愿景？在创业道路上，又是如何克服一个个困难和挑战的？有哪些特别的事件给您留下了深刻的印象？

答： 东山精密由我的父亲袁富根先生于20世纪90年代创办。当时，在国家改革开放政策的引领下，在苏南这片热土上，创业的热潮席卷而来，外资大规模涌入，吹响了民营经济和外向型经济蓬勃发展的时代号角。我父亲深受影响，创业梦想的种子由此在他心中发芽，这个梦想促使他去探索更广阔的天地，去做一件之前想都不敢想的事。经过不断探索与实践，东山精密的前身苏州市东山钣金有限责任公司于1998年在苏州市吴县市东山镇太湖之滨的上湾村创立了。

我父亲是军人出身，部队多年的培养和锻炼造就了他独特的气质，那就是坚韧和果敢。在创业和经营企业的过程中，一旦军人出身的企业家认准了方向，他们就会凭借坚定的决心和毅力去完成。当时，公司急需进口设备，因为我们用国内设备生产的产品达不到外资客户的要求，特别是铝板切割的精度和切面的光滑度等，如果拿不到外资客户的订单做高端的金属加工组件，那么我们永远只能做铁床、农具这些低附加值产品。在当时，做出引进进口设备这个决定是需要魄力和勇气的，因为这预示着不仅需要一笔很大的资金投入，而且冒着极大的风险——如果拿不到预期的订单，这些设备就会闲置，并且转让也很难。当时我们的新型工业化进程才刚刚起步，这些设备在国内的需求还很低。但我父亲坚信：只要我们能做出外资客户要求的产品，后面就一定会有源源不断的订单。确定了方向后，我父亲就开始思考如何买到这些进口设备。

苏州民营经济高质量发展实录——与知名企业家面对面

公司第一次购买进口设备是在1998年,我父亲在不会讲一句英语的情况下,只是通过设备厂家在北京展览会上留下的联系信息(比利时激光切割机厂商),经过联络、沟通后,便只身一人飞到了法兰克福。从法兰克福下飞机后在机场外站了两个多小时才等到厂家派来接机的员工(当时厂家特意请了一名中国留学生来接机,两人再从法兰克福转机到比利时),那时候国人还很少走出国门。我父亲说当时在机场站了那么长时间都没见到一个中国人,他的内心还是有点慌的。但就是凭着这样的魄力和毅力,公司引进了当时全球最先进的激光切割机,这台机器至今还放置在车间里,我们倍感珍惜。这台极具意义的激光切割机开启了我们与外资客户紧密合作的生涯,我们的全球化视野也在这个时候得到了开阔。这也为东山精密后来的国际化布局打下了坚实的基础。

通过不懈的努力,我父亲如愿买到了当时最先进的金属加工设备,但厂家在完成设备安装、调试后,突然发现在我们工厂里找不到合适的工人来操作这些设备。因为我们的工厂建在农村,我们的工人是来自附近村的农民或渔民,他们当中拥有初中文凭的已经算是高学历的了。但我们购买的进口设备的说明书和操作按钮都是用英文标注的,短时间内我们的工人是无法学会操作这些设备的,厂家派驻的人员也不可能太长时间待在这里。正当大家一筹莫展时,我父亲突然想到我们兄弟俩,当时我和我弟弟正在读高中,英文水平比工人要高一些。我父亲决定由我们先去学习如何使用机器,在我们熟练掌握操作流程之后,再由我们去教工人。在我们将第一批用最先进的设备生产出来的标准化产品完美交付给外资客户的那一刻,工厂内沸腾了,我们心潮澎湃,远处似有一盏明灯瞬间照亮了我们前行的路,让我们一下子看到了企业未来将走向何方。

东山精密

东山精密全资子公司——苏州维信电子有限公司

问：东山精密的核心经营理念是什么？它是如何指导公司的战略决策和日常运营，使其从激烈的市场竞争中脱颖而出的？

答：公司在发展过程中，经历了行业的周期调整、社会资源的整合和产业结构的调整，不断脱胎换骨、转型升级。为此，我们逐步总结出了核心经营理念，那就是方向正确、用人正确、风险可控。市场上的机会很多，诱惑也很多，如何把握好方向不偏航，实际上对企业经营者是极大的考验，需要其拥有极大的定力。在方向正确的前提下，我们选用合适的人才，建立优秀的组织，这样事情成功的可能性会更大。选人、用人一直是东山精密非常重要的工作。同时，企业经营面临着各种风险，要守好底线，做到重大风险可控，平衡好风险和收益，调整好自己的风险偏好。在这样的理念指引下，东山精密才能一步步走到今天，走向未来。

盐城东山精密产业园

问： 在人才发展和培养方面，东山精密积累了哪些宝贵的经验和方法？又是如何打造和维系一个卓越的团队，使其能够不断成长、适应市场的变化，并推动公司向前发展的？

答： 优秀的团队既是公司最宝贵的财富之一，也是公司核心竞争力的重要组成部分，还是公司重要的软实力。个人的力量是有限的，团队的力量则是无穷的。东山精密拥有一个高度敬业、彼此信任、分工专业、团结协作的高级管理人员团队。在团队的打造上，我们看重"气味相投"，摒弃道不同不相为谋者。我们首先选择认可和拥护公司使命、愿景、价值观的人，这是团队合作的基础。在此基础上，我们还会考察其与时俱进、不断学习与成长的潜力。在日常经营中，我们对团队充分信任和放权，减少"人治"的干扰，不断加强治理体系建设。而团队也不负所托，交出了满意的成绩单。

在人才培养上，在公司"打造千亿级先进智能制造平台"愿景的指引下，围绕"吃技术饭"的要求，着力强化三个批次的人才培养：第一是干部队伍的培养，按照东山精密干部六条的要求，培养一支懂业务、会管理、对结果负责的干部队伍；第二是以工程师为主体的专业人才的培养，通过工程师技能竞赛、技术攻关小组、工程师委员会、优秀工程师标杆、工程师经验萃取等立体式地打造工程师文化，提升其专业技术水平；第三是人才梯队的建设，每年我们都会有计划地引进一批全国各地高校的优秀应届毕业生，对其进行系统培养，为公司的未来储备人才。

苏州民营经济高质量发展实录——与知名企业家面对面

问：在激烈的市场竞争中，东山精密的竞争优势体现在哪些方面？公司是如何通过这些优势巩固市场地位，并在行业中树立典范的？

答：经过多年的发展，如今的东山精密已形成自己的核心竞争优势。

一是客户优势。公司积累了优质的客户资源，并产生了良好的示范效应，有利于提升新客户开发能力，助力公司在未来竞争中得到更多客户的支持。二是产品优势。近年来，公司通过外延并购和内生发展相结合的方式，不断优化和完善产业及产品结构，突破自身发展瓶颈，持续导入能带来新的利润增长点的优势产品。三是

技术优势。公司将技术创新放在企业发展的重要位置,坚持以创新驱动发展。通过参与行业领先客户的先期开发,始终走在技术创新的前沿,现已形成完备的研发体系和高效的研发机制。四是管理优势。公司秉承"开放、包容、务实、进取"的核心价值观,坚持"规划统筹、业务放权、平台支持、监管集权"的管理理念,充分发挥组织的主观能动性和创造性,建立起科学、高效的管理体系。五是规模

东山精密全资子公司——珠海斗门超毅实业有限公司

优势。目前，公司合作的客户均为国际国内知名的高科技公司，采购量大，对产品交付要求严格，对供应商的生产规模和生产效率要求较高。公司经过多年的积累，现已发展成为综合能力较强的智能互联互通核心器件提供商。六是国际化优势。公司紧紧围绕国家发展战略，积极参与全球经济竞争，通过两次境外并购，成功进入发展前景更广阔的电子电路行业，优化产业结构，并带来企业规模和业绩的提升。近年来，公司在北美洲、欧洲及东南亚地区等设立了具备不同职能的运营机构。

在立足自身优势的基础上，公司深入了解行业发展趋势和客户需求，提供产品的个性化解决方案，快速响应客户需求，从而建立长期稳定的合作关系；利用规模优势，打造成本领先优势，努力为客户提供更具竞争力的产品和服务；持续投入研发资源，保持技术领先地位，推出具有创新性的产品和服务；持续优化内部流程，提高运营效率，建立灵活的人才激励机制，激发员工的创造力；完善风控管理体系，保障公司稳健发展；优化资源配置，灵活调整全球业务布局，充分融合不同国家和地区的文化特点，提高国际化运营效率。公司通过推行这一系列举措，保持主业稳健发展，不断巩固、提升市场地位。

问：创新是东山精密的重要竞争优势，东山精密在创新领域的探索与实践有哪些亮点？

答：创新成就了今天的东山精密。同样，创新也将继续成就东山精密的未来。我们必须依靠智慧和策略来取得进步，而这个依靠就是创新。企业只有成为行业的领先者，才能为社会创造更多的价值。

　　作为制造业企业，虽然没有太深的尖端技术作为"护城河"，但是先发优势必须率先确立。依靠创新驱动，东山精密不断发挥自身优势，引领企业和行业健康发展。比如，在产业战略布局上，我们通过内生外购深耕拓展、优化主业，已形成以电子电路、光电显示和精密制造三大板块为核心的业务布局。同时，依托在消费电子、通信设备行业积累的技术优势，东山精密又积极开拓了新能源汽车零部件这个全新的赛道，确立了公司消费电子与新能源两大核心赛道的双轮驱动战略主线，在消费电子业务不断提质增效的同时，全力拥抱新能源的"新蓝海"。在业务前瞻布局上，我们持续加大科技创新投入力度，通过对新材料、新技术、新制程等方面持续进行研发投入，不断探索智能互联互通领域核心器件的前沿制造工艺，为服务未来的创新业务奠定坚实的基础。在团队建设上，我们坚持创新以人为本，将创新管理与激励机制相结合，鼓励员工参与科技创新，激发人才和组织活力。通过不断的创新，如今的东山精密已成为全球第三、内资第一的电子电路企业，同时也是国际新能源汽车零部件领域的新秀。

问： 东山精密是如何承担社会责任，并将企业发展和社会责任相结合的？

答： 东山精密将可持续发展与企业发展相结合，积极履行企业的社会责任，参与各项慈善公益活动与志愿活动，以实际行动回馈社会。从2020年起，东山精密坚持每年向社会公众披露企业社会责任报告，向利益相关者公开企业方面的行动和成果，接受社会监督和评价。近年来，公司持续为困境学子送去温暖。截至2023年年底，公司在苏州、盐城两地持续开展困难中小学生帮扶活动，与甘肃兴华青少年助学基金会合作开展助力困难高中生活动，并针对困难大学生专门设立"东山精密助学基金"，逐步形成"立足盐城和苏州地区，带动各分子公司共同参与公益事业"的工作思路，持续建立健全"面向江苏、广东乃至全国青少年"的公益助学体系，为更多有梦想的寒门学子撑起一片蓝天。

秉承"开放、包容、务实、进取"的核心价值观，坚守制造业的初心，东山精密从本土化、国际化到全球化，不负时代所托，探索出了一条独特的发展之路。在产业加速变革的大趋势下，面对全球政治经济格局的变化，企业特别是制造业企业加速重构价值链。今天的企业，早已不是当年"一家工厂+一家工厂"的串联，而是由创新链、产业链、资金链、人才链等融合而成的产业集群。社会对企业价值的评判标准也在发生改变，由单一的收入、利润等财务指标，到纳入企业的可持续发展能力。当社会价值与短期的财富价值"交锋"时，企业该如何推动形成双赢的局面、构建怎样的可持续商业发展路径，是值得我们深思的。

我们认为，企业履行社会责任的最终结果不是披露一份报告，而是将可持续发展纳入企业战略、关联自身的业务核心，真正将企业的发展战略和管理运营相结合，切实找到落地抓手，有序推动整体重塑，这是对企业价值的坚守，更是企业乃至整个产业链持续发展的"金钥匙"。东山精密积极分析所处行业、领域的重点议题及其与现有业务的关系，规划未来可持续发展的新空间，把企业对社会责任的实践变成一个长期的、战略性的发展理念，通过对相关指标的持续跟踪和投入，不断实现我们的一个个阶段性目标。

我们坚持合规经营，努力提高公司治理水平；我们坚持绿色发展，将减碳思维融入企业战略和运营全过程；我们坚持持续创新，并长期积极实践。得益于各方的鼎力支持和全体员工的不懈努力，公司成功实施且加快推进新能源战略。该战略在成为支撑东山精密未来发展的新引擎的同时，也更好地推动了清洁能源转型的新进程。未来，我们将继续创新前沿技术产品，推广绿色制造，努力减少对资源的消耗，为能源领域的绿色转型贡献力量。东山精密将紧跟国家发展战略，充分发挥自身在产业、技术、资源等各方面的优势，不断扩充履职清单，丰富社会责任实践内容，不断推动社会、行业、公司自身的可持续发展。

吴中集团：为你的美好生活服务 15次荣登中国民营企业500强

企业简介

江苏吴中集团有限公司（以下简称"吴中集团"）坐落于苏州市吴中区。自1993年创立以来，吴中集团始终秉持着"为你的美好生活服务"的企业使命和愿景，经过30多年的深耕与积累，现已发展成一家集多元化与专业化于一体的、以现代服务业为主导的大型企业集团。作为江苏省重点培育企业之一，吴中集团凭借前瞻的战略布局和强大的市场实力，成功在上海、深圳、香港三大资本市场亮相，并15次跻身中国民营企业500强。同时，吴中集团还多次获

苏州市吴中区地标建筑之——吴中大厦

"江苏省文明单位""苏州市地标型企业"等荣誉称号,充分展现了卓越的企业竞争力和社会地位。目前,吴中集团的资产规模和营业收入均已突破300亿元,累计纳税超过120亿元,拥有近百家成员企业和5000多名员工。此外,吴中集团还建立了22个党支部,有300多名党员,形成了一个高素质、专业化的团队,为未来的发展奠定了坚实的基础。2024年,吴中集团持续保持高质量发展,居中国民营企业500强第401位、江苏民营企业200强第66位。

企业家简介

　　施凯,1975年生,中共党员,正高级工程师,现任吴中集团总裁。1997年大学毕业后,便投身于供排水一线工作中,曾任苏州市自来水有限公司副总经理兼总工程师;苏州市排水管理处进行事业单位改制后,任苏州市排水有限公司的第一任董事长,并不断深化企业改革,推进企业转型升级。2014年,进入吴中集团旗下的苏州吴中供水有限公司(以下简称"吴中供水")。2023年3月,吴中集团经营管理层换届,施凯被任命为集团总裁,主持集团经营管理工作。

问： 吴中集团在苏州一步步做大做强，已经连续15次跻身中国民营企业500强，那么促使集团成长起来的力量是什么？

答： 吴中集团之所以能获得成功，是因为我们有"三大靠山"，而且与这"三大靠山"都建立了良好的关系。

第一座靠山是各地各级政府。习近平总书记深知民营经济发展不易，一贯予以鼓励和支持，他多次强调："民营企业和民营企业家是我们自己人。"在我们看来，企业和政府的关系是向日葵与太阳的关系，太阳照到哪里，我们就面朝哪里。地方政府给了我们温暖和力量，而我们向阳而生，始终在正确的道路朝着正确的方向前进。我们也要做到让政府放心。

第二座靠山是银行。企业和金融机构的关系是鱼与水的关系，在吴中集团30多年的发展中，金融机构"如影随形"，不离不弃，守望相助，既锦上添花，又雪中送炭，可以说，没有金融机构的一路"呵护"，就没有吴中集团今天所拥有的一切。吴中集团是一个懂感恩的企业，30多年来保持着零逾期、零欠息的纪录。

第三座靠山是5000多名员工。企业和员工的关系是唇齿相依的关系，厚待员工是企业的宗旨，员工是企业与客户之间的桥梁和纽带，他们的服务态度和专业水平直接影响客户的满意度与忠诚度。因此，吴中集团十分注重对员工的培养和激励，为员工提供良好的工作环境和发展机会，让员工在工作中感受到成就感和归属感。

问： 据了解您是水务系统工程师出身，这种技术背景对您做管理工作有哪些方面的帮助？

答： 我是水务系统工程师出身，在这个领域工作了好多年，有比较深的理解和比较丰富的实践经验。我觉得，技术出身的从业背景让我更加务实、严谨，对业务的理解也更深刻、全面。

举例说，随着我国经济的快速发展，我国有关城市建设的很多方面已经不亚于西方发达国家，比如，城市的地铁系统已经比较成熟和便捷。在城市供水方面，水厂的工艺流程完善，其水质差不多达到直饮水的标准，但市民仍不能打开水龙头直接饮用，这是我们行业的一个痛点。

这个问题是怎么形成的呢？主要就在于在过去几十年的城市化进程中，随着城市不断扩张，工人们也在不断地重新铺设和改造自来水管道，在这个过程中施工标准不够规范，导致一些污染物进入管网当中，而城市的供水管网体系又是非常复杂的，很难在管道新建的时候处理掉这些污染物，这就导致了自来水管网的二次污染，影响了市民家里水龙头出水的质量。

为了解决这一痛点，吴中集团旗下的吴中供水自主研发了冰浆清管技术，研制出冰浆清管特种车辆，成为全球第二家、全国首家研发出该项专利技术的供水企业，该技术被列为国家"十三五"水专项重大技术成果。目前，冰浆清管技术已在13个省的50多家供水企业得到运用，为全国供水行业管网水质提升带来福音。

曾经有人质疑，民营企业做供水能做好吗？会不会为了追求更大的经济效益而牺牲社会效益？我们用事实和成绩打破了质疑，吴中供水在江苏省首推企业水质标准，出厂水、管网水、末梢水等各项水的质量全面优于国家优质水标准和江苏省优质水标准，历年来在江苏省供水安全保障考核中名列前茅，是全国第三家AAAAA级供水服务企业，连续4年获评全国"水业最具社会责任服务企业"称号。

任何一家企业的管理经营都离不开企业家对具体业务的洞察。作为一名管理者，我在潜心攻克这些技术难点的同时，也帮助企业开拓了新的业务，延伸出新的产业链和管理模式，赢得了市场口碑。

吴中供水智能客服中心大厅

苏州民营经济高质量发展实录——与知名企业家面对面

问： 吴中集团深耕多个领域，旗下有诸多业务板块，实际工作中肯定会遇到各种各样的困难，您是如何应对和解决的？

答： 吴中集团积极布局服务业，提供包括置业、创业、出行、休闲、教育、养老等在内的多元化服务，以满足客户日益增长的需求。经过数十年的精心布局，这些产业在各自的细分领域都有着出色的表现，但随着时代的发展和市场的变化，这些产业也面临着诸多挑战。我们在解决痛点和堵点的过程中，不仅能够催生新的消费需求和市场机遇，也往往能够产生新的赛道和产业，为企业发展开辟新的天地。

隶属于吴中集团的江苏吴中地产集团有限公司旗下项目

吴中集团

我认为工作中的挑战也分不同类别,我们首先要对困难和挑战有清晰的认知,它们究竟是外部环境所致,还是产业内部生产或管理上出了问题。这点很重要,它可以帮助你厘清问题、精准施策。

针对整个行业中的困难,我们要充分研究行业的发展趋势,如房地产行业,实际上这几年全国的房地产行业都受到了经济周期性的影响,我们对房地产板块采取的办法就是确立优先级,抓住主要矛盾,即保障资金流的安全。集团动用大量资源来保证房地产板块资金流的安全,从而帮助其顺利度过风险期。

再如汽车板块，我们当前运营的4S店有27家，年销售规模近百亿元。受到经济周期性的影响及新能源汽车的冲击，我们的4S店也面临着阶段性的经营困难。对此，我们采取的策略是优化内部管理，以精细化的管理降低成本，提高服务和产品的附加值，从而保证企业的生存和发展。

同时，新能源汽车的发展趋势不可阻挡，顺势而为才是企业长远发展的应有之义。客户的需求是我们努力的方向。随着新能源汽车的市场占有率、客户认可度逐年提高，新能源汽车成为居民购买汽车时的重要考量对象。吴中集团参与元创新能源汽车产业园项目，基于多年的传统汽车销售经验，积极拥抱产业变化，不断提高自身的服务水平，为集团的产业发展提供新的动力。

这些例子体现了我们应对外部冲击和挑战所采取的战略。我们还会面临一些问题，比如，怎么解决产品力的问题，如何提升品牌形象和品牌价值，如何谋求更好的社会效益和经济效益，这些就有很多解决的途径和方案，包括和政府部门保持良好的沟通，争取更多政策上的支持，等等。当然，企业自身也要做好部署，了解市场需求，提高服务水平以获得更好的口碑。这些都是吴中集团在布局未来的发展方向时重点考虑的内容。

位于苏州市姑苏区的蓝·SPORT文化创意产业园

问： 吴中集团扎根服务业多年，在"为你的美好生活服务"的实践中，是如何与政府形成良性互动，和城市共同成长的？

答： 我们在政府的呵护下成长，在社会的哺育中创造佳绩。2023年全国两会期间，习近平总书记在参加江苏代表团审议时强调："必须以满足人民日益增长的美好生活需要为出发点和落脚点，把发展成果不断转化为生活品质，不断增强人民群众的获得感、幸福感、安全感。"我们"城市美好生活服务商"的定位高度契合习近平总书记的殷切嘱托。随着现代城市化进程的加速和本地生活水平的提高，人们对城市生活的品质要求也越来越高。吴中集团作为"城市美好生活服务商"，一直致力于为城市居民提供高品质、全方位的服务，让人们享受更加美好的城市生活。

城市更新板块，我们布局已经有十多年了，这也是最近几年比较热门的板块。城市化发展到一定阶段以后，不可能再有那么多的增量了，而存量建筑，包括一些老的厂房、仓库等也不可能再大拆大建了。在这种情况下，政府实际上是有需求的——这些老旧建筑既影响了城市形象，也没有办法发挥出它的经济价值。

吴中集团旗下的江苏蓝园文化产业集团有限公司（以下简称"江苏蓝园"）就是从城市更新背景下的存量资产改造入手，以城区功能定位和产业转型升级为抓手的"量体裁衣"，探索在地文化背景、企业孵化创新模式，打造城市全新体验空间和消费场景。发展至今，江苏蓝园已在全国范围内布局70余座文化主题产业园区，入驻企业近万家。

对于城市更新上的需求，我们会主动去对接，提出优选的改造方案，将存量建筑变成不同主题的产业园，如文化主题、体育休闲主题，以及一些新设计类别的主题等，然后再进行招商。

这就形成了三方共赢的结果——政府解决了老旧建筑的遗留问题，进一步提升了城市形象，不仅盘活了这部分资产，还能得到一定的税收；入驻产业园的业主，他们获得了在良好环境中创新创业的空间和机会；而对于集团来讲，我们虽然初期做了大量的投入，但从长期看可以通过租金回报和市场口碑获益。这样三方共赢的结果是大家都喜闻乐见的。

我们跟政府始终保持良好的沟通和互动。2024年5月，江苏省人民政府出台18条政策措施支持城市更新行动，政策措施从城市更新工作存在的突出问题精准发力，优化存量、提升品质、完善结构，努力创造更加美好的城市人居环境，提高江苏省城市规划、建设、治理水平。这对于我们来说不仅是利好政策，还能让我们获得荣誉和资金的奖励。这些都是政府对我们民营企业的呵护和支持。产业赛道布局在变，服务美好生活的初心不变，我们始终与城市发展同呼吸、共命运，为人民的美好生活而奋斗。

问： 刚才您讲到了合作共赢，吴中集团在苏州和长三角地区的其他城市都有产业园布局。这方面您是如何考量和部署的？

答： 2024年全国两会期间，习近平总书记在参加江苏代表团审议时强调："要牢牢把握高质量发展这个首要任务，因地制宜发展新质生产力。"因地制宜，要求我们必须坚持从实际出发，根据本地的资源禀赋、产业基础、科研条件等，有选择地发展新兴产业。

吴中集团一直坚持走出去，探索新质生产力与服务业融合发展的新路径，取得了显著成效。集团不仅巩固了住宅地产、金融服务等支柱产业，还积极拓展了城市更新、康养等新兴领域，通过引入新质生产力，不断提升服务品质与效率，探寻出具有"吴中"特色的创新发展之路。

2023年12月，中国科学技术大学生物医学工程学院与吴中集团旗下的江苏瑞颐养老产业发展有限公司（以下简称"瑞颐康养"）签署了产教融合战略协议。瑞颐康养自2013年以来顺应中国老龄化社会的发展趋势，响应国家政策号召，积极布局康养产业。通过本次产教融合签约活动，瑞颐康养和中国科学技术大学生物医学工程学院将围绕生物医药、医疗器械、健康养老等方向，开展常态化科研合作，为中国老年人提供更专业的医疗保健和康复护理服务。

2024年3月，吴中集团与上海市生物医药行业协会战略合作协议签约仪式在集团总部顺利举行。生物医药是吴中集团重点发展的领域。未来，吴中集团将会进一步加强与上海市生物医药行业协会的资源整合，进一步推动双方在康养大健康、生物医药项目孵化和投资、医药园区建设等方面的全方位合作。同年4月，集团副总裁张成受邀出席第十届中国广州国际投资年会，就吴中高科·第一工园"广州空港经济区蕴盛航空产业基地"项目与广州市副市长谭萍进行了深入的商谈。这是我们在粤港澳大湾区迈出的重要一步。

还有我前面提到的元创新能源汽车产业园，这是苏州工业园区内首个新能源汽车产业园，汇集政策、产业、人才等先发优势，将会成为吴中集团布局新兴产业的重要起点。

苏州民营经济高质量发展实录——与知名企业家面对面

问: 吴中集团"第一工园"品牌十分响亮,已经覆盖全国12个重点城市。品牌使命是"为企筑家,辅城立业",我们应该如何理解这一使命?

答: 江苏吴中高科创业投资有限公司(以下简称"吴中高科创投")是吴中集团科技投资与产业园运营的重要抓手,其成功打造了"第一工园"品牌。

　　第一工园,起步于苏州,从旺山脚下的一颗"种子"开始萌芽,经历跨越式发展到全国生根,确立了沿长江经济带"一轴、两翼、三极、多点"的战略布局,目前已覆盖苏州、南京、无锡、常州、武汉、广州等12个重点城市。第一工园陪伴企业更好成长,打造区域经济创新引擎,促进产业集聚、升级,眼下已成为吴中集团最具爆发力的支柱产业之一。

中国产业园区运营商综合实力TOP10——第一工园旺山总部

近几年，地方政府的招商非常"卷"，"筑巢引凤"对于一个城市的经济发展有着重要的战略意义，通过吸引高科技企业入驻，可以助力当地产业升级，从而产生新的经济增长极。其实，在这个过程中，有一些刚起步的中小微企业的发展空间也很大，它们也需要一个"家"给予支持和呵护。

"第一工园"品牌就是在回应这一期盼中诞生的。吴中高科创投以高科技风险投资、产业园开发运营为两大业务板块，以"基地+基金"为核心发展模式，聚焦智能制造、生物医药、新一代信息技术等国家重点新兴产业领域，专注于中小微企业成长服务，构建先进产业共生平台。

"基地+基金"模式，简单地说，就是在中小微企业刚刚起步的时候，租给他们产业园中的办公楼和厂房，产业园也提供产权交易。这些企业发展达到一定规模以后，则可以通过购买的方式使其成为自己的厂房或办公楼。产业园内还设立了相应的基金，如果企业在发展过程中遇到资金短缺问题，对于发展前景较好的企业，吴中高科创投也会有基金上的扶持。通过这种方式，我们培育了很多中小微企业，链接服务上市企业、行业龙头企业及专精特新企业近2000家，2024年已跻身中国产业园区运营商综合实力TOP10。

我们给这些中小微企业提供的帮助，除有产业园以外，还有专门的金融板块。脱胎于吴中集团金融板块的中国汇融金融控股有限公司就是金融服务供应商，其业务覆盖了典当、小额贷款、商业保理等，更是在2013年成为国内首家在香港主板上市的民营金融企业。中小微企业在银行的贷款达到限额以后，我们在可以把控风险的前提下，对企业发展情况进行评判，并确定是否予以资金支持。对于一些具有发展潜力的初创企业来说，我们提供的金融服务无疑能为他们解决燃眉之急。

而当地方政府因资金困难，无法及时支付工程款时，我们会采取商业保理的形式，把已经确认的款项先行支付给施工单位，确保其能继续运转，不耽误工程进度。吴中集团始终秉持着经济效益与社会效益相统一的理念。

问： 作为一名老党员，您在集团的党建、文化建设和人才管理工作上有什么心得？

答： 集团非常重视党建工作，早在30年前，企业还是教育局下属单位。我们这类改制企业的基因里面就带着对党群工作的重视，党建引领高质量发展是集团一以贯之的原则。

比如，吴中供水2021年引用国家时行生活饮用水106项水质检测指标，凝练出"一零六"党建工作法，即"一"代表要始终坚定服务美好生活的初心，"零"是零距离服务用户、群众、党员，通过不断探索"水源取水、水厂处理、管网输送、泵站提升、水质检测、客户服务"这六大重要制配水环节业务亮点，凝练出"饮水思源、不忘初心，锤炼党性、自我净化，坚定信念、勇往直前，凝聚力量、迎难而上，经受考验、先进纯洁，上善若水、践行使命"的六大关键品质，为新质生产力强内力、增动力、注活力。

第一工园党群服务中心以"园心·圆梦"为主题，打造同名党建品牌。"园心"既代表第一工园党群服务中心，也代表党的初心。"圆梦"寓意第一工园"为企筑家，辅城立业"的品牌理念。第一工园党群服务中心设有党建工作展示区、"文心图书角"等，是服务企业、服务党员、服务职工的重要阵地。

在日常工作中，我们始终强调党员干部要在关键岗位上发挥先锋模范作用，创建文明示范岗，引导职工发扬奉献精神，服务群众、回馈社会。

2017年9月，我们设立了苏州市看见吴中公益基金会。"看见吴中"公益志愿活动倡导每一位志愿者都从自身做起，"改变自己点亮心路，帮助他人寻找光明"，积极投身于慈善志愿活动，常怀利他之心，向上向善。截至2024年年底，苏州市看见吴中公益基金会累计募集3117.6万元，共救助全国范围内的贫困家庭角膜盲症患者631名。由苏州市看见吴中公益基金会主持或参与的多个项目获江苏省慈善奖、苏州慈善奖、江苏志愿服务展示交流会志愿服务项目金奖，以及"苏州市优秀慈善项目""江苏省十佳网络公益项目"等多项荣誉。

在对人才的培养与管理上，我们坚信人才是引领发展的第一动力，不仅要引得来人才，更要留得住人才。集团推出了"十百千"激励计划和985人才计划，吴中学院及"青云""青训""星火"系列培训计划，激励员工积极创新、贡献力量。参与培训计划的人才不仅具备扎实的专业知识，还拥有较强的创新能力和较丰富的实践经验。通过提供具有竞争力的薪酬福利，以及良好的工作环境和发展机会，集团吸引了大量优秀人才的加入，为企业的长期发展注入了新的活力。2024年，集团创设了云梯学校，旨在从内部锻造管理精英，培育未来领导梯队，积蓄集团持续发展的核心力量。2023年3月，吴中集团完成了管理架构上的战略调整，实现了真正意义上的职业经理人管理公司，为集团长期、稳定、持续发展奠定了基础。

科沃斯：中国服务机器人行业领军企业

企业简介

科沃斯机器人股份有限公司（以下简称"科沃斯"）成立于1998年，总部位于苏州市吴中区，经过26年的发展现已成长为以自主研发和创新为驱动，掌握核心机器人及智能技术，拥有"科沃斯（ECOVACS）"与"添可（TINECO）"两大国际化消费科技品牌，以及完备产业链布局的集团型上市公司。科沃斯成功走出了一条从中国制造到中国创造再到中国品牌的发展之路。科沃斯于2018年5月28日在上海证券交易所主板上市，是当时国内服务机器人行业的第一家上市公司。

科沃斯目前是国家级制造业单项冠军企业、国家知识产权示范企业、国家级电子商务示范企业、全国机器人标准化技术委员会机器人装备分技术委员

科沃斯产业园

会服务机器人工作组组长单位、全国家用电器标准化技术委员会家庭机器人标准化工作组组长单位。科沃斯旗下有7家国家级高新技术企业,建有国家级工业设计中心、3个江苏省企业技术中心、2个江苏省工业设计中心、3个江苏省企业工程技术研究中心等多个研发创新载体。科沃斯目前拥有2个CNAS(China National Accreditation Service for Conformity Assessment,中国合格评定国家认可委员会)认可的实验室,其中,科沃斯基于与国际接轨的ISO17025标准体系建立了自己的中心实验室和管理体系,并于2005年12月通过CNAS的初次评审,被授予"国家认可实验室"称号,成为行业内首家获得CNAS认可的实验室公司。

企业家简介

庄建华，1972年生，科沃斯创始人之一，现任公司总经理。曾入选"江苏省百名女企业家服务高质量发展领航计划"，获评"江苏省百名巾帼科技创新典型人物"、江苏省三八红旗手；荣获苏州市"见证·苏州 卓越外企人士""创新创业·巾帼科技之星"等称号。还任江苏省妇女联合会第十三届执行委员会委员，苏州市第十六届、第十七届人大代表，苏州市妇女联合会第十三届执行委员会委员，吴中区第三届、第四届人大常委会委员。

问： 请简单介绍一下科沃斯成立26年以来的发展历程，以及企业经历了哪些重大转型，背后的思考有哪些，转型对企业发展所产生的影响有哪些。

答： 科沃斯成立于1998年，经过26年的发展，现已成长为以自主研发和创新为驱动，掌握核心机器人及智能技术，拥有"科沃斯"与"添可"两大国际化消费科技品牌，以及完备产业链布局的集团型上市公司。截至2024年，企业员工超万人，其中，研发人员1600名，并拥有多名江苏省双创人才、姑苏创新创业领军人才和东吴科技领军人才。

科沃斯始终与中国经济社会发展同频共振，成立至今共经历了四次重大转型。企业成立之初主要从事吸尘器代工业务，2006年，正式创立"科沃斯"品牌，从经营代工业务转为经营自主品牌；2011年，全面进入服务机器人领域，从传统小家电转向服务机器人；2014年，提出机器人化、互联网化、国际化三大战略，积极打造服务机器人产品矩阵，并推动海外及线上市场渠道布局；2018年，创立专注于智能生活电器的全新品牌"添可"，与"科沃斯"品牌一起形成了双品牌、多品类、多赛道融合发展的全新企业战略布局。

科沃斯的首次转型属于商业模式转型，从以OEM（Original Equipment Manufacturer，原始设备制造商）/ODM（Original Design Manufacturer，原始设计制造商）为主的出口代工企业转型为以技术创新、品牌塑造、新型商业渠道构建为核心的品牌企业。这源于企业对中国人口红利不可持续、走自主创新道路高度可持续的深入思考及准确预判，从而实现了从追求成本优势的企业向追求综合竞争优势的企业的蜕变。企业的第二次转型属于行业转型，从传统的清洁小家电行业转换到智能服务机器人行业，这让企业从当时逐渐成为竞争"红海"的小家电行业迅速转身迈入服务机器人这一全新且广阔的"蓝海"市场，并凭借研发创新能力，一举跃为全球服务机器人行业的领军品牌。2014年，科沃斯精准识别到电子商务、移动互联网及海外市场的巨大发展潜力，及时启动对相关新兴市场渠道的开拓与布局，同时打造完整的服务机器人产品线，进一步巩固、强化了科沃斯在全球行业中的领导地位，这是企业进行的第三次转型。2018年，科沃斯迎来第四次转型，这次转型是利用颠覆性创新技术开辟全新赛道的经典探索。科沃斯通过打造高端智能生活电器品牌"添可"

科沃斯机器人系列产品

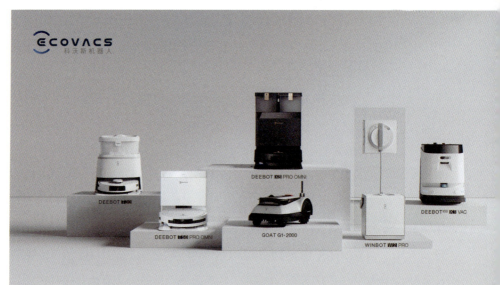

及其生态产业链,有力推动全球家庭地面清洁市场重塑为"三分天下",实现了5年业务规模翻10倍、利润翻20倍、营业收入近百亿元的"添可奇迹",为企业描绘出清晰的"第二发展曲线"蓝图。这次转型也被业界公认为中国现象级的自主品牌创新发展案例。

在"用户第一"的创新理念的指引下,在服务机器人和智能生活电器赛道,科沃斯持续加快品类拓展,推动产品迭代和进化,进而带动产业升级与行业发展,并让更多消费者享受到科技进步所带来的智能、便捷的生活体验。其中,"科沃斯"品牌深入洞察与分析服务机器人使用场景及体验,基于多年研发投入和技术积淀,引领开发了包括中国首台扫地机器人、擦窗机器人等在内的多款针对家庭地面清洁与环境健康的服务机器人产品。"添可"品牌依托企业深厚的技术积累和对市场需求的敏锐洞察,整合企业在数字无刷电机、传感器和微控制等方面的技术储备资源,创造性地在传统手持无线推杆吸尘器的基础上实现了扫吸拖一体及自动清洁功能,进而开创了智能洗地机这一全新品类,对手持地面清洁电器市场进行了"大洗牌"。

添可智能家族系列产品

问： 请介绍一下当前企业的主营业务与近年来的发展成效。

答： 科沃斯是全球最早的服务机器人研发与制造商之一，多年来紧密围绕用户实际需求，深耕技术研发领域，在机器人传感器、人工智能算法和人机交互等关键技术领域加大研发力度，实现服务机器人产品AI智能性的持续优化和用户体验的显著提升。目前，主要产品包括家用服务机器人、商用服务机器人和机器人核心零组件。科沃斯拥有全球最完整的家用服务机器人产品线，主要产品有地面清洁服务机器人（地宝）、无线擦窗机器人（窗宝）、空气净化机器人（沁宝）、庭院割草机器人（GOAT G1）等。科沃斯始终以"让机器人服务每个人"为使命，并致力于成为全球顶尖的机器人公司。

  添可智能倡导"生活白科技，居家小确幸"，以智能科技创造梦想生活。企业目前主要拥有智能家居清洁、智能烹饪料理、智能个人护理、智能健康生活四大产品线，基于AIoT［人工智能物联网，即人工智能（AI）和物联网（IoT）技术的结合］技术，全面打造高端智能生活电器生态圈，主要产品包括智能洗地机（芙万）、智能料理机（食万）、智能吹风机（摩万）、智能手持吸尘器（飘万）、智能美发梳（秀万）、智能美眼仪（娇万）等。另外，"添可"品牌专注于与华为深度合作，以盘古大模型为底座，联合开发数字烹饪领域的添可垂域AI大模型，利用AI技术加速数字烹饪技术及产品的研发与迭代，打造中餐烹饪的数字化、标准化平台。

科沃斯智能车间

近年来,凭借领先的产品技术实力,科沃斯在全球范围内构建起强大的品牌影响力及广泛的用户群体,并助推企业业绩进入快速增长通道。目前,"科沃斯"及"添可"两个品牌的产品已远销全球160个国家和地区,服务超过5000万个家庭用户。2023年,企业营业总收入155.02亿元,同比增长1.16%。2024年第一季度,企业营业收入34.74亿元,同比增长7.35%;净利润2.98亿元,环比增长3449.73万元,净利润重回增长轨道。

科沃斯始终坚持通过技术预研和产品研发并行的创新体系与"研产销一体化"的发展模式,从底层提升产品创新能力、构筑核心竞争力,以自持的先进制造产业链加速提高产品创新效率。2023年,企业研发投入8.25亿元,同比增长10.85%;2024年第一季度,研发投入2.20亿元,同比增长17.65%。截至2024年5月,企业主导和参与制定国际、国家、行业、团体标准共48项;担任2个标准化工作组组长单位;共获得国内外授权专利2138件,其中,发明专利661件;共获得全球注册商标2396件,其中,海外注册商标1225件。

问： 科沃斯实现可持续发展，其最为核心的企业精神和经营理念是什么？

答： 企业经营发展经历起伏是很正常的，但最终能够穿越周期的企业一定有其赖以生存的独特文化基因。创立至今，将科沃斯全体员工凝聚在一起的根本力量就是企业文化。2023年，科沃斯正式发布了"根文化"体系，系统阐述了科沃斯26年来积淀传承下来的创业拼搏精神。

科沃斯"根文化"以一颗初心"善"为核心，强调将由内而外原生的利他精神作为一切行为与结果的基础；以"一切从自身出发""仰望星空，脚踏实地""务实，一切以结果为导向""市场就是战场，打胜仗才是唯一目的"为支撑，坚定挑战自己、拥抱变化、脚踏实地、勇于战斗、善于战斗等企业信仰；以"产品力""战斗力"为保障，提倡围绕用户开展有价值的技术和产品创新，并通过充分有效的团队协作和组织保障，营造以人为本、上下合一的拼搏氛围。

通过对"根文化"的高度提炼和持续传承，每一名科沃斯员工都在工作中化身为以善为本、善于战斗的"善斗士"，支撑企业面对不同经营环境都能持续打胜仗，并最终实现健康、可持续的发展。

问：请介绍一下目前科沃斯所处行业赛道的整体发展形势，未来有哪些产品，以及市场发展趋势如何。

答：根据捷孚凯市场研究集团（GfK）、北京中怡康时代市场研究有限公司（以下简称"中怡康"）、Stackline等提供的统计数据，2023年，全球扫地机器人市场规模为66亿美元，同比增长0.8%。其中，国内扫地机器人市场零售额为138亿元，同比增长5.1%；零售量为412万台，同比增长0.5%。目前，市场上的扫地机器人产品形态和功能不断创新，呈现出智能化、高效化和个性化的发展趋势。中怡康监测数据显示，全能型、自清洁、自集尘和单机款扫地机器人产品在国内线上市场的零售额占比分别为79.8%、13.7%、0.7%和5.8%。其中，全能型产品全面普及，零售额较2023年增长74.6%，成为推动扫地机器人市场增长的主要力量。

奥维云网（AVC）推总数据显示，2023年，清洁电器国内市场全渠道零售额达343.8亿元，同比增长6.8%。其中，洗地机品类表现尤为亮眼，在清洁电器国内市场全渠道零售额中的占比已达35.5%，同比提升4.5个百分点，成为国内清洁电器市场增速最快的细分类目。产品层面上，洗地机分为单机款、复合款、基站款和蒸汽款4种。奥维云网线上监测数据显示，单机款产品以其简洁的设计和普适的价格深受市场青睐，零售额占比高达84.1%。与此同时，复合款、基站款和蒸汽款产品亦不断推陈出新，带来进阶的清洁体验，提供丰富的市场选择，满足不同层次消费者的消费需求。

苏州民营经济高质量发展实录——与知名企业家面对面

作为中国经济中参与全球竞争的一分子,我们切实感受到了国内经济逐步向好、品牌"出海"能力持续增强的发展态势。作为中国乃至全球家用服务机器人行业的龙头企业,科沃斯所在行业2024年第一季度的表现较2023年同期出现显著"回暖"。一方面,消费者的整体消费意愿有所增强;另一方面,消费者对于产品的新功能和新卖点也呈现出较高热情。同时,得益于产品技术竞争力和产业链高效配置能力,2023年,科沃斯海外业务发展迅猛,扫地机器人、擦窗机器人、割草机器人等新品均在海外市场热销,各主要区域销售均实现正增长,在主要发达国家市场增速尤为显著。2023年,海外业务占企业营业总收入的比例已达40%。2024年第一季度,企业海外业务同比继续保持较高的增长势头,全年占比预计将进一步提升。

与此同时,苏州市委、市政府也高度重视企业"出海"及跨境电商业务开展。2024年4月,苏州市人民政府发布了《关于印发中国(苏州)跨境电子商务综合试验区高质量发展三年行动计划(2024~2026年)的通知》,让广大"出海"企业切实感受到苏州市对标先进、做优做强跨境电商产业的信心与决心。未来,科沃斯将积极响应苏州市委、市政府的号召,立足智能家电产业带,切实发挥跨境电商龙头企业的示范引领作用,持续

科沃斯未来厂区效果图

快速"出海"进程、深化海外布局、提高海外市场占有率和渗透率，力争实现企业跨境电商交易额超百亿元、复合增长率超50%的发展目标。同时，我们也将积极发挥服务机器人产业生态"链主"企业作用，进一步反哺国内上下游产业链的协同发展，从而推动整个产业健康可持续发展。

问：2024年全国两会期间，习近平总书记在参加江苏代表团审议时强调，发展新质生产力要"坚持从实际出发，先立后破、因地制宜、分类指导，根据本地的资源禀赋、产业基础、科研条件等，有选择地推动新产业、新模式、新动能发展，用新技术改造提升传统产业，积极促进产业高端化、智能化、绿色化"。请谈谈您对新质生产力的理解，以及在当前企业发展中如何快速形成新质生产力，并推动企业实现更高质量发展。

答：习近平总书记的重要讲话精神充分体现出党中央高度关注新质生产力，并在如何统筹发展新质生产力方面为广大民营企业提供了重要遵循。经过深入学习领会，我们认为习近平总书记强调的"因地制宜"，就是要坚持从企业自身及所处的产业实际情况出发，结合创新能力、产业基础、内外资源等要素，有针对性地开拓新产业、开创新模式，积极推动产业朝着高端化、智能化、绿色化方向持续升级，这才是发展新质生产力的正确路径。

科沃斯的每一次重大转型和突破，都是企业以信息化、网联化、数字化、智能化、自动化、绿色化、高效化为关键提升点，为实现技术革命性突破、生产要素创新性配置、产业深度转型升级而催生的新质生产力在生产关系中成功运用的生动范例。这也充分验证了习近平总书记所倡导的新质生产力发展理念的强大生命力和巨大实践效应。

问：请谈谈科沃斯长期以来是如何践行守正创新的。为了更好地形成企业自主创新、科技自立自强的发展格局，企业、政府、社会各方应关注哪些方面的工作以实现更强有力的支撑？

答：科沃斯自创立至今，始终坚定不移地走守正创新道路，致力于自主研发和品类创新，通过前瞻性的技术布局和敢为人先的市场探索，打造源自中国、面向全球的消费科技品牌。早在2000年，企业便成立了专注于家用服务机器人课题的研发技术团队和知识产权团队，并强调以知识产权体系的构建为自主技术创新工作"保驾护航"。科沃斯要求团队做到绝不侵犯别人的专利，同时坚决打击外部的侵权违法行为，以保护来之不易的创新成果。

在守正创新理念的指导下，科沃斯在2007年自主研发出了中国第一款扫地机器人"地宝"后，便开启了家用服务机器人完整产品线的扩张之路。伴随着"沁宝"——全球首台空气净化机器人和"窗宝"——全球首台擦窗机器人的诞生，科沃斯完成了机器人由地面向立体空间、由地面清洁向健康环境应用场景的延伸；2022年发布的庭院割草机器人GOAT G1，实现了服务机器人产品从家庭室内走向室外的突破；同期发布的全新商用清洁解决方案DEEBOT PRO K1、M1完成了核心技术从家用场景到商用场景的关键突破，而其搭载的由科沃斯自主研发、首创的机器人协作生态HIVE系统则描绘了对未来机器人解决方案的巨大想象空间。另一大自主品牌"添可"则聚焦高端智能生活电器领域。自以"芙万"开创智能洗地机品类、缔造洗地机发展史以来，"添可"已将智能生活电器从家居清洁延伸至个人护理、烹饪料理和健康生活等更多元的场景中。其中，"添可"于2022年推出全新的"会思考"的智能料理机"食万"，与"食万净菜"和"添可生活"APP三位一体构建起食万生态体系，用数字化的方式实现智能烹调，推动中餐烹饪的数字化与标准化。

除坚持自主研发以外，近年来，科沃斯还与各大高校院所展开了广泛的产学研合作，目前已与南京大学、南京航空航天大学、华中科技大学、西安交通大学、浙江工商大学等多所高校院所开展产学研合作，通过共建联合实验室，协同开展关键技术的联合攻关与探索。2023年，科沃斯联合南京航空航天大学、哈尔滨工业大学等多所国内高校和百度、浙江舜宇智能光学技术有限公司等多家企业，共同承担了江苏省关键核心技术攻关项目，并牵头组建了"苏州市机器人前沿智能技术创新联合体"，全面推动机器人关键核心技术的联合攻关与转化落地。2023年6月，科沃斯在苏州成功举办了首届科沃斯机器人大会，共吸引4位院士、30多位行业顶尖学者、300多家机器人产业链上下游企业和超过40家投融资机构共聚苏州，携手推动机器人产业创新融合生态圈的建设与发展。

在创新工作结出累累硕果的同时，我们还凭借"守正创新"这一法宝，经受住了来自外部环境的严苛挑战。2023年12月，科沃斯旗下"添可"在历经22个月的美国337调查案中取得全面胜利，根据美国国际贸易委员会（United States International Trade Commission, USITC）的最终裁决，"添可"美国市场在售的洗地机均未落入美国品牌必胜（Bissell）Xia家族和Resch家族专利保护范围。这也意味着，未来"添可"所有在美国市场在售产品均不带任何附加条件，可在美国市场通行无阻。正是因为科沃斯自成立以来始终坚定贯彻守正创新理念，20多年扎扎实实落实各项知识产权保护及合规经营举措，才最终确保了在这场生死战役中赢得胜利。

在各行各业积极响应党中央大力发展新质生产力、推动产业科技创新融合号召的当下，我们也关注到在创新竞争较为密集的领域，如半导体、生物医药、智能装备等，商业秘密侵犯及不正当竞争等相关问题日益凸显，这也将对营造积极健康的创新发展氛围、实现科技自立自强的总体目标产生极为不利的影响。为此，我们呼吁政府及社会各界应予以高度重视，深入开展研究、掌握实际情况，并联合各有关部门，共同商讨快速有效的短期遏制及长效解决方案，支持更多企业建立合规体系，同时加大对违法违规行为的惩治力度，重塑一个公平有序、良性竞争的产业创新发展环境，为加快实现中国式现代化提供强有力的保障和支撑。

莱克电气：用一丝不苟的工匠精神 打造全球"清洁之王"

企业简介

莱克电气股份有限公司（以下简称"莱克"）创立于1994年，是一个以高速电机为核心技术，以家用吸尘器、空气净化器、水净化器、厨房电器等绿色智能小家电产品和园艺工具产品及其核心零部件为主营业务的研发制造商。

2015年，莱克在上海证券交易所挂牌上市。公司秉承为目标客户创造价值的经营理念，坚持用科技创新打造自己的核心竞争力，通过"与众不同、领先一步"的新产品创新策略，创造了众多行业第一，引领了行业发展。公司产品销往全球100多个国家和地区，其中，国内市场占比30%，海

莱克总部大楼

外市场占比70%。海外市场主要在美洲和欧洲。经过30年的发展,莱克形成了自主品牌、ODM/OEM出口和核心零部件三大业务协同发展的生态化经营模式。公司成立至今,累计生产吸尘器等小家电超过2.8亿台,其中,吸尘器超过2亿台,是全球最大的吸尘器研发制造商,并连续21年保持吸尘器产销量全球领先。

莱克是吸尘器国家标准起草工作组组长单位,曾获国家级工业设计中心、工业产品绿色设计示范企业、国家知识产权示范企业、国家级制造业单项冠军企业、智能制造试点示范企业、江苏省省长质量奖、江苏省绿色工厂、江苏制造突出贡献奖等国家级和省部级荣誉与资质。

企业家简介

　　倪祖根，1957年生，中共党员，现任莱克电气董事长兼总裁、中国家用电器协会副理事长、全国家用电器标准化技术委员会清洁器具分技术委员会副秘书长、苏州高新区（虎丘区）新一代企业家商会名誉会长等职。1987年从部队转业后，进入苏州春花吸尘器总厂工作，历任电机工程师、电机分厂厂长、总厂厂长助理、总厂副厂长，1994年创立莱克电气。2009年，倪祖根带领公司创立自主品牌"LEXY莱克"，选择了与行业内大多数品牌不同的创牌策略——坚持高端定位，坚持以品类创新、科技创新来打造高端品牌。曾获中国家电行业40年功勋人物奖、中华全国工商业联合会科技创新企业家奖、"十三五"轻工业科技创新先进个人、江苏省优秀企业家、苏州市五一劳动奖章、苏州市科技创新创业市长奖等荣誉。

问： 作为吸尘器行业的传奇人物，请简单谈谈您早年的一些经历。

答： 从我个人的经历来说，我从小在农村长大，十二三岁就一边上学一边下地干活，在艰苦的农村生活中锻炼了吃苦耐劳的品质。我后来参军，在部队工作了13年，接受了党组织的教育和熏陶。我通读了《毛泽东选集》，写下了10多万字的心得笔记。毛泽东同志的许多经典著作（如《矛盾论》《实践论》《论持久战》《改造我们的学习》等）的思想和观点，对我树立正确的人生观、世界观及如何看待事物的方法论产生了重大影响。长期的思想教育和优胜劣汰的用人机制，激发了我强烈的上进心、培养了我的集体荣誉感。部队的组织性和纪律性，又使我养成了服从组织、遵守纪律、坚决执行的习惯，懂得了民主集中制的重要性，对于后来管理企业有重大帮助。

1987年，我转业调去苏州春花吸尘器总厂工作。我认为，要想懂得企业经营管理就要懂产品，要想懂得产品就要从基层一线制造产品开始。一进厂，我就跟厂长说，工厂哪里需要人，哪里要攻坚克难，我就去哪里。当时，苏州春花吸尘器总厂在攻关高速吸尘器电机国产化，遇到了很大困难，电机的质量一直过不了关，没有办法使用。于是，厂长让我上，我一口应下了。到岗后，我一头扎进了生产现场，每道工序都亲力亲为，研究产品的质量、设备、工艺、作业方法之间的关系及其影响因素，提出了产品可靠性的一整套试验方法。同时，我一边干一边学习串激电机技术、生产设备工艺技术，以及日本的工序质量管理方法等知识。那时，我整天泡在车间，经过三个月的努力，我终于解决了高速整流子电机重大生产工艺技术问题，是全国第一个把吸尘器电机寿命从原来的几小时做到300小时的人，使国产电机首次达到了国家标准，在当年获得了轻工业部质量奖。两年后，我被提拔为电机分厂厂长，半年后又被任命为苏州春花吸尘器总厂分管技术质量的厂长助理、副厂长。回顾那一段时光，我觉得成功在于不断学习和勇于实践。在进入部队前我没有上过大学,1978年在部队有一次考大学的机会,我虽考上了,但因专业不喜欢又放弃了,之后通过自学考试完成了中央广播电视大学(今国家开放大学)电机与工业自动化控制专业的学分制考试。到了工厂后,我继续不断地学习专业技术,抓质量管理,促精益生产,长年书不离手,同时重

莱克智能车间

视学以致用,理论联系实际,并且做到走出办公室,到基层、到实际工作中去学习。

早年的这些经历给我的启示是学习丰富知识,实践增长才干,能力是在实践中锻炼出来的。在创业路上不断学习是我进步的根本,而书本和实践就是我最好的导师。

问: 莱克成立的第一年营业收入就超过5000万元,第二年就成了行业第一,请分享一下莱克创业初期成功背后的艰辛故事。

答: 1994年时,全国最大的吸尘器厂年吸尘器产销量30多万台,销售额1亿多元。1995年我创业第一年,产销吸尘器17万台,营业收入就有5000多万元;第二年产销70万台,销售额大概是1.5亿元,一下子就成了行业第一。

总体来说,莱克一路发展没有遇到过非常艰难的时候,我想最主要的是因为我创业的时候作为一名产品经理对市场的定位还是比较准的。我清楚做什么样的产品能够卖出去,这个是非常重要的。我当时自己研究市场,自己构思,设计产品。由于产品的独特性和价值感,往往这个产品的模具还没有出来,就已经被订出去了。我创业的时候跟香港的朋友借了3万美元,只用来付了一个模具的首付款,到了生产环节,流动资金就没有了。但是,因为我有好的产品,客户对我很信任,在产品还没有生产出来时就直接订购了,我们第一年就实现盈利500万元。创业第二年,我们设计出了迄今最畅销的甲壳虫吸尘器,这个产品热卖了15年,单一产品共计卖出300万台,将公司带上了发展的快车道。

当然，在这个过程中，总会遇到各种各样的困难，如资金紧张、厂房设备受限、企业间竞争激烈等，但企业要做的是随时做好"过冬"准备，"不要到了冬天才去找棉衣"。有了准备，再难也不难。

问： 2004年，莱克吸尘器产销量突破800万台，成为全球最大的吸尘器研发制造企业。莱克为什么能有如此迅猛的发展？

答： 从创业伊始发展到2004年，莱克只用了10年时间就成为全球最大的吸尘器研发制造企业。我觉得能做到"持续为客户创造价值，创新引领"是非常关键的。

"持续为客户创造价值，创新引领"是企业高速成长和持续发展的原动力。我觉得国内的中小企业大部分都在跟随别人，别人做什么，他们就做什么，较少去研究客户需求、去创新、去做到领先一步。而莱克的产品研发策略考虑的是如何去满足客户的需求，为客户创造价值，做到技术上要么与众不同，要么遥遥领先。我的思路是通过与众不同和领先一步的产品创新来吸引客户，创造市场。只满足买家的需求而不满足用户的需求，这个业务也是不可持续的，买家赚不到钱不行，用户因不满意不买你的产品也不行。我们希望用户用了我们的产品以后还想买，买家通过销售我们的产品能赚到钱。

在产品研发方面，我们一直强调三项内容：一是工业设计。产品的工业设计一定要有美感、时代感和科技感，能吸引人。二是功能、性能。通过技术创新，创造功能上的独特性和性能上的领先性，解决用户痛点，满足用户的潜在需求。三是优良的品质，维修率要低，让客户放心。买家因为产品好销售，能赚钱，就对我们形成了依赖，就成为我们的忠诚客户。如果用户只因为价格便宜选择我们，结果产品出现了一大堆质量问题、售后问题，那么用户下次就不会再买了，这种业务是不可持续的。所以，工业设计、技术创新、优良品质缺一不可。

正是由于我们拥有了这种意识，我们才能首创出行业众多的第一：首创每分钟3万转以上高速吸尘器电机，把当时的电机性价比提升了50%以上；首创了大风量龙卷风技术卧式吸尘器，年销量突破500万台；首创了大功率手持有线吸尘器；首创了大功率无尘袋杆式吸尘器；等等。与此同时，我们也吸引了众多世界500强企业和行业知名企业洽谈合作，并建立了长期的合作关系，公司经营业绩保持高速增长。2004年，我们的吸尘器产销量突破800万台，公司一举成为全球最大的吸尘器制造商，这相当于当时全球每6台吸尘器中就有1台是莱克生产的。

问：莱克是如何稳扎稳打，在2015年成功上市的？

答： 2008年的全球金融危机导致当时欧美客户订单显著下降，莱克决心在国内市场创立自主品牌做清洁电器，继而实现国内国际双循环。2009年，莱克创立了自主品牌，并迅速占有了较高的市场份额，国内业务的经营业绩一片向好并持续提升。在这个过程中，"与众不同"的差异化定位策略、坚持研发创新、以客户为导向的经营理念是实现国内市场突破和领先及取得优秀的经营绩效的根本。优秀的经营绩效带来了较高的收入、利润等，满足了当时在中国资本市场上市的要求。同时，考虑到上市公司的规模和声誉会对国内市场的客户产生正面影响，结合自身发展需求和意愿，2015年，公司成功在上海证券交易所挂牌上市。

问： 您始终秉持"以客户为中心，持续为目标客户创造价值"的经营理念，坚持"与众不同、领先一步"的创新策略。请具体讲讲莱克在哪些方面做到了与众不同、领先一步。

答： 创新是企业发展的第一驱动力，我认为"与众不同、领先一步"是创新的灵魂，在莱克长期的经营实践中，我们积极探索，不断总结和发展，形成了具有莱克特色的"与众不同、领先一步"双创研发管理模式。通过洞察消费者的潜在需求、布局前沿技术、把握竞争态势、解决用户痛点来创造独特、领先的产品。

为了确保将创新思想落实到具体工作中，我们建立了"鼓励创新，容忍失败；客户至上，快速反应"的创新文化，成立了工业设计、产品研发等八大部门，拥有研发工程技术人员超过1000名，每年的研发投入超过销售收入的5%，远远超过行业3%的平均水平。我们还总结归纳了具有莱克特色的"五大创新原则"——设计创新提升设计价值、品类创新创造产品独创性、科技创新创造性能领先性、成本创新降低设计成本、体验创新增强用户体验，指导创新活动有效开展，实现创新的落地。当然了，在这五个维度下还有一些具体的指导规范和案例。在这样的创新机制下，莱克的创新成果层出不穷，从而确保了莱克产品的"与众不同、领先一步"。我举个典型例子。

在吸尘器品类方面，2015年，我们提出了"移动电器无线化、有刷电机无刷化"的创新策略，独创了立式多功能无线吸尘器，针对手持无线吸尘器使用繁重、功能单一等的痛点，成功推出"魔洁"系列大吸力无线吸尘器。这个系列的吸尘器颠覆了传统吸尘器的概念，具有划时代意义，完全不同于一般无线吸尘器，集轻便、多功能、大吸力于一身，性能达到世界先进水平。为此，我们申请了18项发明专利。家里有一台这样的吸尘器，全屋清洁基本搞定，这彻底改变了人们的家居清洁习惯。2017年，莱克的市场占有率上升到29%，牢牢占据市场第一的位置。

公司秉持"以客户为中心，持续为目标客户创造价值"的经营理念，坚持"与众不同、领先一步"的创新策略，使得新业务、新品类、新技术全面发展。在30年的发展中，莱克吸尘器的产销量连续21年全球领先，销售额连续28年持续增长。莱克做到了连续28年无银行有息负债。

问： 业内称莱克是"清洁之王"，目前莱克除在清洁家电领域不断深耕以外，还将影响力辐射到了哪些领域？

答： 莱克除经营清洁家电业务以外，还开辟了核心零部件业务板块。核心零部件业务板块主要包括家电电机、汽车电机、新能源汽车铝合金精密零部件、PCBA（Printed Circuit Board Assembly，印制电路板装配）线路板、电池包、精密模具设计制造等业务。除家电电机以外，其余品类均是通过家电业务拓展的新领域。莱克近些年从家电电机业务延伸到新能源汽车电机业务，给新能源汽车的空调系统供应电机。新能源汽车铝合金精密压铸与机加工业务是莱克在生产高速清洗机时因涉及泵体需要铝合金压铸而延伸出来的，开始只延伸到国内外的一些工业、工具和汽车零部件业务。2021年，公司通过收购上海帕捷汽车配件有限公司，又将铝合金压铸业务拓展到了欧美知名整车厂。2023年，公司完成对苏州利华科技有限公司的收购，继而将业务拓展到了PCBA线路板的制造和销售领域。目前，莱克主要与知名跨国公司合作，涉及工业控制、通信、医疗、新能源汽车等领域。

莱克对以上新领域的开拓主要是依靠自身在清洁家电领域多年深耕而积累的领先的产品研发能力、工艺设计能力、先进制造能力、质量控制能力、高效及时的供应链交付响应能力、优秀的服务能力、全球化视野和布局来实现的。

莱克智能车间内的机器人正在工作

问：这几年全球经济环境变化很快，莱克是如何在激烈的竞争中较好地运作国内国际两个市场，从而推进国内国际双循环发展战略的？

答：当前，虽然我国经济增长保持平稳状态，但面对复杂多变的国际经济形势和国内家电市场的激烈竞争，莱克仍面临诸多挑战。我们围绕"一稳、二快、三突破"战略，坚持自主创新，紧抓市场机遇，持续优化业务及产业结构，聚焦优势产品，有效推进组织结构优化及运营成本管控等降本增效措施，使公司经济效益保持稳定增长。

在国内市场，我们坚定不移地致力于自主品牌建设，通过先进的工艺和工业设计，持续地开展品类科技创新，以严谨的工匠精神创造品牌价值、塑造品牌个性。目前，用户的消费模式和购买渠道不断发生变化，消费分层分级的趋势越来越明显——高收入高消费群体愿意为品质和体验提升付出更多费用，而刚需人群更追求高性价比。针对消费分层分级、渠道线上线下多元化，以及不同品类的不同应用场景，我们提出了多品牌战略。目前，莱克拥有"莱克（LEXY）""吉米（Jimmy）""碧云泉（bewinch）"等自主品牌。

在国际市场，莱克实现了从中国制造向全球化市场的跨越，同时进行海外制造布局，在越南、泰国等国家建厂，构建了国内国际双循环市场和制造体系。与此同时，莱克致力于品牌"出海"，自主品牌产品先后销往东南亚、东欧、西欧等地区。这几年，莱克的产品"出海"销售稳步增长，为品牌"出海"开了一个好头。

在国内国际双循环发展战略的引领下，通过不断创新转型和高质量发展，公司近两年的经营业绩再创历史最高水平，2024年销售业绩增长超过10%。

问： "用一丝不苟的工匠精神，打造高端民族品牌和国家名片"被放在了莱克官网显著的位置。在追求流量的时代背景下，国内涌现出许多做实业的品牌，眼下最紧缺的可能是高端民族品牌。您认为应该如何打造高端民族品牌？

答： 要做好高端民族品牌需要三颗心——初心、匠心、恒心。

首先是初心，即想清楚做品牌的目的，是为了快速挣钱，还是为了目标事业。坦白地说，我在"莱克"品牌上花的时间、精力最多，跟我的其他投资比起来，"莱克"回报率低很多。但是，我做品牌更多是为了目标和理想，而不只是为了挣钱。从世界范围来讲，中国不缺少品牌，但缺少创新驱动的高端品牌。我国在海外市场真正具有较大影响力的品牌很少。从中国制造到中国创造、中国品牌的转型，最重要的就是技术创新与品牌塑造。我希望中国的品牌能多向华为、卡萨帝学习,一步步踏实发展,打造我们中国人自己的高端民族品牌。

其次是匠心。要做好品牌,做好产品是第一位的,要瞄准行业最高标准,匠心打造优质产品。产品设计要经典、精致,产品技术要能与竞品形成差异,产品性能要能遥遥领先。企业可以通过精密制造、智能制造提高品质,追求真材实料、工艺精湛,以科技创新和精益求精、一丝不苟的匠心精神来打造品牌。

最后是恒心,不能追求速成。互联网打造爆品讲究速成,但速成也意味着不长久。回看那些火过一阵的"网红"产品,其热度也很快退去。做高端民族品牌不能用速成的办法,要打持久战。企业要想让消费者对品牌产生认知,除宣传以外,更需要长期的口碑积累,追求持续创新为品牌赋能。坚持做品牌的过程,其实也是从量变到质变的过程,企业通过持续创新,提高产品的价值,一步步树立品牌影响力。经过时间沉淀的品牌,才具有生命力。任何一件事情只要坚持不懈、一丝不苟、精益求精地去做,就一定会成功。

LEXY 莱克

问: 莱克创业至今正好30年,30年来莱克一步步成长为行业领先的企业,如果让您为莱克贴上一个核心标签,您会选择什么?

答: 莱克的核心标签是"清洁之王、创新引领者、小家电高端品牌"。这个核心标签可以分三个部分来理解。

首先,"清洁之王",莱克以"让世界更干净"为使命,专注于家居清洁领域三十载,它成为国家级制造业单项冠军企业,成为中国清洁电器领军企业。莱克的吸尘器产销量累计超过2亿台,连续21年保持全球领先。

其次,"创新引领者",莱克多年来坚持创新,不断在新技术、新材料领域进行创新和探索。现在,莱克是国家级工业设计中心、国家知识产权示范企业、智能制造试点示范企业、国家级制造业单项冠军企业、工业产品绿色设计示范企业。莱克每年的研发投入超过销售收入的5%,每年的新产品研发数量超过100款,每年的专利申请量超过300件,多个科技项目获行业科技进步奖,多项专利获国家专利奖。

最后,"小家电高端品牌",莱克为"打造高端品牌,并努力成为环境清洁和健康小家电领域领导者"的品牌愿景持续努力着。莱克一直以来通过技术创新提升产品和品牌价值,莱克品牌的产品成为中国"最贵"的小家电品牌。目前,莱克的品牌价值突破100亿元,既是中国驰名商标、江苏省高知名商标,也是清洁家电行业首家入选中央电视台《大国品牌》节目的企业,还进入了"江苏省信息消费十大影响力品牌"之列。

问: 您和莱克都是有理想、有情怀的,请您展望一下莱克的未来。

答: 2024年是莱克创立30年,我们将继续依靠莱克具备的强大的新质生产力,通过品类创新和科技创新,继续开发更多满足目标客户群体需求的创新产品;坚持国内国际双循环发展战略,自主品牌、OEM/ODM出口和核心零部件自营三种模式"齐头并进";聚焦高端化、大健康、新能源和数字化四大业务方向,走业务生态化协同发展、高质量发展的道路,力争在复杂艰难的国际环境中继续保持良好的增长态势,谱写莱克发展新篇章。

天顺风能：在风电领域深耕近20载 向『新』向『绿』持续布局

企业简介

天顺风能（苏州）股份有限公司（以下简称"天顺风能"）成立于2005年，2010年在深圳证券交易所中小企业板上市。自公司创立以来，天顺风能跟随着风电行业"劈波斩浪"，已成长为全球最具规模的风塔、叶片装备制造龙头企业。截至2023年，天顺风能已

天顺风能总部

在中国、欧洲建有10余个塔架生产基地和5个叶片生产基地,以及8个海洋工程装备基地(含在建),塔筒市场占有率全球第一。公司连续12年跻身全球新能源企业500强。

企业家简介

　　严俊旭，1969年生，天顺风能董事长兼总经理。天顺风能在其引领下，成立5年即成功上市，10年便成为行业知名企业。严俊旭多次凭借前瞻性的战略眼光，提前布局公司战略转型方向，聚焦风电产业发展，打造"第二增长曲线"，避开经济下行周期，实现公司可持续、稳健发展。2023年10月，以80亿元财富居"2023年·胡润百富榜"第755位。

问： 请详细阐述天顺风能的发展历程及目前的企业规模。

答： 天顺风能以5年为一个发展阶段，从成立至今，先后经历了起步探索阶段、多元调整阶段、转型升级阶段及数字化运营阶段。

起步探索阶段（2005—2010年）：2005年，天顺风能成立，正式踏入风电行业的大门。2006年，天顺风能在太仓建成首个风塔工厂，并顺利投产，这一举措为公司后续的发展奠定了基础。在随后的几年里，天顺风能稳扎稳打，逐步构建起自己的业务基础。2010年，天顺风能更是迎来了一个重要的里程碑——在深圳证券交易所成功上市（股票代码：002531），这是资本市场对公司稳健发展的认可，为公司后续的发展提供了强有力的资本支持。

多元调整阶段（2011—2015年）：进入第二个五年，天顺风能开始进军新能源电站开发领域，并在生产制造国际化方面迈出重要一步，通过收购欧洲丹麦生产基地，增强了在全球塔架市场上的竞争力。此外，天顺风能不断扩大先进制造产能，在太仓港区建成当时全球最大的塔筒单体工厂，进一步巩固了公司在风电装备制造行业的领先地位。天顺风能还获得了ISO3834国际焊接体系认证，这标志着天顺风能在质量管理方面达到了国际先进水平。到2015年，公司市值成功突破百亿元。

转型升级阶段（2016—2020年）：面对日益激烈的市场竞争和不断变化的行业环境，天顺风能开始了转型升级的征程。2016年，天顺风能并网运营新疆哈密300兆瓦风电场，成功立足新能源开发建设及运营领域。2018年，天顺风能建成苏州天顺风电叶片技术有限公司，正式拓宽产业链，进入叶片及复合材料制造领域，以巩固风电装备制造板块的多元化产品布局。2019年，天顺风能成功收购江苏长风海洋装备制造有限公司等企业，进军风电海洋工程装备制造领域。在这一阶段，天顺风能完成了国内核心基地的布局，累计并网风电场规模达859.4兆瓦，已初步完成从单一产品提供商向风电领域各价值链系列产品和解决方案提供者的转变，业务涵盖新能源装备制造、新能源开发服务板块。

数字化运营阶段（2021—2025年）：此阶段是天顺风能的快速发展期，战略方针主要聚焦于全球化、轻资产、技术化、平台化，以信息化、数字化的赋能方式提高生产效率和管理效率。天顺风能装备制造板块正逐步调整战略重心，风电业务从陆上风电转向更具发展潜力的海上风电。这一阶段，零碳业务是天顺风能发展的新引擎。天顺风能致力于推动风电资源的开发、投资和建设，并提升电站运营效能，以风电开发投资带动其他业务增长；战略布局氢能、零碳新材料/新技术等新的增长点。连续入选"恒生可持续发展企业基准指数"，持续成为标普全球《可持续发展年鉴（中国版）》入榜企业，在ESG领域取得显著成就。

天顺风能始终坚持在风电领域深耕发展，积极进行风电产业链上下游拓展，并逐步布局氢能、新能源领域新材料及新技术，打造从材料到制造、从风电资源开发投资建设到电站运营的全产业链闭环。目前，公司已基本完成全球生产基地的战略布局，不仅在国内七大沿海区域设立生产基地，还积极布局欧洲，建立德国库克斯港海工基地，以加快"出海"进程。

问： 可以说，太仓是天顺风能的孵化地，太仓工厂取得过哪些辉煌成就？这些成就和发展经验对公司之后的发展起到怎样的作用？目前，太仓工厂运营情况如何？您对它是否有新的规划？

答： 2006年在太仓建成首个风塔工厂并投产，2013年又在太仓港区建成当时全球最大的塔筒单体工厂，这些都是天顺风能后来得以发展壮大的宝贵资源和财富。无论是刚刚建厂还是后来规模扩张或者业务调整，天顺风能都积极响应国家"双碳"目标，遵循"顺天应人"的市场规律，保持"绿色发展"的战略定力，在新能源领域不断创新与开拓。

目前，天顺风能新能源装备事业部总部驻扎于太仓，制造业务主要集中在太仓、射阳、南通、常熟的一些工厂。如今，发展风电已成为许多国家推进能源转型的核心内容和应对气候变化的重要途径，在此背景下，全球风电行业整体呈现出增长趋势。当下，全国上下掀起发展新质生产力的热潮，新质生产力本身就是绿色生产力。

天顺风能旗下的太仓工厂专门从事兆瓦级大功率风力发电塔架及其相关产品的生产、销售，是全球最具规模的风力发电塔架专业制造企业之一，其生产的风力发电设备及配套产品对天顺风能走出国门发挥了重要作用；射阳工厂及南通工厂凭借稀缺的码头、港池及相邻用地资源，在江苏以南地区形成强大的风电海洋工程产能，占据有利位置，并构筑起显著的产能区位优势；常熟工厂紧跟行业技术发展趋势，较早实现了超百米的叶片/模具产品的生产，并积极向产业链上下游拓展，以及研发复合材料新产品，持续拓展玻璃纤维、碳纤维复合材料在船舶和航空领域的开发及应用。

太仓作为天顺风能新能源装备事业部总部的所在地，汇聚了大量高端人才，正是运用我国新质生产力助力全球绿色经济发展的生动实践。未来，天顺风能将结合国家"建设海洋强国"的重大战略任务，进一步进行海上风电固定式及漂浮式基础装备制造的升级，致力于成为引领全球风电从陆上到海上及深远海发展的重要力量，为国家绿色能源转型贡献力量。

天顺风能太仓工厂塔筒车间

问： 在公司发展过程中，有哪些重要的转折点？在每次做出重大抉择的背后，又是什么因素催生了这些变化与调整？

答： 在天顺风能的发展过程中，我们经历了几个关键的战略转折点，每一次战略选择都对公司的发展产生了深远的影响。每一个战略决策都建立在国家战略的指引，以及我们对市场动态的敏锐洞察和对未来趋势的深刻理解之上。这些因素共同促使我们不断调整和优化战略方向，确保天顺风能在行业中保持领先地位。

天顺风能团队

进入21世纪，全球对可再生能源的重视程度日益提高，我们敏锐地捕捉到风电市场的机遇，选择将风电设备制造作为我们的核心业务，并坚定选择在风电行业持续深耕。这一决定奠定了天顺风能的基础。

随后，在2012年，天顺风能战略布局风电场的开发、建设及运营业务，经过全集团多年的业务探索，成功打造了"第二增长曲线"。这一战略选择源于我们对市场需求和行业技术发展趋势的洞察，以及对可再生能源未来趋势的前瞻性研判。

2020年，在国家"双碳"目标的指引下，天顺风能确立了"新能源装备制造+零碳实业发展"的双轮驱动战略，在升级新能源装备制造的同时，大力拓展新能源电站业务，为公司发展注入强劲动力。

未来，结合国家"建设海洋强国"战略任务，风电行业发展的重心将逐步从陆上转到海上。2023年，天顺风能初步完成了装备制造板块从陆地到海洋的升级，这一战略选择将为公司未来十年的发展奠定基础。

天顺风能每一次的战略选择，都彰显了我们对国家政策的积极响应、对市场变化的敏锐洞察和对未来发展的坚定信念。

问： 从籍籍无名到行业领先，在急剧变化的风电市场中，天顺风能能够占据一席之地的关键"秘钥"是什么？

答： 在近20年的发展历程中，天顺风能深耕风电行业，不断建设并巩固产业"护城河"——从最初的塔筒制造起步，逐步拓展叶片模具业务，风电场的开发、建设与运营及海上风电场业务，最后涉足新能源产业上下游。

天顺风能在风电产业链的每个关键环节都打下了坚实的业务基础。全方位的产业链布局不仅增强了我们在市场中的竞争力，而且形成了独特的风电产业链资源协同优势，构建了坚固的产业"护城河"，使得公司能在风电市场的每一个转变和机遇中把握主动权。在战略布局中，我们专注于海上固定式及漂浮式基础产品的制造，其生产不仅需要码头资源，还需要配备紧邻码头的大面积生产及建设用地。在全球环境保护法规日益严格的背景下，这类资源变得越发稀缺。但恰恰是这种资源的稀缺性为我们提供了独特的竞争优势，使得我们能在竞争激烈的市场中保持领先地位。

从产品"出海"到装备制造能力"出海",我们持续增强天顺风能的全球竞争力。天顺风能从成立之初就坚持走国际化发展道路,形成了以国际化产品认证、国际化产能布局、国际化战略客户、国际化营销网络为核心的综合竞争优势。目前,公司在德国设立的海洋工程生产基地标志着公司所制定的全球化战略迈出了重要一步,实现了从产品"出海"到装备制造能力"出海"的转变。德国工厂拥有优质的基础设施和地理位置优势,这使得我们能够逐步扩大在欧洲和北美洲的产能覆盖,从而更有效地服务这些关键市场,深化与国际客户的合作关系,增强公司的全球竞争力。

天顺风能出口欧洲产品(风力发电塔架)发货

问： 顺应当前发展趋势，天顺风能在国内和国际市场形成了怎样的业务布局，并且正朝着哪一方向努力奋进？

答： 天顺风能坚持"新能源装备制造+零碳实业发展"双轮驱动的战略架构，确立了清晰的战略方向。

具体而言，在新能源装备制造领域，天顺风能正稳步实施从陆上风电到海上风电的战略转型。依托深厚的行业积淀与装备制造优势，公司并未涉足竞争激烈的海上塔架产品市场，而是专注于具有高技术门槛的水下基础与漂浮式平台产品的开发。鉴于海风基础超大型结构件的生产对码头、港池及周边土地资源的高度依赖性，该领域存在较高的生产壁垒，预计未来几年内将面临产能持续紧张的局面。基于天顺风能目前制订的"7+1"海风装备生产基地的战略布局规划，并且伴随着既定产能的加速建设与投入运营，公司预计到2025年年底实现海上风电总产能超过250万吨的目标，从而在全球海上风电水下基础与漂浮式平台领域进一步巩固区位与产能的竞争优势。

同时，天顺风能正加速推进从单一装备制造商向零碳资产开发投资运营服务提供商的角色转变。作为天顺风能发展的新引擎，零碳业务正积极驱动风电资源的开发、投资与建设工作，并致力于提高新能源开发的运营效率，以带动其他业务板块协同发展。此外，天顺风能正深入研究电力交易市场与碳交易市场的布局趋势，探索风电资产的轻资产运营模式，旨在构建覆盖风电全生命周期的资产服务体系，实现由新能源装备制造商向零碳资产开发投资运营服务提供商的全面转型，为投资者带来更为稳定且可持续的回报。展望未来，天顺风能将继续拓展北方、华中、华东、华南等区域的新能源的开发，并依托零碳业务的快速增长，积累丰富的绿电与CCER（China Certified Emission Reduction，国家核证自愿减排量）等潜在零碳资产。随着国内外碳指标体系的不断完善与相关政策的逐步落地实施，零碳业务有望成为天顺风能经营的第二大增长支柱，为公司的可持续发展奠定坚实的基础。

问： 您认为当前或者未来风电行业面临或者将面临哪些主要的机遇与挑战？天顺风能应当如何应对这些机遇与挑战，以赢得更加美好的未来？

答： 基于我国确立的"双碳"目标，即2030年前实现"碳达峰"，2060年前实现"碳中和"，风电行业迎来了前所未有的发展机遇。风能作为清洁、绿色、低碳的能源形式，其资源丰富且分布广泛，加之风电技术的日臻成熟与产业基础的稳固，为风电行业的快速发展奠定了坚实的基础。然而，伴随着机遇的是一系列挑战，包括政策与市场环境的完善、核心技术的自主研发与突破，以及行业内价格竞争的加剧等。

当前是"十四五"规划落地的关键年，各省市既定的新能源装机进一步释放，海上风电的限制性因素逐步消除，同时深远海的风电开发也在不断提速，海上风电迎来一轮发展高潮。目前正值行业发展的黄金时期，企业的战略抉择至关重要。天顺风能将保持自身的战略定力，继续保持快速发展的势头和逆势布局的勇气，通过精细化的管理和稳扎稳打的经营策略，与中国风电产业共同成长。

天顺风能将密切关注政策动态，积极参与政策制定与讨论，为风电行业争取更加有利的政策环境。公司也将加强市场研究，把握行业发展趋势，以灵活应对市场变化，同时持续加大研发投入，提升自主创新能力，努力掌握风电领域的核心技术，以增强产品竞争力。在"十四五"规划落地的关键时期,天顺风能将集中资源在重点区域开展风电项目开发,积极与各级政府、企业等开展合作,推动储备项目获得指标、达成核准。同时,公司将加快海上风电的开发步伐,把握深远海风电的发展机遇。为了紧跟行业发展趋势,天顺风能将积极推动新能源装备制造板块的产业转型与升级,加快全球海洋工程生产基地的建设,并围绕新产品线调整优化现有产能布局,提高内部运营效率,扩大市场影响力。天顺风能也将积极推动数字化运营的发展,通过信息化手段推动生产、供应、销售和管理等相关业务数据的一体化,实现集团内部数据的互通共享。

中国风电即将正式进入"平价新时代",国家宏观经济结构和新能源产业正在发生深层次的转型。坚定清晰的战略方向,围绕"轻资产、技术化、平台化"的既定方针,天顺风能将进入全新的发展阶段。挑战与机遇并存,天顺风能将深耕自主创新,不断实现核心技术的突破与迭代,助力"双碳"目标的达成。

未来,天顺风能将深入践行"不止创造,美化环境"的使命,将可持续发展的理念深度融合到公司日常经营的方方面面,打造零碳产业园,实现净零排放的目标。天顺风能将在新能源领域不断创新与开拓,以绿色环保理念和领先的技术,为社会发展提供源源不竭的清洁动力,美化人们的生活环境,增进人类共同的福祉,实现人与自然的和谐共处。

五洋集团：扎根太仓、放眼世界 『实业＋创新』续写百强企业新篇章

企业简介

江苏五洋集团有限公司（以下简称"五洋"）成立于1984年。五洋始终秉承"诚信、同心、创新、振兴"的企业精神，全身心致力于创造物质财富和精神价值。集团于2011年成立苏州凯利昂光电科技有限公司（以下简称"凯利昂"），深耕显示面板薄化领域。凯

五洋汇金大厦

利昂现已成长为一家高新技术企业。集团还建成苏州市特种光电玻璃工程技术研究中心，并获得多项科技创新基金。截至2024年，五洋已成功申请5件发明专利、25件实用新型专利；获得"全国守合同重信用企业""太仓市文明单位"等称号，入选江苏民营企业200强、苏州民营企业100强。

苏州民营经济高质量发展实录——与知名企业家面对面

企业家简介

　　杨春雨,1979年生,现任五洋集团董事会董事、总裁,还担任江苏省青年联合会委员,苏州市第十五届政协委员、苏州市青年联合会常委、苏州市青年商会副会长,太仓市工商业联合会副主席、太仓市青年商会会长。获2020中国长三角十大杰出青商、苏州市非公有制经济人士优秀中国特色社会主义事业建设者、第十一届苏州市十大杰出青年、太仓市统一战线参政议政先进个人等荣誉。

问： 提到五洋，故事通常从1990年的四间小平房说起。几十年来，五洋经历了怎样的发展过程？如今业务规模如何？

答： 五洋由我的父亲杨忠执创办。1990年，我父亲被派到太仓人民武装部以劳养武办公室担任主任，主持太仓的"以劳养武"工作。当时，我父亲借了2万元，召集了3名志同道合者，在小平房内创办了太仓以劳养武经营服务部，开始了创业，以商品贸易为主要经营方式。"养武"两个字倒过来念，也就是"五洋"。集团发展至今，已经拥有国内外贸易、房地产开发、金融投资、实业发展四个板块，被视为江苏省颇具发展潜力的现代化民营企业。

在房地产板块，五洋覆盖所有房地产经营业态，同时租售并举，集团旗下有4家房地产公司，涵盖房产建设、仓储租赁、物业管理、园林绿化等多个方面。开发的项目包括沙溪橄榄岛和诺丁公馆、港城居民首席购物中心五洋滨江广场、太仓中央商务区新地标五洋汇金大厦、太仓高新区地标建筑五洋广场等，多年来持续满足当地市民的多重需求。此外，五洋还先后开发了盛洋城市花园、五洋商城、五洋逸居、北上海假日广场、五洋·都市庭园（重庆）等诸多项目。

实业既是国家发展的根本，也是五洋实现稳健发展的根基之一。五洋始终坚持创新引领、推动绿色发展、扩大开放融通、加强互利合作，积极迎接科技新革命和产业新变革，顺应数字化、智能化、定制化等用户体验新要求，加快技术创新和管理创新，依靠创新驱动，提升传统产业，做强先进实业，培育实业发展新动能。目前，集团实业板块的业务包括光电科技、纺织、灯饰、电缆等方面。结合共建"一带一路"倡议带来的机遇，实业和贸易加速融合，五洋越来越多的客户来自共建"一带一路"国家。

贸易是五洋的立业之基。1998年，五洋是继太仓市外贸公司之后第二个在太仓取得外贸自营进出口经营权的企业。五洋以"运用国内外资源，拓展国内外市场"为引领，秉承"诚信为本、广泛合作、和合共赢、优质服务"的核心价值观，通过自营国内贸易和进出口贸易、代理进出口贸易等运营方式，稳健地迈在国内国际贸易双向扩张、同步发展的道路上。

财富是检验企业智慧与经营结果的标准之一。财富保证企业的生存和发展，国家的富强和安全也与财富息息相关。金融投资和股权投资是五洋的业务板块之一，五洋投资了太仓多家金融企业，体现了我们的富国安邦之志。在银行金融方面，五洋也是太仓农村商业银行、苏州银行、太仓民生村镇银行、太仓市信谊农村小额贷款股份有限公司的股东之一。

问：在五洋的发展历程中，有哪些一以贯之的经营理念？

答： 从企业精神来说，我们秉承的是"诚信、同心、创新、振兴"，这正是从道德坐标、人本坐标、行为坐标和发展坐标来看的。这么说可能比较抽象，我来讲几件印象深刻的事情。

我父亲经常说的一句话就是，"宁可砸了自己的饭碗，决不能砸了'五洋'的牌子"。所以，"诚信"位居五洋企业精神之首，是五洋人为人处世、从事经营的人格力量的集中体现。我还记得，在20世纪90年代的时候，我们在黑龙江洽谈到了一个90万元的项目，后来被证实那是一家皮包公司。我父亲后来去了黑龙江，几经周折才把钱款追回来，保住了当时的经营部。诚信是商人最基本的道德品质，只有讲诚信、求共赢，才能长久立于不败之地。当然，做生意免不了亏损，但这次亏了，下次再争取赚回来就行。万万不可为了眼前利益而失了信誉，最后砸了自己的牌子。

其实像这样"命悬一线"的时刻，五洋可能经历过不止一次。我父亲常告诫我，和五洋同期创业的企业有很多，但能"活"下来的还是凤毛麟角，其中有很多"坑"需要我们发现并规避。所以，我们吸取了很多教训，现在我们明确了很多底线是不能突破的，我们董事会也一致认为五洋秉持的"底线思维"在很多时候把控着大方向。比如，我们不可以帮外界签担保。我们作为股份制的民营企业，决策有时候相对比较简单，但在规章制度上，我们的管理还是比较规范的，我们的决策更加简单明了，管理体系也很扁平，所以我们的很多理念或决策，或者说一些共识，能够得以一以贯之地推进下去。

说到"底线思维"，我认为，我比我的父亲要"胆小"一些，集团里有很多规矩，包括我个人的一些底线，我不想去打破。我还记得我在参加苏州市青年企业家座谈会时，市领导问我企业的经营特点，我的回答是五洋公司规模相对来说比较小，我们还是坚持"立足太仓，扎根太仓，发展太仓"，领导觉得这倒也是一个很明确的特点。首先，我们也不想"跑太远"，目前我们90%的产业都在太仓，从始至终我们还是想把太仓这个"盘子"经营好。其次，我们也不想和外面有一些借贷的关系往来，当然其间也面临了很多"走出去"的诱惑，但我们本身业务就做得比较"杂"，如果再盲目扩大自己的范围，那就更管不过来了，我们就想清清爽爽地耕耘好自己的一亩三分地。另外，我们集团自上而下都是比较真诚的，尤其是对待我们的合作伙伴、上下游客户、供应商等，我们从来不去"坑"别人。尤其是大家一起合作项目，在利益分配的时候还是能看出一家企业的格局的。我们就是按照股权比例或者大家约定好的来，哪怕我们自己吃点亏也没关系，所以合作伙伴和我们合作的时候都非常愉快。把格局放大，立足诚信，才能把企业做长久，这是我们比较坚持的一个原则。

问： 作为五洋的总裁，您身上的标签有很多，如"创二代"，您怎么看待"创二代"这个标签？在接过接力棒的时候，您有过担心吗？

答： 我觉得"创二代"这个标签挺好的，毕竟事实就是如此嘛。因为我是独生子女，小时候我父亲喜欢带着我出差，我一放假就跟着他到处跑。在这个过程中，我也算见证了五洋的发展历程，同时也学到了在经营企业过程中，应该怎么跟别人交流之类的一些方法。

后来，我从南京大学会计专业毕业，先进入南洋理工大学进修了一年战略管理专业，然后进入伦敦政治经济学院攻读会计金融硕士。硕士毕业后，我先进了通用电气（中国）有限公司工作，之后才进入五洋。2004年，我担任集团总裁助理，2008年至今一直出任集团总裁。我是会计出身，也就有了"量入为出"的习惯，有多少事情做多少事情，在经济好的时候会走得很快，但在经济不好的时候也要稳得住。所以，从我的父亲到我们的管理团队，再到我本人，都秉承着"稳健经营"的思路。同一时期，我们增加了投资和实业这两个板块，转变了发展的重心。同时，得益于经常和青年商会的青年企业家交流，我不仅能够向更大规模的企业学习更多与时俱进的经营之道，而且能够更准确地把握国家经济发展的动向。我之前在五洋推行的一些制度改革，以及转型投资科技企业等，其中既有海外求学、外企工作经历的影响，也有我的父亲、前辈及老同事对我的教导和指引，让我不管是在能力上还是在经验上都得到了很好的锻炼和丰富，从而能够把企业继续传承下去。

问： 目前，五洋实现了哪些创新发展？哪些决策是您印象比较深刻的？

答： 五洋以贸易起家，起步之初一穷二白；后来有了一定的积累，开始做房地产，当然，不能否认我们现在感受到了房地产行业发展的乏力。其实我们也是顺应时代潮流、顺应国家政策的，在预感到快到瓶颈期或天花板的时候，我们会逐步调整每个阶段的重心，确保企业能够稳定运行下去。后来，我们开始朝实业板块发力，以"实业+创新"为出发点，转型投资科技企业，不过我们还是会给技术团队很大的自主权，首先鼓励企业把核心技术发展起来、经营好。

在与天马集团合作的过程中，五洋看到了光电产业的商机。2011年，五洋投资成立凯利昂。紧跟手机变轻变薄的趋势，我们购进国外先进设备，进军手机产业链中的液晶屏薄化、镀膜及触摸屏二次强化等环节。在工艺优化的过程中，凯利昂团队克服了液晶屏易破损、不均匀、表面品质差等难题，生产出了无破损、品质好、厚度均匀的大张薄化液晶屏。凯利昂团队把1毫米厚的液晶屏减薄到0.25毫米，相当于4根头发丝的直径。手机触摸屏玻璃被切割后，边缘会有细小裂缝，严重影响玻璃的强度和手机触摸屏的使用寿命，为此，凯利昂团队还研制出了特制溶液，将切割后的手机触摸屏玻璃浸入溶液中，拿出来后强度就会提高3倍以上。

我们的大张薄化工艺可以整张薄化第五代液晶屏，目前全国仅有3家企业具有这样的大张薄化工艺。凭借一系列的创新成果，凯利昂建成了苏州市特种光电玻璃工程技术研究中心，获得了科技型中小企业技术创新基金、国家科技支撑计划等奖励资金，申请受理国家专利19项，其中，发明专利5项。目前，凯利昂的产品受到了天马集团、昆山龙腾光电股份有限公司、台湾翰宇彩晶股份有限公司、日本JDI（日本显示器公司）等手机面板行业10强中6家公司的青睐。

五洋工作车间

在实业板块，我们旗下的很多制造业企业都是拥有先进的生产技术和经营理念的。

例如，江苏五洋集团恒洋纺织产业发展有限公司，旨在提档升级传统产业，通过学习国际先进技术，提高产线的稼动率和综合良品率，积极推进国际贸易及"一带一路"相关项目的立项、建设、量产，提高市场占有率。

江苏五洋集团荣柏灯饰有限公司依托苏州荣文集团有限公司下属的苏州荣文库柏照明系统股份有限公司作为生产研发基地。苏州荣文库柏照明系统股份有限公司是一家专业生产、销售灯具的公司，前身是太仓华南灯具厂，始建于1984年。1992年，太仓华南灯具厂与香港荣文灯饰有限公司合作创建了苏州长荣灯饰有限公司。江苏五洋集团荣柏灯饰有限公司拥有科技含量较高、适合大规模生产的专用设备和从美国、日本进口的一流检测仪器，曾被评为江苏省明星企业、全国出口创汇先进企业等。

江苏五洋集团上缆电缆有限公司是以德威投资集团有限公司控股的上海电缆厂集团有限公司为生产研发基地的合资企业。中国电缆工业发展史上具有较高技术含量的第一根超高压电力电缆、第一根大长度海底电缆、第一根核电站用电缆、第一根矿用电缆、第一根大跨越钢芯铝绞线、最早提供航空航天用耐高温电线电缆、第一根超导电缆等标志性产品均出自该公司。

江苏五洋集团固达利环保科技有限公司是以苏州泰盛新绿节能环保科技有限公司为生产研发基地的合资公司。公司主要生产绝热支架、成品支架、抗震支架等产品，先后与中国核工业集团（秦山核电站）、中国建材国际工程集团（阿塞拜疆、阿尔及利亚、埃及、哈萨克斯坦等项目）、一汽大众（佛山、长春、天津）、上汽大众（上海安亭）、长安福特（哈尔滨）、上海浦东国际机场、青岛胶东国际机场等的项目展开配套和技术合作，多次获得合作企业的认可与嘉奖，并且获得中国核工业集团颁发的合格供应商证书。公司以良好的产品性能不断赢得客户和市场的信赖。

问： 民营企业的发展时刻跟随着时代的脉动，对于五洋未来的发展，这个时代可以提供哪些机遇？您对五洋未来的发展有哪些设想和规划？

答： 对于未来，我们还是希望企业能够稳健经营。但是，我们也不会把所有鸡蛋放在一个篮子里，还是希望企业能够从容应对风险，在风险中寻找机遇。目前，全球经济发展的压力还是比较大的，但是国家多次呼吁支持和关心民营企业的发展，当然也给予了一定的政策支持。我们自身也在积极寻找机遇，共建"一带一路"倡议的提出给我们带来了很好的投资机会，有很大的拓展空间，当然我们对待这件事情也是非常谨慎的，为此做了很多调研，可还是有很多人希望我们走出去。例如，之前我们也有很多纺织类的产品远销欧美国家、东南亚及中东地区。全球化的经济发展趋势是一方面，在实业板块，我们的客户大部分是央企、国企，他们在海外做援建项目或者是一些招投标项目，希望我们能够去海外帮他们做一些配套，同时我们的纺织类、灯具类、电缆类的产品也出口到了共建"一带一路"国家。包括我们新投资的一个医疗器械项目，我们的目标客户也定位在共建"一带一路"国家。

当然，企业发展至今，我们对自身担负的社会责任也有了更多的展望。除了支持太仓的江南丝竹乐团，以及参加社会公益活动等，我们在苏州市区支持残疾人就业方面也提供过一些创业项目。现在，我们的思路是，尽可能去培训和引导残疾人创业就业，教授他们一些创业技能等，再帮他们对接就业单位。目前已经有超过1000名残障人士在我们的努力下实现了就业。让他们也能成为家庭内部的稳定收入来源之一，过上幸福的生活，对于我们来说还是比较有意义的，我们也会坚持做下去。

总的来说，太仓是一个比较适合创业的地方。对于五洋的未来规划，如果用几个关键词概括，那还是扎根太仓、稳健经营、放眼世界、转型升级，为地方经济发展多做贡献。

五洋汇金大厦外景

晟成光伏：向『新』而行 追『光』逐梦

企业简介

苏州晟成光伏设备有限公司（以下简称"晟成光伏"）成立于2010年，是湖北京山轻工机械股份有限公司（以下简称"京山轻机"）的全资子公司，总部位于苏州高新区，现有员工3400多名，其中，技术研发人员超900名。晟成光伏主要从事光伏行业智能化装备的研发、制造、销售及服务，不仅为客户提供光伏组件制造整线解决方案，兼容常规、双玻、半片、MBB、0BB、XBC、叠瓦等不同需求，还为光伏电池、硅片制造等领域提供相关智能装备及MES系统。公司业务已经覆盖国内外主流光伏企业，产品远销全球30

晟成光伏厂区

多个国家和地区，累计装机量超700吉瓦，在光伏组件自动化产线细分领域的市场份额排名第一。

晟成光伏自成立以来，获评国家级制造业单项冠军企业、国家智能光伏试点示范企业、博士后科研工作站、国家高新技术企业等，并不断深化全球化战略布局，在美国、新加坡、越南和中国秦皇岛等地设立分公司、子公司。此外，晟成光伏积极搭建全球技术服务网络，已成立包括美国、意大利、土耳其、印度、越南、泰国、马来西亚在内的7个海外技术服务中心，以及包括佛山、义乌、合肥、盐城、鄂尔多斯在内的5个国内技术服务中心，长期为客户创造价值。

苏州民营经济高质量发展实录——与知名企业家面对面

企业家简介

　　祖国良，1979年生，中共党员，2010年创立晟成光伏，长期致力于光伏行业智能装备研发工作。现任晟成光伏董事长兼总经理，京山轻机董事、高级副总裁。此外，还担任中国光伏行业协会理事、江苏省可再生能源行业协会常务理事、苏州市光伏产业协会理事等职务。

问： 您在2010年为何选择投身于光伏产业？

答： 现在回看2010年，可以说是中国光伏发展史上极为重要的一年。这不仅仅体现在数据上，国内光伏发电项目迅速市场化，每年装机量的增幅都在100%以上，更体现在"光伏"被社会大众广泛熟知，它在人们心目中的地位产生了根本性的变化。

在当时的我看来，光伏已经成为清洁能源行业的代表，它极有可能是中国未来可持续发展的重要基石。"光伏的前景一定是广阔的"——我这样告诉自己，并对其以后的爆发式增长充满信心。从体制内辞职投身于光伏产业，并非一时冲动，而是深思熟虑后的决策，我深知这将是一条充满挑战的道路，但我愿意为心中的理想而努力奋斗。

在接下来的几年里，我见证了光伏产业的迅猛发展。随着国家政策的支持和市场的推动，国内光伏发电项目如雨后春笋般涌现，光伏产业链也日益完善，光伏发电的竞争力日益增强，成为能够和传统能源相媲美的能源形式。我深感自己的选择是正确的，我幸运地见证了中国光伏产业的崛起，更在其中找到了自己的价值和使命。

问： 相信您的创业过程并不是一帆风顺的，您遇到过哪些坎坷和挫折？又是怎么克服的？

答： 我记得，在公司刚刚起步的时候，我们面临着巨大的挑战。当时光伏行业的设备被欧美国家和日本的企业垄断，再加上光伏技术日新月异，我们作为初创企业，资源有限，技术储备也不足。技术的问题没有捷径可走，我们花很大力气组建了一个技术团队，日夜兼程地研发新设备，坚持不懈、脚踏实地是摆脱困境的唯一解。我们团队中的每一个人都深知这一点，为了攻克技术难关，我们牺牲了个人的休息时间，每天仅将三四小时用来睡眠成为常态。这是一段极为艰难的历程，但我们最终获得了相应的回报。

然而，技术难题只是创业路上的一道坎。资金短缺、市场竞争激烈、政策变化等因素，也给我们带来了巨大的压力。我们四处寻求资金支持，我把个人住房抵押给了银行，还通过向亲戚朋友借款来筹措资金。同时，我们也不断优化产品，降低成本，增强竞争力。就是在这个阶段，我得到了许多客户的帮助和支持，也拜访了非常多的行业专家和企业家，他们的建议和指导让我受益匪浅，这些人如今也成了我的朋友、老师。

"让光伏制造更轻松"是我们当前的使命，但为了实现"更轻松"的目标，我们必须义无反顾地走上一条更坎坷、更曲折的道路。

问： 从2010年创业起家，到如今公司业务已经覆盖国内外主流光伏企业，产品远销全球30多个国家和地区，累计装机量超700吉瓦，在光伏组件自动化产线细分领域的市场份额排名第一。这么快的成长速度的背后有什么作为支撑？对于让产品稳步走向更广阔的海内外市场，晟成光伏有什么诀窍？

答： 支撑晟成光伏快速发展的因素非常多，但我们对客观上的政策、市场环境等是无法掌控的，我们唯有从自身入手。

首先，我认为对光伏行业拥有坚定信念是至关重要的。晟成光伏汇聚了一批对光伏行业抱有广阔理想的有志之士，这为公司在技术研发上长期扎根、长期投入奠定了基础。有共同目标的人往往能形成强大的合力，不论是在国内还是在全球，总有那么一群满怀热情、富有想法的人在推动着晟成光伏不断前进，也正是他们联结起晟成光伏在全球的布局脉络。我始终觉得信仰的力量是无穷的，而"光伏"正是我们晟成人的共同信仰。我把"以人为本"放在晟成光伏企业文化的首要位置，人才资源永远是驱动企业发展最关键的动力。

其次，是晟成光伏对市场需求的把握。"紧跟潮流"是每个光伏人的必修课，光伏行业的风向转变特别快，就拿设备端来说，客户从单纯追求产量到将重心转向产品的智能化、数字化升级，这种市场转变的信号是非常快的，敏锐的市场嗅觉和翔实的市场调研缺一不可。有了对市场的全面把握，如何为市场提供高效、智能、可靠的光伏设备便成了我们的主攻方向。同时，晟成光伏追求的高效和可靠，不仅体现在产品方面，还体现在我们的服务上。我可以很自豪地说，不论客户在地球的哪一个角落，我们都能够提供24小时的本地化服务，这得益于晟成光伏近年来不断搭建的完善的全球技术服务网络。

至于晟成光伏的海外市场布局,其实从晟成光伏成立之初,我和我的团队就制定了详细的海外布局战略,这让我们的"出海"脚步始终走在行业领先位置。我一直说,光伏事业是全世界的事业,因为全体光伏人的终极目标就是打造一个零碳、绿色、可持续的地球,所以全世界光伏企业的交流协作是不可或缺的,晟成光伏很早就意识到了这一点。晟成光伏的"出海"成绩没有什么诀窍可言,倾听客户的多元需求,争取共赢互利,努力增强产品竞争力,"真诚、开放、合作"是我们的唯一路径。

问：晟成光伏多年来专注于创新、研发和品质，获得了694项知识产权。企业在技术研发方面有哪些撒手锏？请聊一聊企业亮眼的技术成果。

答：晟成光伏在技术创新和研发上的投入是非常大的，我记得2024年年初，我们拥有的知识产权数量为527项。短短一年时间，我们就新增了近两百项知识产权，也许到明年我们又会取得更多新的突破。日新月异的光伏技术变革督促晟成光伏持续完善自身的创新体系，我们既追求"内力积淀"，也追求"唯快不破"，所谓"积淀"就是对技术的深入探索，所谓"快"便是对技术革新的敏锐把控。

晟成光伏生产车间

晟成光伏在技术上能够保持行业领先依靠两大撒手锏：一是在AI上的深耕，二是在高效电池装备领域的率先布局。晟成光伏很早就关注到了AI的迅速变革，但也不仅满足于将AI技术简单地融入光伏设备、光伏生产的各个环节，而是将AI视作光伏产业的"大脑"，助力智慧工厂的搭建。通过不断地收集、分析和学习数据，我们旨在让AI自主优化生产流程，预测设备故障，帮助设计新的光伏设备研发方向，实现真正的高效智能生产。这种深度的AI应用，让晟成光伏在光伏行业中独树一帜，引领光伏产业向智能化、自动化方向发展。

另外，高效电池装备也是晟成光伏着重关注并持续深耕的领域，我

晟成光伏总部

晟成光伏

们不但为客户提供高效的电池自动化装备，也提供核心工艺装备。光伏技术的迭代是非常迅速的，并且多种技术路线同时涌现，如何把握入场时机，应对客户的多元化需求，是我们曾面临的一大挑战。如今，晟成光伏在TOPCon、HJT、BC电池、钙钛矿型太阳能电池等高效电池和组件装备领域，都有着先进的技术储备。比如，2024年，晟成光伏在钙钛矿

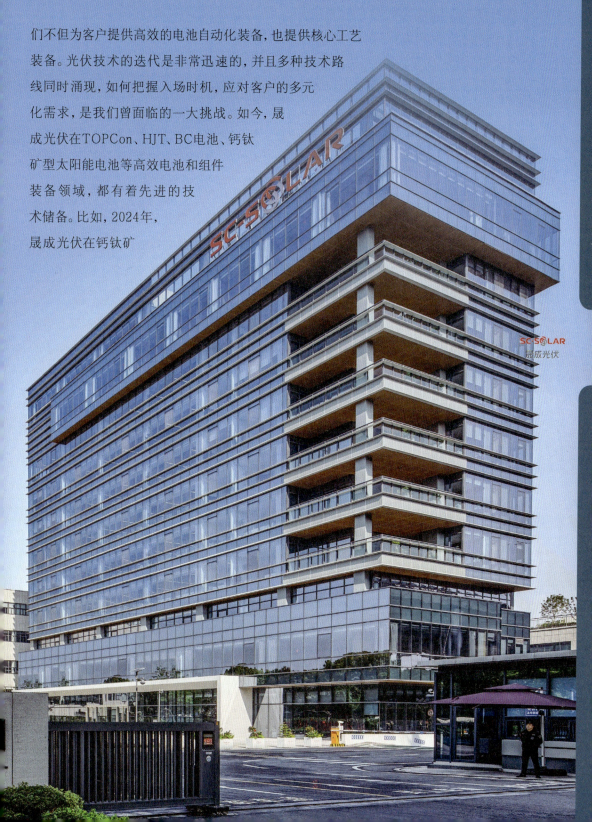

领域可以说迈出了一大步,我们的首套钙钛矿叠层电池整线设备成功"出海"。在2024年6月举办的SNEC光伏大会暨(上海)展览会上,向我们咨询钙钛矿设备的客户明显增多,我很看好高效电池组件未来的市场,相信我们在高效电池设备端的率先布局将巩固晟成光伏在行业内的领先地位。

问:晟成光伏始终把产品技术创新放在企业经营的首位,始终站在市场和技术的最前沿。目前,晟成光伏在行业内处于什么水平,以及为国内光伏产业发展做出了哪些贡献?

答:晟成光伏如今已经是一家拥有3400多名员工、900多名技术研发人员的光伏设备行业的领军企业。我们在光伏行业智能化装备的研发、制造、销售及服务领域深耕多年,积累了丰富的行业经验和技术优势,使我们的产品在国内外市场上具有极强的竞争力。截至2024年,我们的产品已经覆盖国内外主流光伏企业。

在技术创新方面,晟成光伏落实创新驱动发展战略始终走在行业前列。我们拥有一个高素质、专业化的研发团队,他们不断追求技术突破和创新,致力于为客户提供更高效、更智能、更环保的光伏设备。正如我之前提到的,我们已经获得数百项技术专利,这个数字还在不断增长,这是我们赢得市场和客户认可的底气。

作为国内光伏产业的领军企业,晟成光伏为国内光伏产业的发展做出了重要贡献。不论是光伏组件制造,还是光伏电池制造,晟成光伏均可以提供高效、智能的自动化及工艺装备,帮助光伏产业内的众多企业快速布局发展。同时,晟成光伏也积极参与到政府、行业协会等面向光伏产业的工作中,为推动中国光伏产业健康发展献计献策。"开放、合作、共赢"是晟成光伏长期坚持的基本方针,与全球光伏产业合作伙伴共同进步是我们的使命与职责。

问：眼下，光伏产业赛道有哪些机遇与挑战？身处行业大潮，晟成光伏要如何应对？您为企业未来发展制订了哪些计划？

答：我想所有光伏人都能够切身地感受到，在光伏产业这条赛道上，机遇的广阔与挑战的艰巨并存。当然了，全球对清洁能源的需求一定是不断增长的，光伏产业正处于前所未有的发展机遇中。

但同时，我们更需要注意的是，随着技术的快速迭代、市场的激烈竞争及政策环境的变化，光伏企业所面临的挑战也是相当大的。就像2024年，由于前两年产能的快速扩张，供需关系出现了不平衡，产能过剩造成了光伏组件价格下跌，光伏市场进入调整期，各大厂商都面临着经营上的困难。行业浪潮可以很快地捧起一家企业，也可以迅速吞没一家企业。如何让自己既拥有攀登高峰的勇气，又具备防止跌落的能力，是晟成光伏始终在思考的一个课题。

增强创新能力、积极开拓市场，是我们抵御风险的关键手段。未来，晟成光伏也将持续围绕这两点开展工作。我们将进一步增强创新能力，推动公司在光伏智造领域的技术革新。我们将投入更多的研发资源，加强与高校、科研院所的合作，引进高端人才，共同攻克前沿光伏路线的技术难题。同时，我们也将围绕知识产权不断进行深耕，确保公司的创新成果成功转化。

而在市场开拓方面，晟成光伏将保持开放、合作的态度，与全球各地的合作伙伴建立紧密的合作关系。晟成光伏在市场多元化方面一直做得很好，至今我们已在美国、新加坡、意大利、土耳其、印度、越南、泰国、马来西亚等国家建立了子公司或技术服务中心，积极适应、开拓并服务好当地市场。此外，我们还将加大在AI、高效电池装备等领域的投入，寻找新的增长点，为公司的长期发展打下坚实的基础。晟成光伏牢记"让光伏制造更轻松"的使命，将积极履行社会责任，推动光伏产业可持续发展，为构建绿色、低碳的清洁能源体系贡献自己的力量。

常熟开关制造：
打造中国低压电器行业最具影响力的品牌

企业简介

常熟开关制造有限公司（以下简称"常开"）是国有资产参股的高新技术企业，占地300亩（20万平方米），注册资本3.8亿元，现有员工1700多名，主要生产中低压配电电器、工业控制电器、中低压成套开关设备、光伏发电应用产品及智能配电系统等。常开创立于1974年，以"精品立企，高端制胜"为发展战略，专注于电器领域，致力于打造一流民族品牌。常开设有国家企业技术中心、博士后科研工作站、江苏省智能电网配用电关键技术研究重点实验室等创新平台，检测中心获CNAS认可，先后两次获

常开厂区

得国家科学技术进步奖二等奖。常开拥有行业领先的制造、检测、试验设备，通过信息化、网络化与自动化融合，推动数字化工厂建设。常开以稳定可靠的质量、及时周到的服务深受用户好评，为各类重点工程提供优质配电产品，成为各行业国产高端替代的首选。常开获国家高新技术企业、国家创新型试点企业、国家知识产权示范企业、全国守合同重信用企业、国家品牌培育示范企业、江苏省优秀民营企业、江苏省"自主工业品牌五十强"等荣誉。

企业家简介

王春华，1963年生，常熟开关制造有限公司党委书记、董事长兼总经理。多年来，牢固树立"诚信守法，敬业团结，创新高效，合作共赢"的理念，奉行诚信为本，倡导合作共赢，聚焦电器行业，坚持质量第一，带领常开发展成全国低压电器行业的领军企业。曾获得"全国机械工业劳动模范""江苏省优秀企业家""江苏省优秀民营企业家""苏州市劳动模范"等称号，以及全国机械工业质量管理活动突出贡献奖等荣誉。2019年，获评江苏"最美人物"。

问： 常开是常熟市知名的民营科技创新企业，2024年刚好是常开成立50周年。请介绍一下常开的发展历程和基本情况。

答： 常开最早是国营常熟塑料厂的电器制造车间。1974年9月24日，经上级主管部门批准，电器制造车间从国营常熟塑料厂分离出来，正式建立国营常熟低压开关厂。国营常熟低压开关厂成立之初，共有资产60万元、员工125名。至1983年12月，由于工厂增加了高压电器产品生产，产品结构有所变化，厂名遂由"国营常熟低压开关厂"改为"国营常熟开关厂"。

1991年2月8日，常熟市千斤顶厂副厂长唐春潮调任国营常熟开关厂厂长，由此开启了企业快速发展的新篇章。1996年，与常熟市无线电元件厂优化组合，资产增至1.44亿元。当年通过ISO9001质量管理体系认证。1998年4月，改制为股份合作制企业，更名为"常熟开关厂"，注册资本为2130万元。当年产值约4.41亿元，销售收入约1.35亿元，利润2713万元，员工达到1300名。2003年，常熟开关厂更名为"常熟开关制造有限公司"，并由常熟老城区搬迁至高新技术产业园（今常熟虞山高新技术产业开发区）。当年即拥有员工1461名，产值6亿元，销售收入6亿元，利润2亿元。

经过多年的发展，到2023年，公司注册资本3.8亿元，有员工1700多名，全年累计销售CM系列塑壳断路器226.82万台，CW系列万能式断路器10.91万台，实现营业收入31亿元，同比增长3.3%，成为与国外大牌公司同台竞技的国内一流生产制造商。常开曾连续6年获阳光电源"卓越质量奖"，近十年累计纳税30亿元。

问： 您在常开打拼了32个年头，实属不易。请介绍一下您的创业经历。

答： 我是1992年8月1日从常熟市千斤顶厂经过招聘进入国营常熟开关厂的，一转眼30多年过去了。刚开始，我担任成套电器设备分厂厂长，前后任职共4年时间。在这4年里，通过多方面的努力，成套电器设备年销售额由100多万元提高到1900多万元，同时我也积累了一定的管理和销售经验。从1997年2月起，按照公司的工作安排，我开始负责元件销售，成为公司产品销售的主要组织者和参与者。在全体销售人员的齐心协力下，产品销售额实现了快速增长。

2005年起，我担任常开党委书记、总经理。2007年起，我担任常开副董事长兼总经理。2011年，在原董事长唐春潮的关爱和全体股东的支持下，我被推上了常开党委书记、董事长兼总经理的位置。

说实话，当初在感受到莫大信任的同时，我也承受着巨大的压力。职位的改变，意味着要迅速实现角色的转变。对于我来说，原来的角色主要是执行者，而现在成了一个决策者，要为企业的发展、职工的利益出谋划策，要考虑和谋划企业如何在现有平台上持续发展，永远立于不败之地。为此，我深感使命重大、任务艰巨。

一转眼，十多年过去了。我完成了从执行者向决策者的角色转变，带领企业继往开来。公司产品性能长期领跑国内电器行业，新一代CM6和CW6系列达到国际领先水平。近年来，公司引入CPS（Cyber-Physical Systems，信息物理系统）制造体系，对标国际领先企业，用体系来保障生产、工艺、供应链、设备等流程的运行。由此，公司营业收入由2010年的14亿元增长至2023年的31亿元，取得了长足发展。

常熟开关制造

至2023年，常开继续聚焦工业用户、头部企业、高端替代三大板块，在半导体、锂电池等行业取得了新的突破，尤其是在电力行业实现了百万机组零的突破。海外市场稳定发展，常开深度开发中东地区与俄罗斯市场，使业绩的增长有了支撑。公司自主研发的品牌柜完成6场全国巡展，与首批近20家成套厂进行签约，成套电器设备全年实现销售4.31亿元，回笼资金4.3亿元，元件与成套电器设备互相促进，战略成效明显。同时，生产部门紧跟市场，梳理各关键节点，深挖潜力、改进流程，全面推进CPS制造体系。公司完成成套车间和一车间冲压组提高性搬迁，全年投入3100万元进行技术改造，进一步提高生产能力和效率。

目前，常开已成为装备水平一流、技术力量雄厚、创新能力强、信息化程度高的现代化企业，是国内低压断路器行业的领跑者。公司主导产品CM系列塑壳断路器、CW系列万能式断路器技术指标达到国际先进、国内领先水平，在国内同类产品中的市场占有率约为20%，位居全国同行业第一，先后成功地应用于秦山核电站、大同煤矿、北京首都国际机场、新疆吐鲁番大型光伏电站、伊朗德黑兰地铁、缅甸德斑赛水电站等国内外重点项目中。

常开"日月"图形商标的主体为"日"拼音的首字母R，中心有太阳和月亮的艺术造型，取自"日月经天，江河行地"，寓意公司生产的各类电器产品被广泛应用于社会各行业的输配电系统，为广大用户带来光明，如日月普照神州大地，与日月同辉。常开秉承"打造世界级电器品牌"的愿景，不仅被认定为"中国驰名商标"，同时还被评为"中国电器工业最具影响力品牌"和"中国低压电器行业最具影响力品牌"。

常开新产品

问： 常开从无到有、从小到大、从弱到强，走过了极不平凡的发展历程，目前成为享誉行业的领军企业。请简要介绍一下常开的几次改制情况。

答： 从1998年起，常开先后进行了8次改制，从地方国营改成民营企业，最终成为一家混合所有制企业。

第一次改制在1998年，公司改为全员持有股份，80%的国有股退出（剩下20%）。同时，公司性质由国营变更为股份合作制。改制后，员工积极性大幅提高，公司进入快速发展期，在行业中崭露头角。

第二次改制在2000年，国有股全部退出，由公司经营管理层及骨干全额受让。

第三次改制在2003年，公司名称由"常熟开关厂"更改为"常熟开关制造有限公司"。

第四次改制在2004年，根据常熟市委、市政府"改彻底"的精神，实行股权相对集中，并经审核批准。改制后，公司经营效率得到大幅提高，实现了快速发展，公司在行业内的影响力迅速攀升至前列。

2005年，为了进一步兼顾效率与公平，公司进行了第五次改制，员工以委托出资的形式出资，这也让广大员工更多分享公司发展成果。改制后，公司在内部构建了全面协调、可持续发展的环境，保持了快速发展的态势，使公司发展成行业公认的排头兵。

2008年，公司进行了第六次改制，将20%的股权出售给地方政府，成为一家混合所有制企业，在自身发展的同时，主动回报社会。

2010年，公司进行了第七次改制，废除股份终身制，实施股份有序流动，规定股东退休时必须全部转让所持股份（"退休即退股"），旨在打造"和谐常开、百年常开"。公司规定股东退休后即注销股东资格，同时吸收优秀人才加入股东队伍，使股东的责、权、利真正得到有机统一，降低优秀员工出资准入门槛，使全体员工从公司发展中受益。

2013年12月，为了进一步优化混合所有制经济结构，公司又进行了第八次改制。其核心内容是公司第五届第十一次股东大会通过的国有股出资比例由20%增加到30%。也就是说，在2008年年末自然人股东向国有资产转让20%股权的基础上，继续由自然人股东向国有资产转让10%的股权，使自然人股东股份及员工出资比例下降到70%。本次股东大会上还审议通过了《关于增加公司注册资本及派发红利的方案》，确定公司总股本以19065股为基数（1股=注册资本1万元）实行增资扩股。以上方案实施后，公司注册资本由原来的19065万元增加到38130万元。

20多年来，常开根据外部环境变化及自身发展要求，不断进行改制，始终保持着持续发展和蓬勃向上的活力。

问：2023年，常开入选江苏民营企业创新100强、江苏民营企业社会责任领先企业，可喜可贺。请介绍一下常开的经营理念和创新实践。

答：一家企业要做大做强，并在行业中永远立于不败之地，需要持续不断地思考、探索经营理念和创新实践。我自己归结起来，不外乎以下八个方面。

一是信息和情报是企业抢占先机的利器。信息和情报在市场竞争中有着举足轻重的作用。很多企业都是利用了信息和情报才成功的。市场的机会对每一家企业都是均等的，在同等条件下，谁抢得先机，谁就能在竞争中胜出。为了不断缩小差距，我要求公司要从国外的新产品、新技术、新工艺、专利、技术文献等方面获取有益的技术信息，从而全面了解国外同行的技术发展动向。同时，要扮演好"分析员"的角色，要全面理解国外技术与公司所掌握技术的优劣势，从而保证技术开发具有方向性和目的性。

二是思考和实践是企业精益求精的灵魂。在处理看起来很复杂的问题时,若能从问题的源头进行分析、思考,最后或许能得到简单而有效的方法,否则就有可能浪费人力、物力、财力,问题还得不到解决。如我们公司CM系列塑壳断路器有一个零部件的支架需要十几道加工工序,加工过程十分复杂,这就造成零部件质量不稳定、合格率不高,成为困扰公司发展的瓶颈。后来,公司技术人员通过持续的分析和思考后,找到了问题的最大症结——多次定位造成了误差。发现问题后,解决起来就很顺利——引进先进的工艺技术,减少定位次数。我曾多次专门派公司技术人员到常开合资企业常熟富士电机有限公司学习,回来后技术人员经过消化吸收,自主研发出了具有行业领先水平的级进模加工工艺,解决了这一技术难题。目前,公司80%的关键零部件都采用级进模加工工艺,产品质量得到了大幅提高。

万能式断路器制造车间

三是人才和科技是企业兴旺发达的关键。公司先后建立了国家企业技术中心、博士后科研工作站、江苏省智能电网配用电关键技术研究重点实验室等创新平台，为企业的创新发展提供了可靠保障。常开至今已建成3个研究机构，即博士后科研工作站、与清华大学电机工程与应用电子技术系联合成立的电力电子应用技术研究所、电器设计研究室；3个开发中心，即产品设计开发中心、模具设计研发中心、SMT（Surface Mounted Technology，表面贴装技术）贴片中心；1个试验站，即低压试验站。同时，公司还积极实施产学研战略，与清华大学、西安交通大学、东南大学、上海电器科学研究所等国内知名单位强强联合，组建高水平攻关团队，推动公司的技术进步。

公司专注于科技创新，制定科技创新发展战略，围绕组织体系、管理制度、科研平台、人才培养和激励、科技投入、知识产权体系、产学研合作、创新文化等方面，进行科技创新体系建设，不断提升公司创新能力。目前，公司有博士生4人、硕士生198人，科技人员632人、研发人员402人，并涌现出享受国务院政府特殊津贴专家、江苏省有突出贡献的中青年专家、江苏省"333工程"培养对象、江苏省"六大人才高峰"高层次人才培养对象等一批优秀人才。

与此同时，公司长期保持高位的研发和技术改造投入。公司拥有近400人的创新团队，各类创新成果多次获得省部级以上荣誉，其中，"低压保护电器关键技术的研究及其应用"和"开关电器大容量开断关键技术及应用"获国务院颁发的国家科学技术进步奖二等奖。2023年，常开共投入研发费用1.62亿元，全年新申请专利146项，参与制定6项国家、行业标准。公司还建立了完善的教育和培训体系，注重提升员工的素质和能力。公司先后与清华大学、西安交通大学、苏州大学、河北工业大学、常熟理工学院等高校采用联合办学的方式，为员工提供深造机会，费用均由公司承担。至2023年，公司已有146人获得硕士学位，74人获得学士学位。

四是产品和服务是企业拓展市场的法宝。产品的开发和质量对于一家企业的发展是很重要的。我们紧盯整个行业的发展趋势,尤其是国际三大公司——施耐德电气、ABB(阿西布朗勃法瑞公司)、西门子的技术发展。公司的研究机构通过理论上的分析及这些年对竞争对手的充分分析,找出常开自身的产品问题和未来的超越方法等,对这些方面的研究也做了大量的功课。在制造技术方面,常开在努力地研究它们的制造工艺。针对这几年国家推进的数字化工厂(自动化+信息化),常开也在逐步推进。尤其是公司令人瞩目的机构方面的自动化装配,也迈出了骄人的一步,对产品的稳定性起到了很大的推动作用。现在,越来越多的同行与我们一起进步,我认为这是好的现象。"一花独放不是春,百花齐放春满园",我们应该致力于让国内整个低压电器行业共同发展,变得更好。

我经常对公司的销售人员说,我们要围绕顾客需求做好服务,只有服务得好,我们品牌的产品才能占据更大的市场份额,才会给我们的企业带来更多的回报。我一直在致力于调研如何提升服务,为此,我们还把汽车4S店服务引入电器行业并加以实施。2013年,常开成为全国首批36家"工业品牌培育示范企业"之一。

五是卓越的管理是企业竞争制胜的根本。管理就是管好人、理好事,要达到这一目的,就必须追求卓越。为了增强公司核心竞争力,我一直在不断探索、研究提高公司管理水平的途径。为此,我参加了复旦大学EMBA(Executive Master of Business Administration,高级管理人员工商管理硕士)的学习。在不断吸取国内外先进管理经验的基础上,2013年,公司全面导入《卓越绩效评价准则》(GB/T 19580-2012)和《卓越绩效评价准则实施指南》(GB/Z 19579-2012),发布《推进公司卓越绩效管理工作规划》,我兼任卓越绩效模式推进工作领导小组组长,有组织、有计划地推进卓越绩效管理工作,建立相关管理制度,建立产品与服务、顾客与市场、财务、资源、过程有效性、领导等维度的指标测量系统,建立公司绩效指标三级管理体系。经过运行,公司进一步完善了信息化系统,实现了产品关键零部件数据的统计分析;完善了产品质量统计分析功能,实现了车

塑壳断路器自动装配线生产车间

间生产数字化管理,促进了用户需求与产品设计相结合。

六是共享发展成果是企业发展的重要归宿。多年来,常开坚持以人为本,努力保障员工合法权益,实现发展成果共享。常开积极为员工创造机会,将人力资源作为第一资源,把人才视作企业最宝贵的财富,切实落实保障员工合法权益的各项举措,与全体员工共享企业发展成果。

1992年起,公司开始实行职工带薪年休假制度。1993年起,公司开始为员工额外投保各类商业保险,主要包括家庭财产、大病医疗、意外伤害等。1995年起,公司实行5天工作制。1997年起,公司每两年给员工安排一次体检(2005年起改为每年一次)。2005年起,公司对员工实施专项奖励,将每年5%的利润奖励给优秀员工。2007年起,公司连续每年增加员工月度岗位工资300元。2014年,公司制定《在职员工大病医疗救助管理办法》,同一员工每年最高救助金额税后可达30万元。

常开根据国家规定，按时足额缴纳职工养老、医疗、工伤等社会保险。在工资总额8%—12%的可选范围，按上限12%缴纳住房公积金，按工资总额的49%发放住房补贴。向职工发放车补和餐补，同时为全体职工办理家庭财产保险、团体人身保险、附加意外伤害保险、附加住院医疗保险等商业保险。2023年，公司继续增加员工月度绩效工资200元，实施职工大病救助5人次，走访、慰问各类员工129人次，继续足额缴纳"五险一金"，实行专项奖励及商业保险制度。

常开员工退休后除能领取退休金以外，还能一次性领取住房公积金及退出的个人股份出资份额（保值金额），这使他们退休后能得到更好的经济保障，消除后顾之忧。虽然公司退休员工已实行社会化管理，但常开每年仍给每名退休员工发放慰问金。

七是企业文化是企业持续发展的落脚点。我们始终坚持加强诚信文化建设。"人无诚信无以立足，业无诚信难于长兴"，诚信是支撑企业长远发展的软实力，为此我们不遗余力地开展诚信建设。公司把诚信作为企业文化建设的重要基础，把企业诚信工作的内涵推向更深层次，以诚信的文化为常开注入源源不断的发展活力。公司不断建立健全诚信制度，并反复向全体员工宣传，让大家明确什么是诚信经营，清楚自己的责任和使命。我本人则带领班子成员以身作则，带领常开人把诚信融入工作和生活中，自觉把诚信认识化为诚信意识，自动把诚信理念变为诚信行为。

我们始终用优秀的企业文化凝聚人、塑造人、激励人，积极引导广大员工把各自的聪明才智投入"安全可靠，绿色环保"的企业使命之中，真正做到内强员工素质、外塑企业形象。

八是负起社会责任是一家企业应有的担当。一家企业不光要生产产品、养活工人，还要承担社会责任。作为民族品牌，常开在弘扬"永不言满、持续超越"的企业精神的同时，始终牢记社会责任，回馈社会。2016年，常熟市红十字会和常开合作成立"常熟开关博爱助学基金"，由常开每年注资50万元，每年资助500名贫困家庭学生。2016—2022年，该项目共发放助学金260万元，受益学生2596人。2023年，常熟市红十字会与常开开启"常熟开关博爱助学基金"第二轮助学,常开每年捐资20万元。

从2018年起,常开与常熟市精神文明建设指导委员会办公室、常熟市民政局、常熟市慈善总会联合开展助力养老护理队伍能力建设,表彰并奖励了多位"养老护理标兵"和"养老护理能手"。2018年,常开通过常熟市红十字会和贵州省思南县红十字会,在贵州省思南县大河坝镇泥溪小学建立"常熟开关博爱图书室",支持当地教育事业发展,传播人道温暖。2020年新冠疫情暴发后,常开作为中坚力量,不仅第一时间向苏州市慈善总会捐赠100万元,还第一时间向抗疫一线企业提供技术及产品援助。

1998—2023年,常开累计向社会各界捐款4200多万元,获"中国最具社会责任感企业""江苏民营企业社会责任领先企业"等称号。

问: 请简要介绍一下您对常开未来发展的愿景和规划。

答: 我觉得主要是抓住以下四个方面。

一是要瞄准当今世界的科技前沿,开拓创新。自20世纪90年代公司开创行业自主研发产品的先河以来,创新成为常开赶超先进的主要手段,也成为常开高质量发展的基因,公司开发出了一代又一代断路器新产品,并向高压断路器、双电源、工控设备等方向拓展。尤其是近十年来,公司在智能制造方面取得了一系列突破,自主研发并制造了自动化生产线和开制级进模,有效地提高了产品的生产效率,提升了产品质量的稳定性,树立起常开产品高质量的良好形象。未来,公司将围绕"打造世界级电器品牌"的愿景,以建设百年常开为目标,继续在设计和制造端的创新上发力,进一步做精主业、做优产品、做强企业,成为具有独特核心竞争力、国际先进、国内领先的电器研发制造企业。

常开50年建设和发展的实践充分证明：创新是企业高质量发展的原动力，要牢牢把握电器技术的发展大势，要保持科技研发高位投入，以技术领先促进企业发展，以企业发展保障科技投入，不断夯实核心竞争力，确保常开领跑国内电器行业，保持产品赶超世界先进的态势。具体来讲，常开将继续深耕万能式断路器和塑壳断路器这两大板块，目前来看，从研发到制造，常开均走在国内前列。未来我们计划始终保持行业领先水平，并一直保持先进性。常开在有些方面实际上已经走进像华为创始人任正非提到过的"无人区"了。现在工农业发展到新的阶段，特别是党中央强调要关注量子科技的研究，这对新材料、对低压电器的影响也是非常大的。我们要高度关注材料的变化对低压电器发展的影响，紧跟科技的发展，创新永远在路上。

二是要以持续推进绿色制造为抓手，精益求精。绿色制造不仅是以习近平同志为核心的党中央提出的根本要求，也是企业对社会的责任和环境对企业的要求，更是企业核心竞争力的一个重要体现。公司作为电器行业中绿色制造的先行者，要充分运用智能化、自动化和数字化等手段，持续提高工厂的节能、环保水平；要始终围绕公司"打造世界级电器品牌"的愿景，长期聚焦电器，专注于创新驱动、高端品质、绿色环保，持续推进"3332战略"，以行业领军者的姿态构建绿色生态圈，助力"双碳"目标加速实现，全力以赴地打造百年企业。

展望未来，常开将一如既往地立足市场，深耕行业，坚持以自主创新推动产品升级，引领产业向高端、优质、高效方向发展。不仅如此，更要大力倡导绿色发展理念，深入推进降本增效、节能减排，提高企业现代化管理水平。常开将长期保持行业"领头羊"的地位，携手更多同行，以实际行动为我国乃至全球的绿色可持续发展做出贡献。

三是要彻底放下金钱与荣誉包袱，轻装上阵。凡是过往，皆为序章；行而不辍，未来可期。一切荣誉和成就已经成为过去。新时代下，公司要积极践行社会主义核心价值观，凝聚正能量，做到"而今迈步从头越"。为社会和用户提供高质量的产品是常开的使命和承诺，要围绕产品的全生命周期，真抓实干，精益求精，在产品设计、零部件制造、产品总装、产品服务等方面下细功夫，聚精会神地做好质量提升工作。所以，唯有兢兢业业，永不自满，继往开来，奋力开拓，才能实现我们的百年"常开梦"。

四是要继续凝练和提升企业文化，凝心聚力。一流的文化造就一流的企业。多年担任企业主要负责人的工作经验告诉我：一家企业要想不断向前发展，依靠的是技术、销售、质量、生产、管理，以及文化的不断进步。我们要建好"家文化"，让每一名员工都能与企业休戚与共，同呼吸，共命运，大家都把自己的工作当作事业，精进勤奋。同时，要牢牢把握"以人为本，科技兴企"的理念，继续让常开成为人才的孵化器、创新的先行者。

面对未来，常开必将珍惜荣誉、牢记嘱托、感恩奋进、聚力创新、勇毅前行、再创佳绩，发挥好引领示范作用，推动新质生产力发展，为谱写"强富美高"新江苏现代化建设新篇章做出新的更大的贡献。

金宏气体：
深耕工业气体赛道 致力于打造行业第一的民族品牌

企业简介

金宏气体股份有限公司（以下简称"金宏气体"）成立于1999年，是专业从事气体研发、生产、销售和服务一体化解决方案的环保集约型综合性气体服务商。总部位于苏州市相城区黄埭镇潘阳工业园。公司于2020年6月在上海证券交易所科创板上市。经过数十年的发展，金宏气体已组建了70多家下属公司，致力于打造行业第一的民族品牌。

金宏气体主要为客户提供各种大宗气体、特种气体和燃气的一站式供气解决方案。公司建有国家企业技术中心、博士后科研工作站、江苏省

金宏气体厂区

高纯特种气体工程中心、江苏省特种气体工程技术研究中心；商标、专利等知识产权多次荣获知名商标及专利奖。企业获评国家级专精特新"小巨人"企业、国家高新技术企业、国家智能制造示范工厂、国家知识产权示范企业、国家级服务型制造示范平台、国家智能制造优秀场景、国家级绿色工厂、江苏制造突出贡献奖、江苏省科技创新发展奖优秀企业、江苏省质量标杆、江苏省五星级上云企业等荣誉，先后承担20多项国家级、省市级重大科研任务，并与南京大学、浙江大学、苏州大学、华东师范大学等多所国内知名高校开展产学研合作。

企业家简介

金向华,1977年生,中共党员,高级经济师,工程师。现任金宏气体董事长兼总经理、中国工业气体工业协会副理事长、江苏省气体工业协会副理事长、江苏省第十三届政协委员、苏州市第十二届人大代表、苏州市工商业联合会第十五届执行委员会副主席、北京苏州企业商会执行会长、苏州市特种设备协会会长、苏州市青少年发展基金会副理事长兼执行理事长、苏州市易制毒化学品行业协会副会长、苏州新一代企业家商会会长、苏州市关心下一代基金会副理事长等。曾获中国专利优秀奖、江苏省五一劳动奖和"江苏省非公有制经济人士优秀中国特色社会主义事业建设者""苏州市希望工程爱心个人""2020中国长三角青商领袖""第四届'苏州慈善奖'最具爱心捐赠个人""江苏省优秀企业家"等称号。

问： 习近平总书记的重要文章《开创我国高质量发展新局面》指出，"高质量发展，就是能够很好满足人民日益增长的美好生活需要的发展，是体现新发展理念的发展，是创新成为第一动力、协调成为内生特点、绿色成为普遍形态、开放成为必由之路、共享成为根本目的的发展"，也就是从"有没有"转向"好不好"。对照金宏气体，这是否正契合你们20多年来走过的一条成功之路？

答： 金宏气体成立于1999年，是专业从事气体研发、生产、销售和服务一体化解决方案的环保集约型综合性气体服务商，2020年在上海证券交易所科创板上市。公司坚守"融入经济血脉，彰显高尚气质"的使命，秉承"为客户创造纯金价值"的经营理念，坚持"纵向开发，横向布局"的发展战略，致力于满足客户的多样化需求，可为电子半导体、新能源、新材料、高端装备制造、医疗健康等行业提供特种气体、大宗气体和燃气的一站式供气解决方案。

　　创新引领，向新而行。企业要实现高质量发展，就必须探索创新，打造具有核心竞争力的产品和服务，实现自身长期稳健的发展。创新始终是我们前进的第一动力，我们不断投入研发资源，改进生产技术，推出新的气体产品和解决方案，以满足市场不断变化的需求。正是因为我们一直牢牢牵住创新的"牛鼻子"，以"打造行业第一的民族品牌"为目标，才有了我们的高质量发展，并由此带来一系列"水到渠成"的效应。在公司发展过程中，我们注重协调，不仅在内部实现了生产、销售、研发等各个环节的协同运作，而且努力与上下游产业链合作伙伴保持良好的协调合作关系，共同推动行业的发展。我们秉持绿色生产理念，通过不断创新和优化生产工艺，提高资源利用率，降低能源消耗，提升能源使用效率，努力实现生产过程的低碳化和绿色化，为行业树立绿色发展的典范。同时，开放成为我们不断拓展市场、学习先进技术和管理经验的必由之路。我们积极与国内外优秀企业开展合作交流，引进先进的理念和技术，增强自身的竞争力。我们努力为员工创造良好的发展机会和福利，与员工共同成长；同时也通过为客户提供优质的产品和服务，为社会创造价值，实现企业与社会的共享发展。

金宏气体自成立以来，凭借自身在科技创新、产品管控、智能制造、客户导向等方面的综合实力，得到了客户和合作伙伴的高度认可。从"厚积薄发"到"主动出击"，金宏气体创造出多个中国气体行业第一：行业第一家高新技术企业、行业唯一中国驰名商标。我们主营工业气体研发、生产、销售和服务，拥有特种气体、大宗气体、燃气三大类百余种产品，在全国范围内有70多家下属公司。

作为中国民营气体行业的"领头羊"，金宏气体始终坚持纵横发展战略，不断加大研发投入力度。经过多年的发展，金宏气体已成为安全、环保、集约型综合性气体提供商，致力于打造成为行业第一的民族品牌。

2023年7月21日，苏州召开全市优化营商环境暨民营经济高质量发展大会，金宏气体荣膺"2023苏州民营企业创新100强"，我本人也获得"2021—2022年度苏州市优秀民营企业家"称号。这离不开全体员工的共同努力，同时也要感谢这个干事创业的时代。

近年来，金宏气体在做强、做深、做精产业链的同时，大力推进创新链、产业链、人才链深度融合。2023年7月，江苏省工业和信息化厅发布了《关于江苏省第五批专精特新"小巨人"企业和第二批专精特新"小巨人"复核通过企业名单的公示》，金宏气体在"第二批专精特新'小巨人'复核通过企业公示名单"中。

不念过往，不惧未来。金宏气体将深入贯彻习近平总书记考察江苏时的重要讲话精神，在苏州一流的营商环境中，牢牢把握发展机遇，持续推进纵横发展战略，和时代同步，与苏州同心，为苏州经济社会发展贡献金宏之力，展现民营企业的责任与担当！

问：2010年，金宏气体总部搬迁至相城区黄埭镇潘阳工业园。也正是在这一年，金宏气体被认定为江苏省著名商标、江苏省创新型企业、国家火炬计划重点高新技术企业、江苏省特种气体工程技术研究中心，产品首次填补了国内空白。由大宗气体转向特种气体，这是否可视为金宏气体正式开启突飞猛进的"火箭二级推进器"？

答：一个问题，打开了我记忆的闸门。

我在入职金宏气体之前，也有过独立闯荡的经历，尝过酸甜苦辣咸生活中的各种滋味，曾在当时的吴县市特种耐火材料厂担任生产部主管，又担任过苏州市液氧制造厂经理，完全凭借实干。严格说来，我是一个标准的"创二代"。但与一般的"创二代"不同的是，我是与我父亲一起创业的，可谓"上阵父子兵"。在那段艰难的岁月里，我既干过送货员，也干过业务员。这让我吸取了一定的经验教训，为日后管理金宏气体提供了不少帮助。

1999年，苏州工业园区正在如火如荼地建设中，对各种工业气体的需求与日俱增，这让我发现了其中蕴藏的巨大商机。大宗气体受运输半径的客观限制，须就近分装，优化运距，对客户的响应也要更加迅速。同年10月，吴县市金宏气体有限责任公司注册成立，我是法人。

气体是现代工业中不可或缺的基础材料之一，它被广泛应用于钢铁、电子、医疗、食品等行业，因而被称为"工业的血液"。20世纪90年代，中国工业气体行业刚刚起步，金宏气体的产品以大宗气体氧气、氮气、氩气、乙炔为主。2000年后，中国"世界工厂"的定位愈加明确，伴随着大规模的工业生产，工业气体行业驶入发展的"快车道"。2001年，公司收购跨国气体巨头法国液化空气集团在苏州的部分生产资产，进一步丰富了产品种类。公司在苏州地区建立了小型空分生产装置，不断开拓市场，逐步建立起销售和服务网络。2009年,公司完成股份制改造,治理结构得到完善。这一阶段,公司产品不断丰富,开启了发展循环经济、尾气回收利用的业务模式。

这时我已经清晰意识到,金宏气体要在不断推陈出新的气体行业做大做强,唯有进行技术研发和产品革新。为什么说气体是永远的朝阳产业?因为随着节能减排、环境治理,随着人民对美好生活的向往,会不断出现新的应用场景,而这也需要新工艺、新技术。在这样的背景下,应用于电子半导体生产的特种气体被金宏人视为我们"脱颖而出"的绝佳赛道,且一出手就以尚未国产的7N光电子级超纯氨作为研发突破方向。随着公司产品的不断丰富,产品质量、检测技术、研发能力和服务能力显著提升。2014年,金宏气体在新三板挂牌,品牌知名度和企业形象均得到提升。2020年,金宏气体在上海证券交易所科创板上市,这是公司发展史上的一次重大跨越,公司的市场占有率不断提高,资产规模、营业收入规模等得到进一步扩大,开启了金宏气体高质量发展的新征程。

厚积薄发,行稳致远。金宏气体宛如一匹骏马踏上了辽阔的草原,不断"提质增速"。从分装大宗气体的几个品种到成为专业从事气体研发、生产、销售和服务一体化解决方案的环保集约型综合性气体服务商,金宏气体将公司发展与国家战略紧密结合,"苦练内功",凭借优质的服务让公司赢得了市场,技术研发和产品革新让我们在行业中做大做强。可以说,这是金宏人一步一个脚印走出来的,也正因为有国家战略的支撑、客户的支持,金宏人才能攻坚克难,取得较好的成绩。

我认为我们的企业,不仅科技含量高,发展也迅速,而且绝对是那种务实笃行、行稳致远的企业。作为一家专业从事气体研发、生产、销售和服务一体化解决方案的环保集约型综合性气体服务商,经过20余年的探索和发展,公司目前已建立品类完备、布局合理、配送可靠的气体供应和服务网络,能够为电子半导体、医疗健康、节能环保、新材料、新能源、高端装备制造等行业客户提供特种气体、大宗气体和燃气三大类百余种气体品种。

公司以"纵横发展"为战略定位，纵向开发，自研自产多类高壁垒的特种气体产品，超纯氨实现多轮扩产，新建高纯氧化亚氮、高纯氢气、高纯二氧化碳、正硅酸乙酯等项目，加快电子特种气体的产业化。横向布局，跨区发展，深耕长三角市场的同时，有计划地向全国扩张，在珠三角、京津、川渝等地布局零售网络。我们相信，公司的一系列发展举措，将如同火箭二级推进器一般，推动金宏气体在行业中实现突飞猛进的发展，迈向更加辉煌的未来！

金宏气体无锡电子大宗载气项目

问：2024年6月5日是第53个世界环境日，主题是"全面推进美丽中国建设"。金宏气体作为新兴科技企业，准备以一种怎样的奋进姿态，参与美丽中国建设，绘就生态底色？

答：注重可持续发展，是金宏气体的永恒追求。金宏气体坚定践行"绿水青山就是金山银山"的理念，积极响应"双碳"目标，恪守国际准则，切实履行社会责任，奠定绿色发展的基石。

前面讲到，气体是"工业的血液"，在国民经济中扮演着重要的角色，对于各个领域的发展都至关重要。气体行业的绿色使命不仅是企业社会责任的体现，更是推动可持续发展的关键。公司在智慧转型的道路上迈出了坚实的步伐，积极响应国家创新驱动发展战略，推动数字化转型，不断提高智能化水平。同时，公司积极探索绿色前沿技术，探索可再生能源的应用，为实现绿色生产、低碳发展奠定坚实的基础。

金宏气体秉持绿色生产理念，坚持走安全、可靠、高效、环保的绿色发展道路，通过不断创新和优化生产工艺，提高资源利用率，降低能源消耗，提高能源使用效率，努力实现生产过程的低碳化和绿色化，为行业树立绿色发展的典范。2023年3月24日，工信部公布了2022年度绿色制造名单，金宏气体荣获"绿色工厂"称号。荣誉的取得，离不开金宏人立足实干、谋"绿"添"绿"的决心和魄力。为了助力实现国家"双碳"目标，积极发展绿色循环经济，金宏气体布局全国，落地多个尾气回收建设项目，对氢气、二氧化碳等气体进行实地回收，充分利用资源，将二氧化碳等尾气资源化利用于不同领域，形成循环经济的良好示范，减少总体碳排放压力，有力推动我国碳中和的脚步。

作为一家致力于推动可持续发展的企业，金宏气体在绿色生产的基础上，进一步追求生产绿色。氢能作为一种清洁无碳、来源广泛、应用丰富的二次能源，已被视为实现重点领域深度减碳、推动能源转型发展的重要载体。金宏气体把握行业发展机遇，布局氢能市场，在制氢领域形成了制、储、运、加的专业格局，企业发展"绿"的底色越发鲜亮。

展望未来，金宏气体将不忘初心，将绿色使命向纵向和横向不断延伸，与全行业共同构建低碳生态，为实现碳中和目标贡献力量。在气体行业践行绿色使命的道路上，公司将继续砥砺前行，为构建美丽中国、推动可持续发展做出更大贡献！

问： 听闻您常对企业中层管理人员甚至一线操作工说——"企业诞生于苏州，是我们的福气"。这里面包含了一种感恩和不负苏州的意义。那么，是不是吴文化的特质让企业受益？

答： 苏州历史悠久，人杰地灵，土赋存以生金，水磅礴而成汽。苏州，这座拥有悠久历史和灿烂文化的城市，为企业的发展提供了肥沃的土壤和优越的环境。吴文化，作为苏州地区独特的地域文化，其特质深深影响并滋养着企业。苏州以一流的营商环境助力民营经济高质量发展，以最实举措和最大诚意全力以赴地为企业发展打造最优环境、提供最好服务。

多年来，依托苏州良好的营商环境，金宏气体生产经营成果日新月异，逐步实现了高质量发展。2023年，公司获评苏州民营企业创新100强，这让金宏气体备受鼓舞，同时也使得公司深感责任重大。

吴文化的特质让我们受益。吴文化的特质是什么？首先，是精致、细腻。其次，是容纳、灵动。我记得苏州工业园区刚成立之际，有世界500强企业的代表来苏州考察，他们从宏观上看了金鸡湖畔的地形地貌，仔细了解了苏州与上海的交通，但最终让他们拍板进驻的是细节，是他们看了苏州的小巷和苏州的园林。他们看了苏州小巷中以鹅卵石拼成图案铺就的路面，他们又看了园林中各具特色的花窗和叠山理水，相视一笑，怦然心动，这里似乎就是他们"踏破铁鞋"寻觅的投资地方。这里的人民热爱生活，也会享受生活、创造生活，是吴文化的精致让他们心仪这方水土，是水文化的随物赋形、容纳百川让他们青睐这里的人民。

回顾企业的发展历程，吴文化的特质在许多关键时刻发挥了重要作用。在企业拓展国际市场，需要与不同文化背景的客户和合作伙伴打交道时，"开放包容"的文化理念帮助我们更好地理解、尊重对方的需求和文化差异，从而建立起良好的合作关系。在企业面临市场竞争压力，需要进行技术升级和产品创新时，"争先创优"的精神激励着我们的研发团队攻坚克难，不断推出具有竞争力的新产品。同时，我们也积极履行社会责任，为当地的经济发展和社会稳定做出贡献。

总之，吴文化的特质让金宏气体受益匪浅。我们感恩苏州这片土地给予我们的滋养和机遇，也深知肩负的责任重大。吴文化让我们受益，也促使我们自觉反哺。

金宏气体生产装置

苏州民营经济高质量发展实录——与知名企业家面对面

问： 金宏气体一直非常舍得在科技研发上下本钱，与国内一些知名高校联手，这带来的双赢体现在什么地方？有哪些成功的案例？

答： 科技创新始终是企业发展的强劲动力，近年来，金宏气体不断加大科技研发投入力度，建强产学研合作平台，先后与多所国内外知名高校建立友好合作关系，巩固基础、深度融合、扩面提质，让产学研成为公司创新的重要支撑，推动提质增效。

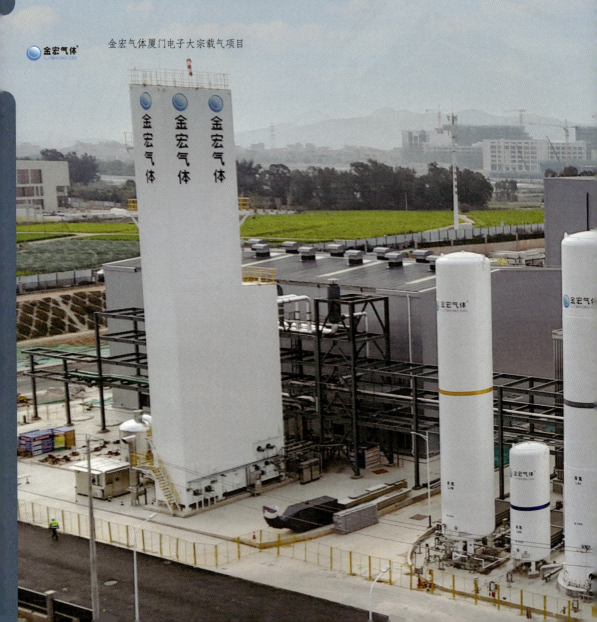

金宏气体厦门电子大宗载气项目

金宏气体

多年来，我们联合众多高校，在打造高层次产学研合作平台上取得显著成效。超纯氨产品是光电子、微电子技术不可缺少的支撑材料，广泛应用在半导体照明、平板显示、太阳能电池及大规模集成电路制造领域。金宏气体凭借在气体生产、提纯、检测、运输方面的技术积淀，携手高校合作攻关，成功研发出7N光电子级超纯氨，被评为国家重点新产品等。

金宏气体建有国家企业技术中心、博士后科研工作站、江苏省高纯特种气体工程中心、CNAS认可实验室，被评为国家级专精特新"小巨人"企业、国家火炬计划重点高新技术企业、国家知识产权示范企业、工业企业品牌培育试点企业等。同时，公司加速数字化战略转型升级，搭建金宏数字化管理平台，逐步形成集研发、生产、销售、交付、售后于一体的端到端的数字化全链路布局，实现"智能制造，敏捷供应链，业财一体化"，推动公司实现"产品即服务"的转型。公司聚焦前沿技术，把握发展方向，在智能化改造方面不断实现新突破，2022年，被评为国家智能制造示范工厂。

目前，公司已建立品类完备、布局合理、配送可靠的气体供应和服务网络，能够为客户提供特种气体、大宗气体和燃气三大类百余种气体产品。产品线较广，既供应超纯氨、高纯氧化亚氮、正硅酸乙酯、高纯二氧化碳、高纯氢等特种气体，又供应可应用于半导体行业的电子大宗载气，以及可应用于其他工业领域的大宗气体和燃气。

金宏气体

问： 金宏气体被苏州人褒扬为很"牛"的企业，您认为要使这头"牛"一直牛劲冲天，最要坚持的是什么？

答： 能得到苏州人民这样的褒扬，我们深感荣幸，也深知责任重大，这是对我们的鞭策。

市场如海，质量似船，品牌像帆。金宏气体会一直以昂扬奋进的姿态，保持自己的心气和底气。未来，我们将朝着"打造行业第一的民族品牌"的目标不断迈进，为推动行业高质量、可持续发展，为助力国家科技自立自强和质量强国战略贡献金宏力量！

在发展策略上，一方面，我们以数字化技术创新为驱动，继续提升研发和创新能力，推出符合客户需求的新产品和新技术。另一方面，我们积极开拓国内外市场，加强与相关企业的合作和联盟，共同推动整个产业链的优化和升级。由于大宗气体产品受运输半径的客观限制，因此我们要在长三角、京津冀、珠三角等经济发达区域做布局，就近服务客户。除此之外，我们还要对二氧化碳、氢气这些资源性产品进行回收，发展循环经济。同时，针对行业"小而散"的突出问题，我们要通过兼并重组等手段提高资源利用率，提高整个行业的质量和标准。

长光华芯：筑梦中国"芯"

企业简介

苏州长光华芯光电技术股份有限公司（以下简称"长光华芯"）成立于2012年，是全球少数几家研发和量产高功率半导体激光器芯片的公司。长光华芯致力于高功率半导体激光器芯片、高效率激光雷达与3D传感芯片、高速光通信半导体激光芯片及器件和系统的研发、生产和销售，建立了完整的研发、生产及质量管理体系，拥有多位国家级人才工程入选者、行业资深专家及由4位

长光华芯公司外景

院士组成的顾问团队等，研发技术队伍中硕博士的占比超过50%，高功率半导体激光器芯片的市场占有率位居国内第一。2022年4月1日，长光华芯在上海证券交易所科创板正式上市，成为A股第一家半导体激光器芯片上市公司。产品广泛应用于工业激光器泵浦、激光先进制造装备、生物医学及美容、高速光通信、机器视觉与传感技术等。

企业家简介

　　闵大勇，1971年生，中共党员，正高级工程师。现任长光华芯董事长、总经理。闵大勇是江苏省第十三届政协委员、享受国务院政府特殊津贴专家、国家级重大人才工程入选者、江苏省双创人才、江苏省科技企业家、江苏省优秀企业家。2017年入选姑苏创新创业领军人才。2021年其参与的项目获江苏省科学技术奖一等奖。

问： 21世纪初，激光在材料加工、传感、通信、生物医学等领域快速掀起产业变革，人们用三句话形象地总结了激光的应用——最快的刀、最准的尺、最亮的光。您2000年从华中科技大学自动控制系毕业以后，加盟武汉华工激光工程有限责任公司，当时您是以怎样的一种心态进入激光行业的？

答： 谈及激光，总能想起《星球大战》里出现的光剑，但现实中的"光剑"是一种具有性能好、亮度高等特性的激光。这种特性能应用在许多领域，包括激光智能加工装备、国防军工、生物医学及美容、人脸识别与生物传感、机器视觉定位、智能安防、高速光通信等。2000年，我进入激光行业，主要做工业激光应用。当时，我一下子就爱上了这一行业，觉得可以把它当一辈子的事业做。可以这样说，我对激光行业是"一见钟情"。

问：回溯历史，20多年前，中国在激光技术及其应用方面与欧美发达国家差距很大，很多核心部件和器件、设备基本依赖进口，如高功率半导体激光器芯片就属于出口管制产品。您和团队十年磨一剑，成功突破高功率半导体激光器芯片核心技术及全流程制造工艺，拥有完全自主知识产权和量产能力。这种立志打破国外核心技术垄断的决心，是否在您创业初期就有了呢？

答：正因为热爱激光这一行业，在创业过程中，我逐渐认识到当时中国工业激光产业链中的一些弊端或者说是缺点。那时候中国激光产业发展十分缓慢，激光器、振镜、控制系统等基本依赖进口，关键核心技术基本掌握在欧美国家的企业手中，国内只能做集成，就像当年的电脑一样，我们只能买器件回来组装。国内有巨大的市场需求，组装好了去销售，市场也是很好的，销路不用愁，但每一次组装好设备将其销售出去，都会刺痛我们的心。因为我们仅仅做了组装的工作，而最核心的激光器、运动部件、控制系统和软件、操作系统等都是别人的。所以，我当时就下定决心，要将毕生奉献给激光产业，把核心的关键零部件逐步打造出来。

问： 从激光产业发展初期对国外核心激光器的依赖，到现在我们突破西方"卡脖子"技术难题，长光华芯在激光芯片方面真正实现全面自主研发，这与您和团队十年磨一剑的辛勤付出是分不开的。您是从何时开始攻坚激光产业关键核心技术的？又提出了哪些发展战略构想，才为后来激光芯片领域的技术突破奠定基础的？

答： 我是从2007年开始沉下心来思考如何做技术攻关，增强核心竞争力，制造自己的激光器和激光芯片的。当时，我给自己制订了一个"三步走"计划，即自主研发光纤激光器、全固态激光器（包括超快激光器）、半导体激光器。这三者也是后来的主流激光器。我同时制订了"三年布局规划"，即三年内完成激光核心产业链的战略布局，通过十年的努力，解决主流核心激光器的国产化问题。当时，中国激光产业才刚刚起步，除市场以外，什么都很弱，我受到了所有人的质疑。身边的人都认为，实现激光器和激光芯片的完全国产独创是一件不可能的事情，但我热爱这个行业，也就不怕受挫折。2007年，我们引进海外顶尖人才，率先创办了国内光纤激光器公司——武汉锐科光纤激光技术股份有限公司。2018年，武汉锐科光纤激光技术股份有限公司上市后，可以说扛起了振兴中国光纤激光器产业的大旗。2009年，我们又成立了先进固态激光器公司——武汉华日精密激光有限责任公司，在备受关注的固态和超快激光器领域深耕，这些都为激光芯片的技术突破奠定了坚实的基础。

苏州民营经济高质量发展实录——与知名企业家面对面

问: 是什么促使您毅然告别创业起点——武汉,来到苏州这片创业热土,加入长光华芯的呢?

答: 至2017年,"三步走"计划的前两步已经完成,唯有高功率半导体激光器芯片还缺乏,这是最后一步也可能是最艰难的一步,对于在哪里完成、如何实现自己的梦想,我思考了许多。半导体激光器芯片的研发和制造难度大,它是一个具备高技术门槛,需要高密集人才、重资产投入的长周期行业,对人才的需求及要求都高于传统行业。当时最吸引我的,是长光华芯在半导体激光科研领域的精英科研团队。长光华芯自2012年成立以来,国家级人才计划专家、硕博士技术骨干等高精尖人才纷至沓来。公司多次牵头和参与国家级、省级重点专项的研发与实施,打造国家级科研创新平台——苏州半导体激光创新研究院,筑牢中国"芯"的基石。长光华芯的发展过程就是一个"筑巢引凤"的高端人才汇聚过程。所以,2017年我决定加盟长光华芯,和业内顶尖的"追光者"一起圆梦苏州。

长光华芯厂区

长光华芯车间

问： 研发国产半导体激光器、激光芯片，对于技术革新、国家发展的重要意义体现在哪里？

答： 1962年，世界上第一台半导体激光器的发明，带来了激光行业的变革。体积小、寿命长、可靠性高、电光转换效率高、波长覆盖范围广、量产成本低，半导体激光器芯片这些优异的性能，让激光这种原本很高端、很神秘的物质，变成了一种先进的工具，渗透到各行各业。半导体加上激光，是"一加一大于二"，这场技术革命带来的产业变革，是不可估量的。近年来，激光行业的发展之所以能如此迅速，正是因为有了半导体的推动。公司历经十几年研发出来的高功率半导体激光器芯片，别看它只是小小的一颗，但能量非常大，应用非常广泛，除用于高端的激光智能装备以外，还可以应用在生物医疗、激光雷达等方面，它属于战略性新兴产业需要的核心的关键芯片。半导体和激光两大领域，是国家战略重点支持的发展方向，半导体激光器芯片作为激光器的核心器件，始终是引领产业变革的"灵魂"。对半导体激光器芯片的研发和制造如果能够成功，从激光芯片到激光器再到激光装备的整个产业链就算真正打通了，就能真正实现自主可控。

问： 请详细谈谈长光华芯目前所达到的技术水平。

答： 公司团队接连攻克了激光芯片领域的一系列难题，如饱受桎梏的外延生长、晶圆流片、腔面处理、封装、光纤耦合等，已开始向市场推出目前全球功率最高的50瓦单管芯片。最近，公司超功率单管芯片在结构设计与研制技术上取得了突破性进展，研制出的单管芯片室温连续功率超过100瓦（芯片条宽500微米），工作效率提高到62%，是迄今为止已报道的单管芯片功率最高水平，开启了百瓦级单管芯片新纪元。目前，长光华芯已拥有完整的工艺平台和量产线，并以砷化镓、磷化铟两大材料体系为依托，构建边发射、面发射两大产品结构，布局先进生产线，从而拥有半导体激光器芯片、器件、模块、直接半导体激光器四大类多系列产品矩阵，广泛应用于工业泵浦、智能制造、医学美容、国防军工等领域。我们能在高功率半导体激光器芯片方面达到国内领先、国际先进的水平，离不开"追光者"们不断向上突破攀登的精神。

问： 通过您和团队十年如一日的攻坚奋斗，可以说已经完全打通了从芯片到核心的激光器，以及下游的激光装备的产业链，完全做到了自主可控。您认为除业内科研精英的团队效应以外，还有哪些因素促使长光华芯在激光芯片领域取得今天的成绩？如今您投身于激光行业已有20多年，作为中国激光事业发展和腾飞的贡献者、见证者，您内心最大的感受是什么？

长光华芯展示厅

答：这些成绩的取得可以说是天时、地利、人和的结果。苏州工业基础比较发达，产业链也比较完善，从营商环境来讲，还是比较适合创业的。公司对整个芯片发展的投入，不仅是一个重资产的投入、长周期的投入，还是一个需要很多高端人才的投入，所以长光华芯这十年发展得异常艰难。苏州高新区政府从人才、技术、资金、政策等方面提供了全方位保障，让长光华芯鼓起了大胆施展拳脚的勇气。政府的支持可谓

"不离不弃",所以才有了长光华芯今天的成功。我的起点在武汉,之后又来到苏州开始一个新的起点,在这个行业里,我们每个阶段都会实现一个目标,它们像一颗颗散落的"珍珠",而我会利用我在激光行业里20多年的经验,把这一颗颗"珍珠"串起来。我亲身经历、躬身参与、亲眼见证了中国激光产业20年发展的波澜壮阔的历程——从无到有、从弱小到强大、从进口到国产的全过程。之前我们把一切交给别人,现在我们要自己做。我想用"坚持奋斗,卧薪尝胆"8个字总结过去、现在及未来的激光芯片发展历程。

问: 请谈谈长光华芯2025年的主要发展方向及今后的发展布局。

答: 2023年是长光华芯第二个十年起步的关键之年,在夯实已有产品市场竞争优势的同时,我们将全面进军车载激光雷达领域,同时全力攻关光通信芯片、光显示芯片的关键核心技术,奔赴更耀眼的"中国激光芯"。未来长光华芯将以"一平台、一支点"为支撑,横向扩展、纵向延伸,即依托苏州半导体激光创新研究院平台,以高功率半导体激光器芯片的核心技术及全流程制造工艺为支点,横向扩展至VCSEL(垂直腔面发射激光器)芯片、光通信芯片、激光显示与照明芯片,纵向延伸实现高功率半导体激光器的封装、模块化及系统化,进入消费电子、激光雷达、光通信和光显示等领域。长光华芯上市后,可借助于资本市场的力量,继续在多产线、多维度的发展中创造更大的应用价值,加大投资建设研发中心,打造光子技术高地,赋能苏州产业,为苏州光子创新集群的发展奠定基础,为苏州成为全球光子技术和产业发展的重要一极而不懈努力。

2022年，长光华芯上市

问： 请描述一下长光华芯未来的发展前景和宏伟蓝图。

答： 心所往，光所至。未来，我们将积极融入长三角一体化和国家发展大潮中，以"中国激光芯，光耀美好生活"为使命，共同打造具有国际影响力的激光产业集群，在五至十年内成为中国半导体激光器芯片的领导者，引领行业发展。长光华芯十到三十年的长期目标是，在激光芯片领域，综合实力和创新能力进入全球第一阵营，代表国家参与全球竞争。面对芯片短缺的大环境，我们深感科技报国的责任之重大、使命之光荣。长光华芯将始终以科技为利刃，为中国激光芯片事业不懈奋斗。

苏州人民商场：传统与现代的华丽转身

企业简介

20世纪30年代初期，商界人士纷纷提倡国货、抵制日货，吴县县商会设立提倡国货委员会，同时发起组建苏州国货商场股份有限公司，即苏州人民商场股份有限公司（以下简称"苏州人民商场"）的前身。1934年9月开张营业，涵盖了屋顶花园、美发厅、评弹茶馆、商业电台、演艺会场及41个商品部，堪称当今购物中心业态之雏形。1956年公私合营，更名为"苏州市人民商场"。1994年成立股份有限公司，2003年转制为民营企业。

苏州人民商场从最初身为中国四大国货公司之一，到如今成为多元

苏州人民商场大楼

化零售企业,始终保持着旺盛的生命力。随着互联网的蓬勃发展,苏州人民商场并未故步自封,而是积极探索线上线下融合的全渠道发展模式。全渠道发展中心的成立,家电直营店与体验店的拓展,标志着企业正式迈入新零售时代,为消费者提供更加便捷、个性化的购物体验。公司曾荣获"全国重点百货零售企业""全国文明单位""中国百货店百强企业""全国诚信兴商双优示范单位""江苏省诚信单位""江苏省重合同守信用企业"等称号,连续多年入列苏州民营企业100强。

企业家简介

谢怀清,1961年生,高级经济师。1980年进入苏州市人民商场工作,先后担任团总支副书记、总经理办公室主任、党委副书记、副董事长、总经理、董事长等职务。曾任中国工会全国代表大会代表、江苏省工商业联合会执行委员会委员、苏州市政协委员、苏州市人大代表、苏州市党代会代表、苏州市工商业联合会副主席、苏州市总商会副会长等职。从商40余年,公开发表了《新世纪新形势对零售业撞击的思考》《现代企业制度实践与探索》等论文,参与《苏州百货》等刊物的编撰,先后被授予"中国零售业年度人物""中国商业职工政研会优秀政工干部""江苏省优秀企业家""苏州市优秀民营企业家"等荣誉称号。

问：2024年是苏州人民商场成立90周年。堪称"苏州商界翘楚"的苏州人民商场是如何做到在发展中坚守，在坚守中创新的？

答：回首苏州人民商场的发展历程，时代在变，市场在变，消费群体在变，在这条充满变化的历史长河中，"人民商场为人民"的初心和情怀没有改变；"以德兴商，诚信经营"的理念和宗旨没有改变；"服务人民，奉献社会"的责任和使命没有改变；坚持特色，面向最广大消费群体的道路和信仰没有改变。我们一直在变与不变的辩证发展中，顺势而为，调整转型。

苏州人民商场90周年庆典仪式

苏州民营经济高质量发展实录——与知名企业家面对面

2003年以来,我们确立了"一业为主,多元经营"的可持续发展战略,从单店经营到四店扩容,完成了从传统商业企业向现代化、多元化、集团化商业企业的转型;从零售主业到资产运营、金融投资全渠道发展,线上线下深度融合,向新零售、新消费、新赛道进军;从提升员工幸福感、股东回报率、社会贡献值三个维度出发,逐步形成同频共振、美美与共的命运共同体;从供应链入手,集生产商、供应商、销售商三方合力,结成工商联盟,加快形成新质生产力,满足消费者对美好生活、品质消费的需求。

我们深知,企业的持续发展离不开员工、股东和社会的共同支持。因此,我们努力提升员工幸福感,提高股东回报率,同时加大社会贡献,构建了一个和谐共生的命运共同体。通过优化供应链,与生产商、供应商紧密合作,我们形成了强大的工商联盟,致力于满足消费者对品质生活的追求。

苏州人民商场90周年员工合影

问： 在首店冲击、网红崛起、流量为王的时代，作为一家传统百货零售企业，苏州人民商场是如何转型突围、扬长避短，将首店做成恒店，把网红打造成长红，把流量转化为销量的？

答： 苏州人民商场之所以在不同的发展阶段都能保持旺盛的生命力，得益于我们有一支强有力的供应商队伍和500多个知名品牌作支撑。与我们合作的供应商时间最长的在40年以上，这是我们把首店做成恒店强有力的后盾。电视剧《繁花》讲述的就是20世纪90年代的商业发展，造就了一大批代理商、供应商。在苏州人民商场的经营过程中也涌现出了很多"阿宝"式的"老板"，他们随着时代的变化在不断进步、迭代，和商场一起成长、蜕变，越做越强。我们十分重视和供应商的合作，努力打造工商联盟，同频共振，实现共赢。在90周年庆期间，公司专门进行了"天长地久合作奖"评选，90个合作年限超过20年的供应商获此殊荣，同时评选了28个"最具市场影响力"品牌、40个"最具市场潜力"品牌和60个"最佳消费体验"品牌。这些供应商和品牌是我们的核心竞争力。

　　网红消费的崛起，给传统销售模式带来了挑战和机遇。作为传统百货商场，我们不能墨守成规，要主动拥抱新事物。公司从服务细节入手，与品牌加强合作，增加各类服装、配饰、珠宝、床品等的个性设计和定制功能，定期举办美妆讲座、形象礼仪课堂、品牌会员分享等互动活动，突出功能性、服务性和体验性，提供消费情绪价值和社交属性。家电广场也逐步开发菜单式服务、专业导购、新品体验、新品课堂等服务项目，引导消费者进行合理消费。

　　近年来，我们开始进行数字化转型，成立全渠道发展中心，开发建设微商城、实施微友会员系统，联合品牌成立主播工作室，线上线下深度融合，努力将流量转化为销量。

问： 苏州人民商场在苏州人心中占据着特殊的地位，它不仅仅是一个购物场所，更是情感价值的链接。在多年的经营中，苏州人民商场是如何确保每一位顾客都能开心而来、满意而归的呢？

答： 商业的真谛在于赢得消费者的信任与喜爱。我们深知，金杯银杯不如老百姓的口碑，"苏州人民商场"这块金字招牌正是依靠诚信经营铸就的。自20世纪90年代起，我们就将"诚实守信，以德兴商"作为企业的核心价值观，将其融入日常经营管理之中。

早在市场尚不成熟之时，公司就前瞻性地提出了"顾客购物十六个怎么办"，并制定了"社会服务十大承诺"。我们倡导"退换商品，一次成功"的便捷服务，提出"可换可不换的以换为主，可修可不修的以修为主，可退可不退的以退为主"的经营理念，始终将消费者满意置于首位。为此，我们设立了"百万商品退换基金"，确保因商品质量问题引发的退换货都能得到及时妥善解决。

进入新时代，面对消费升级的大潮，我们与时俱进，推出了"顾客代理制"和"首单负责制"，旨在为消费者创造一个安心、放心的购物环境。特别是自2020年以来，面对新冠疫情带来的消费市场挑战，我们积极响应政府号召，率先实施"线上线下无理由退货"政策，成为全市第一个"线下无理由退货"承诺商家和"无理由退货"寄存点，此举不仅有效提振了消费者的消费信心，更促进了商品质量的整体提升，而且优化了营商环境。

苏州人民商场

让每一位顾客满意是我们最大的目标。我相信,只有真心实意地对待每一位消费者,才能赢得他们长久的信任与支持。未来,我们将继续秉承"一切以消费者满意为宗旨"的理念,不断创新服务模式,提升消费体验,让苏州人民商场成为苏州人心中永恒的美好记忆。

苏州人民商场

人民商场旧貌

苏州民营经济高质量发展实录——与知名企业家面对面

苏州人民商场

苏州人民商场内景

问：苏州人民商场在全市商业企业中，一直保持着极高的员工稳定性，这是如何做到的？

答：人力资源是企业发展的核心要素，公司十分重视员工的稳定和成长，党政工团齐心协力，努力提升员工的安全感、满意感、归属感、成就感、获得感，打造幸福企业。

首先，我们做的是解除员工的后顾之忧。苏州人民商场连续18年为员工购买大病保险和女员工专项保险，建立大病员工档案，定期走访、慰问和进行心理疏导，协助做好员工子女入托、入学和医药费报销，员工人均年福利发放标准达1500元。其次，凡涉及员工切身利益的重大事项坚持集体协商和职代会审议制度，公司与工会定期签署《工资专项合同》《集体劳动合同》《劳动安全专项合同》《女职工专项劳动合同》，以此来维护员工权益。2020年以来，公司虽然面临各种挑战和考验，但是员工收入非但没有下降，还实现了"五连涨"。五年来，除国家调整增资以外，员工全年工资平均累计增长16800元，较好地保障了员工的生活品质。此外，我们鼓励员工终身学习，通过开展"创建学习型组织，争当学习型职工"活动，举办职业技能培训、劳动竞赛和技能创新大赛，不断提升员工的专业技能。

公司内部的"劳模工作室"和各类荣誉岗位评选，如"工人先锋号""五一文明岗""巾帼标兵岗""最美劳动者"，营造了浓厚的学习氛围和积极向上的工作文化。公司工会被授予"全国模范职工之家""苏州市幸福企业建设试点示范单位"等称号。公司还获得苏州市劳动关系和谐企业和江苏省劳动保障诚信示范企业等荣誉。取得的这些荣誉是公司员工队伍稳定的动力源泉。

"凝心聚力踏新程　健步冲刺向百年"职工徒步活动

问： 苏州人民商场自成立至今已有90年，这样历史悠久的企业一定有独特的企业文化和核心价值体系，主要体现在哪些方面？

答： 企业文化不仅是一种软实力，更是企业灵魂的体现。我们拥有独具特色的"五个一"文化品牌，它贯穿日常经营与员工生活的方方面面，成为企业持续发展的内在驱动力。

一份企业报纸。自创刊以来，《商海潮》已发行500多期，多次荣获苏州优秀企业报刊奖项。这份报纸不仅是企业信息的传播窗口，更是企业文化的重要载体，记录着商场的发展足迹，传递着员工的点滴故事，成为连接企业与员工、企业与社会的桥梁。

一个学习园地微信公众号。数字化时代，我们紧跟潮流，建立企业微信公众号作为员工学习交流的平台。这里不仅发布最新的行业资讯，还分享管理心得、职场技巧，鼓励员工自我提升，形成终身学习的良好氛围。

一个职工文体节。文体活动是企业文化的重要组成部分，我们每年都会举办职工文体节，涵盖羽毛球、乒乓球、健步走、登山等体育比赛，以及书法、摄影等文艺活动，旨在增强团队的凝聚力，展现员工多才多艺的一面。

一个职工阅读节。阅读可以滋养心灵，提升素养，我们定期举办职工阅读节，邀请知名作家、学者开展讲座，组织读书分享会，鼓励员工在忙碌之余，静下心来品味书香，提升文化修养。

一支党员志愿服务队。社会责任是企业文化的重要维度，我们的党员志愿服务队活跃在公益一线，参与无偿献血、植树护绿、助残服务、交通值勤等，用实际行动传递正能量，彰显企业公民的责任担当。

在这些丰富多彩的活动中，我们还融入了中国传统节日元素，如写春联送福字、闹元宵猜灯谜、清明诗歌会、中秋联谊会等，既弘扬了中华优秀传统文化，又增强了员工的文化自信和民族自豪感。未来，我们将继续深化文化内涵，让企业文化成为企业发展的不竭动力，让苏州人民商场的品牌更加熠熠生辉。

问：站在新的历史起点，您对于苏州人民商场的未来发展有哪些规划和愿景？

答：展望未来，我们将以"诚信为本、创新为魂、追求卓越、共创辉煌"的企业精神为引领，致力于成为消费者心中的百年名企，为社会创造更大价值。我们的目标不仅是续写辉煌，更是要为苏州这座古城增添新的繁华色彩。我们将守护并发扬公司深厚的文化底蕴和宝贵的管理经验，确保公司在稳健前行的同时，持续创新，引领行业潮流。面对瞬息万变的市场环境，我们要勇于变革，把握时代脉搏，成为行业风向标。我们珍视每一名员工的专业能力和领导潜力，激发团队活力，注重人才培养与储备，构建可持续发展的智力生态，为企业长远规划注入源源不断的动力。

在实体零售领域，我们将持续巩固优势地位，强化情感链接与社交属性，优化服务体验，彰显不可替代的独特魅力。同时，积极拥抱数字化转型，拓展线上经营空间，探索新零售模式，开辟增长新路径。通过线上线下深度融合，满足消费者全方位的购物需求。我们将加大品牌引进力度，推动消费升级，深化消费者的情感链接与价值认同，满足多元需求，提供质优价廉的商品，保障消费者的合法权益，提升消费者的消费满意度，让每一位顾客都能在苏州人民商场找到属于自己的那份喜悦。

在社会贡献方面,作为一家拥有90年悠久历史的老牌商场,我们深知自身不仅承载着丰富的商业传统与文化积淀,更肩负着重要的社会责任与使命。在新时代,我们将继承并发扬公司的红色基因,不忘初心、砥砺前行,力求在社会责任领域走在前、做示范。同时,作为苏州市百货业商会会长单位,我们要积极引领行业发展趋势,鼓励并带动同行业伙伴共同努力,提高整个行业的服务水平,增强行业的社会责任意识,共同构建服务型社会,为打造福气之城贡献智慧和方案。

勇立潮头九十载,奋楫扬帆向百年。踏上新征程,我们将以更加坚定的步伐,续写属于自己的辉煌篇章,为消费者带来更多的惊喜与感动;在改革创新、推动高质量发展上争当表率,在构建新发展格局上争做示范,积极将苏州打造成国际型消费中心城市,为描绘新时代《姑苏繁华图》、谱写"强富美高"新江苏现代化建设新篇章不懈努力。这不仅是一家企业的壮丽愿景,更是对城市、对国家、对时代的一份深情告白。

东渡纺织集团：
国际化视野下纺织产业升级的成功实践

企业简介

江苏东渡纺织集团有限公司（以下简称"东渡纺织"）创立于1956年，1999年转制为股份制企业。经过60多年的积累和努力，东渡纺织已经发展成以研发、品牌、生产、物流为主体，以面料、服装及相关配套为主线，涵盖织造、染色、绣花、印花、成衣一条龙服务，集科、工、贸于一体的大型纺织企业。东渡纺织在新加坡、中国香港、加拿大分别设有分公司和办事处，在柬埔寨、越南等国家建有纺织服装生产工厂。

东渡纺织厂区

东渡纺织连续3年入围中国民营企业500强,连续多年入围中国制造业民营企业500强,还获得"中国纺织行业百强企业""全国质量标杆""国家级两化融合管理体系贯标试点企业""纺织行业智能制造试点示范企业""中国质量诚信企业""纺织行业水效领跑者""江苏省智能制造示范车间""江苏省工业互联网标杆工厂""江苏省五星级上云企业""苏州市环保示范性企业"等荣誉称号,以及全国纺织行业质量奖、全国纺织行业管理创新成果大奖。

企业家简介

徐卫民，1952年生，清华大学EMBA，高级经济师。现任东渡纺织集团党委书记、董事长，兼任中国纺织工业联合会特邀副会长、中国针织工业协会副会长、中国纺织品进出口商会副会长、江苏省纺织工业协会副会长、张家港市总商会荣誉顾问。曾获"全国纺织行业劳动模范""改革开放40年·最受尊敬的苏商功勋人物""改革开放40年纺织行业突出贡献人物"等荣誉称号，以及中国服装行业功勋奖、中国针织行业终身成就奖。

问： 东渡纺织是在1999年转制为股份制企业的，请谈谈公司转制前和集团成立之初的一些情况。

答： 1993年8月，组织将我调入张家港市针织总厂担任厂长。我原来所在的张家港市纺织机械厂效益很好，而张家港市针织总厂人才匮乏、装备落后、负债累累，只能靠加工低端贴牌产品勉强获得些收入，工厂两年换了七任厂长，举步维艰。作为一名共产党员，我还是义无反顾地服从了组织的调配。

我刚到厂里时，员工已经四个月没领到工资，除了年纪大的还留在厂里，年轻点的都自谋出路了。当时我们要资金没资金、要技术没技术、要人才没人才，偌大一个工厂似乎走到了发展的尽头，很多人都怀疑我们能不能走下去，我也感受到了前所未有的压力。1993年之前，我从未涉足过服装加工行业，刚刚接手这个厂也很迷茫，苦苦思索着企业的路究竟该走向何方。有一件事让我感触很深，它也为企业带来了一线生机。我原来是张家港市纺织机械厂的厂长，这是当时全市唯一无贷款、无外债，且有800多万元存款的优秀企业。在得知我调任张家港市针织总厂厂长的消息之后，中国工商银行张家港支行行长主动登门拜访，愿意提供15万元的贷款，作为对我过去的肯定和现在的支持，那真的是"久旱逢甘霖"。我到任后经历的这些，对我触动很大，也令我暗暗发誓一定要把企业办好。

工厂当时之所以比较困难，主要是因为没有凝聚力，在员工基本生活保障方面，没有能够提供一些必要的帮助，导致全厂人心涣散，员工对工厂的前途没有信心，这也就是工厂连年亏损，经济总量排名在全市始终垫底的原因。要想人心思齐，要想增强企业竞争力，在市场经济中立于不败之地，首先必须调动员工的积极性。所以，从那时起，我就有一个信念，作为一把手，一定要把企业办好，要让员工过上好的生活。当时我拿出了自己的年终奖，给员工发了一笔春节生活费，但我知道这远远不够。

为了让员工看到希望、树立信心，我决定第一步解决职工的居住问题，让一部分人先稳定下来，安居才能乐业。前任厂长想通过集资的方式解决员工的居住问题，但钱收了，房子两年都没建起来。我接手的时候，钱没有了，房子也没建，什么都没有。为了此事，当时的张家港市委书记秦振华特批减免手续费。员工宿舍24户，在一年内完工，这有效解决了一部分骨干员工的住房问题。一部分员工的居住问题解决了，其他员工也安心了不少，相信随着企业经济效益的不断提升，员工生活会得到逐步改善，这是一个好的起点。

员工安定了，接下来就要考虑公司的生存之道了。面对国内纺织服装市场竞争日益激烈的新形势，我以战略眼光对未来纺织服装行业的趋势做出判断，大胆决定：首先，逐步淘汰现有的落后设备，上马具有世界一流水平的先进设备。那几年，为了提高装备水平，我们勒紧腰带，甚至把工厂唯一的小车变卖了，把资金全部投到生产建设上。其次，结合工厂实际情况，审时度势，果断做出了终止外加工、开辟自营出口渠道的决定。当年这是一着险棋，如不成功，有可能是自断后路。但经营团队经过不懈努力，发扬"四千四万"精神，实现了外贸出口零的突破。同时，积极"招商引智"，同香港溢华（集团）有限公司深入合作，逐步解决人才、管理、产品、市场、装备等企业基础问题。经过几年的调整，公司经营逐步走上正轨，员工士气高扬，公司效益与员工收入也逐年提高。1996年，在张家港市针织总厂的基础上组建东渡服装集团。1999年6月30日，公司一次性顺利实施产权制度改革。到2002年，东渡纺织克服了资金、技术上的诸多难题，彻底完成了设备的更新换代，达到国际一流、国内领先水平。在设备更新、拥有先进技术的基础上，东渡纺织开始大胆地"向外走"。当时，国内面向国际市场的公司很少，但只有拥有自营出口权，才能改变对国际市场"两眼一抹黑"的状况，真正地到国际市场上参与竞争。事实证明，东渡纺织的路子走对了，直接面向国际市场，开阔了国际视野。

东渡纺织集团

东渡纺织展厅

问： 民营企业是推动江苏高质量发展的重要力量。面对机遇与挑战，您是如何推动企业高质量发展的？

答： 目前很多欧美品牌不允许使用新疆棉，这导致我国纺织服装企业订单转移呈加速态势，外向型纺织服装产业受到巨大冲击。以目前严峻的市场形势来看，想要保持逆势上扬的态势压力很大。站在企业发展的角度，面对这样的挑战，我觉得以下几点非常重要。

第一，专注于纺织主业不动摇。东渡纺织一直深耕纺织主业不动摇，坚持做精高端纺织，走智能制造之路，致力于技术创新和品牌建设，以高端、智能、绿色、服务为导向，逐步成长为具有行业影响力的企业。多年来，我们致力于打造研发创新优势，与苏州大学、江南大学的纺织院系合作，开发功能性针织面料及服装，创新服装生产工艺，持续完善一条龙纺织产业链配套；围绕纺织这条主线，实施"跨江过海"战略，到苏中、苏北建生产基地，到海外建投资中心、贸易公司及生产工厂。我们曾经面对的市场诱惑很多，政府在招商引资时，作为项目投资回报，许诺给我们配套商业房产用地，当时房地产是热门行业，还有韩国的高新企业希望与我们合资，但我们都婉拒了，依然坚守主业，深耕纺织不动摇。因为我觉得做实业，把一件事做好、做精已经很不容易了。也正因为我们心无旁骛的坚定态度，才让客户放心，给予了我们足够的信任。

第二，科技创新是进步发展的关键。2024年全国两会期间，习近平总书记参加江苏代表团审议时强调，要"因地制宜发展新质生产力"。要发展新质生产力，科技创新至关重要，企业要形成富有活力的创新体系。东渡纺织一贯重视自主科技研发团队的建设，定期组织中高级人才出国考察，邀请国内外专家学者来公司进行技术培训，同时也制定了完善的研发人员创新创优奖励制度。对于产品创新，我们始终给予高度的重视，始终坚持以市场为导向，追踪科技前沿，不断开拓创新，坚持以产品的"高新尖"为立足点，实施以"造品牌产品、创品牌服务、做品牌企业"为核心的品牌战略，追

求产品的高档次、新技术、多元化和高科技含量、高附加值,注重抢占科技创新制高点,引领公司走在行业前列。通过在研发硬件和研发队伍建设方面的投入,公司的产品研发不断结出硕果,每年都有新产品投放市场,并有多项产品获得行业殊荣。除产品创新以外,我们同样注重管理创新和商业模式创新,促进技术创新、管理创新和商业模式创新的有机融合,发挥集成创新的"倍增效应"。东渡纺织不断改革管理制度,立足向管理要效益,创建了一套完整的适合企业自身的管理制度,"计划跟进、业绩公开、数据说话、责任追究、量化管理",目标任务细化到每个班组、责任落实考核到每个人。同时,我们也加大了沟通平台和管理软件的建设力度,保证沟通渠道的畅通。品牌创优是商业模式创新的重要组成部分。东渡纺织自主生态童装品牌"伊思贝得"曾获"江苏名牌产品""江苏省著名商标""国家免检产品"等多项荣誉称号。实现纺织服装由"中国制造"向"中国创造"迈进,是东渡纺织的发展愿景,更是东渡纺织作为江苏省民营科技企业不容推卸的责任。

东渡纺织旗下企业——江苏东源纺织科技实业有限公司

第三,坚持"两化"融合、"智改数转"。自转制以来,公司便力图跟上信息化时代的发展步伐,将传统的企业生产、管理模式与现代企业的信息化技术结合起来,走大数据计划跟进、数据化管理之路。经过二十几年的发展,公司的信息化建设取得了长足的进步,这也为公司的精细化管理奠定了基础。我们将"集中化、集成化、一体化、统一化"作为数字化、信息化建设的主题,在集团管控和供应链协同模式下运行数字信息系统,实现集团总部各部门之间、集团总部与下属各级单位之间、集团与各级主管部门之间的数据有效交换。自2010年搬入新厂区后,我们与中国移动、中国电信强强联合,打造高度智能化、系统化的数字信息集成系统。集团总部通过基于中国电信公网的VPN(Virtual Private Network,虚拟专用网络)技术,与张家港金港、南通如皋、宿迁泗阳连接,同时连接境外各办事处、分公司及生产工厂,在安全有效的环境中进行数字化连接、数据资源共享、网络信息沟通。同时,建设和完善多个应用系统,实现对生产经营的全程跟踪和对生产过程的精细控制。公司在"精益化管控,精细化生产"上的改善与优化,既得到客户的肯定,也收到很好的效果。

我们还坚持把"服装产品设计制造一体化"作为智能车间技改建设目标,设计开发"服装智能制造车间系统",制订适合的自主先进生产规划整体技术方案,以此来满足服装产业未来大规模定制产品的动态生产规划需求。"服装智能制造车间系统"不仅对服装制造业的人机协同、高效柔性生产具有极其重要的作用,而且能够对未来的低碳经济发展做出相应的贡献。提高重大技术装备研制水平和成套设备集成能力,不仅能满足工业装备更新换代的需要,还能满足生产过程自动化和优质、高产、低耗、高效、多品种、小批量的要求,更好地服务客户。经过前期的"两化"融合建设,我们有效地提高了企业面料生产、排料剪裁、服装缝制、营业订单和单证等各个环节的精细化管理,建立了一体化的供应链管理体系,显著提高了工作效率，实现了节能减排降耗的目标，形成了物流、信息流、单证流、商流和资金流"五流合一"的领先模式。公司获得"纺织行业智能制造试点示范企业""江苏省工业互联网标杆工厂""江苏省五星级上云企业""江苏省智能制造示范车间"等多项荣誉称号。

  第四，以人为本，建设发扬"东渡文化"。文化建设是培根铸魂、凝心聚力的重要事业。企业文化体现企业整体价值观念、经营理念、信仰态度、行为准则和道德规范，既是支撑企业健康、持续、快速发展的强大精神支柱和理想信念，也是员工的精神家园。东渡纺织80%的管理骨干都是大学一毕业就来到公司的，是公司自己培养的"东渡力量"。我们努力营造"团结、忠诚、创新、务实"的企业文化氛围。公司与员工是一个命运共同体，许多员工一家几代人都在同一家企业工作。墨子提倡"兼爱"，我一直希望能用这种思想对待员工，希望与员工共享企业效益，让他们付出多少努力就能得到多少回报，这是我最起码的责任。"企损俱损，企荣俱荣"，良好的企业文化有利于企业的发展，东渡纺织始终把建设家园文化作为企业文化建设的重要内容，我们一直在建设自己的职工文化中心，在继承传统的同时，根据现在年轻人的特点，努力创造符合他们追求的时尚和舒适的工作生活环境。我们的职工红帆文化中心有三大片区、七大项目，三大片区包括影音区、图书区、活动区，七大项目包括影视厅、棋牌室、健身房、乒乓球和台球室、电子阅览室、图书馆、报刊阅览室等，供员工在业余时间学习和休闲娱乐。我们还定期开展丰富多彩的文体活动，如职工读书文化月、职工运动会、拓展训练、外出旅游、优秀工匠表彰等，也涌现出一批先进典型，为员工树立学习标杆，丰富他们的业余文化生活，营造浓厚的企业文化氛围。东渡纺织致力于以企业文化团结职工、凝聚职工、激励职工，从而为企业的发展提供不竭的发展动力。我们希望通过文化建设，提升广大职工的思想和素质，凝聚公司力量，充分调动职工学习知识、建设公司的热情，推动公司各项工作持续、稳定、健康发展。

长期以来，东渡纺织以客户为中心，打造集团良好服务形象；以员工为中心，营造以人为本的和谐氛围；以集团为中心，树立企业良好形象。我们明确集团发展目标和奋斗目标，打造"你中有我、我中有你、我为人人、人人为我"的强势价值链体系，积极加强企业文化建设，用"团结、忠诚、创新、务实"的企业文化教育、引导、凝聚广大员工，激励每一名员工培养良好的思想情操和职业道德，做到爱岗敬业、刻苦勤奋。企业文化建设使东渡纺织青春焕发，核心竞争力大大增强，生产经营实现良性循环，呈现可持续发展的良好态势。

第五，秉持绿色理念，积极回报社会。生态环境是大自然赐予人类的绿色财富，也是人类赖以生存和发展的基础。东渡纺织积极响应政府号召，开展"绿色领导者"创建工作，始终坚持科学发展观，把环保先行、环保优先作为公司生命线，放在各项工作首位，高度重视对环境的保护和资源的循环利用，高度重视公司与社会、自然的和谐发展。长期以来，我们坚持推进产业结构转型升级，采用低消耗、低排放、低污染装备及工艺，把绿色资源和洁净空气留给子孙后代。公司通过实施技术改造项目，实现了节能降耗、减排增效的目标，树立了良好的社会责任形象，增强了企业的软实力。公司获评国家级"绿色工厂"、绿色发展"领跑者"企业、纺织行业水效领跑者、张家港市十大环保诚信企业等荣誉。绿色发展、环境和谐既是东渡纺织一以贯之的发展理念，也是我们感恩社会的一个重要举措。

东渡纺织裁剪车间

问： 东渡纺织一直坚持"走出去"，布局国内国际两个市场，请谈谈为什么要这么做。

答： 布局国内国际两个市场，充分利用国内外资源，是企业顺应国际化潮流的必然选择。我们未雨绸缪，提前规划布局，凭借"转危为机"的战略眼光，早在2002年就开始"借船出海"，实施"走出去"战略。新加坡是国际贸易中心，东渡纺织在此设立贸易中心有利于公司第一时间掌握国际市场的信息和动态。我们在新加坡设立贸易中心及投资中心后，又陆续在柬埔寨、越南、马来西亚、孟加拉国等国家建设生产基地。我们还紧跟市场形势，在美国、加拿大等国家建设贸易机构，及时掌握隐性的市场情况，提前发现问题，规避隐性风险。我们逐步完善"贸易前移"机制，直接面向国际市场，通过合资、合作、收购国外贸易企业等形式组建东渡纺织自己的国际贸易"全球业务接单中心"，承接第一手订单。

多年来，我们始终致力于打造境外纺织服装全产业链生产基地。作为全球供应链的一部分，东渡纺织正在越南西宁省TMTC工业区建设面料与服装一体化的全产业链工厂。第一期已于2023年6月建成投产；第二期于2024年年底开工，计划于2025年10月底建成投产。越南面料和服装工厂项目建成投产后，东渡纺织将新增年产1.08万吨面料的高标准面料工厂和年产服装2100万件的一条龙越南生产基地，境外产业链将更加完善。

我们始终致力于在"国际化""双循环"上做文章，不断调整国内国际两个市场，借助于公司长期以来建立的布局优势、配套优势、创新优势、产能优势和社会责任优势，与国内外品牌商在贸易、品牌、研发、设计等方面展开深度合作。我们坚持在畅通"双循环"上展作为，在目前国内、国际市场消费紧张的形势下，密切关注市场新动向，在开拓国内国际两个市场上迈新步，加大"走出去"战略的执行力度，使东渡纺织的经营触角在国际市场延伸得更广，集团构架更加完善，借此进一步提升企业的竞争力和抵御金融风险、化解贸易危机的能力，获得更大的市场话语权。

东渡纺织全自动服装挂装流水线

问： 请谈谈对东渡纺织未来发展的展望。

答： 成绩属于过去，未来仍需努力。在总结过去的同时，我们也要清醒地认识到，在发展过程中还存在着不足，与我们既定的目标还有一定的差距。展望未来，东渡纺织将始终坚持深耕纺织主业，以人为本，持续推进"智改数转"，不断调整国内国际两个市场，积极构建以国内大循环为主体、国内国际双循环相互促进的新发展格局；在稳定好国内本土企业的基础上，把重点放在进一步推进越南投资项目建设上，打造境外面料服装一体化工厂；继续完善东渡纺织国际化布局及产业链，进一步提升企业综合优势。我殷切希望全体东渡人携起手来，以振兴民族工业为己任，胸怀全球市场，锐意进取，乘势而上，在高质量发展的道路上开拓进取、狠抓落实，为实现中国梦、谱写东渡绚丽篇章而努力奋斗。

曹操出行：
借科技创新之力 做更优质的出行服务

企业简介

曹操出行创立于2015年，总部位于苏州市相城区，是浙江吉利控股集团有限公司（以下简称"吉利控股集团"）布局"新能源汽车共享生态"的战略性投资业务，以"科技重塑绿色共享出行"为使命，以"用心服务国民出行"为品牌主张，将全球领先的互联网、车联网、自动驾驶技术及新能源科技创新应用于共享出行领域，致力于打造服务口碑最好的出行品牌。

位于苏州高铁新城的曹操出行苏州总部大楼

目前,曹操出行旗下有网约车、出租车、顺风车、公务出行等业务,是全国率先以新能源汽车涉足并建立个人/企业用户自愿碳减排量积分账户的低碳出行品牌。

截至2024年6月,曹操出行在北京、上海、广州、深圳、杭州、成都等全国83座城市开展运营,累计服务用户超2.5亿人次。

企业家简介

龚昕,1986年生,中共党员,现任曹操出行首席执行官,具有共享出行行业8年从业经历,历任多家知名公司产品运营高级管理职位,在数字化、共享经济、现代服务业等新生态领域拥有卓越的产品理念和丰富的运营管理经验。2021年5月,加入曹操出行,在网约车领域创造性地提出并实施以"New Car"(定制车)、"New Power"(新能源)、"New Ecosystem"(新生态体系)为核心的N^3战略,深度整合车辆生产、智能化研发、出行平台及多元用户体验,以"科技重塑绿色共享出行"带动产业链升级,推动网约车行业实现可持续发展的共享出行新模式。

问： 请简述曹操出行目前的业务情况。曹操出行成立9年以来，经历了哪些变革？

答： 曹操出行成立于2015年，总部位于苏州市相城区，它既是吉利控股集团布局"新能源汽车共享生态"的战略性投资业务，也是吉利控股集团从"汽车制造商"往"移动出行服务商"转型的关键部署。以"科技重塑绿色共享出行"为使命，曹操出行在共享出行领域走出了一条以供给侧创新驱动服务创新、体验升级的差异化道路，这也使曹操出行逐步发展壮大，最终成长为国内领先的出行平台。

曹操出行在成立之初名为"曹操专车"，采用了"新能源汽车+公车公营+认证司机"的B2C（Business to Consumer，企业对消费者）运营模式，靠着规范化的服务收获了一众好评，也奠定了曹操出行"好服务"的发展基调。2019年，网约车市场高速发展，并逐步脱离"野蛮生长"，借助于品质出行走向合规化运营。在此背景下，曹操专车顺势而为，进行第一次转型，并正式更名为"曹操出行"，为满足用户多元化的服务需求推出更多的出行产品。

2019年4月，按照《国务院办公厅关于深化改革推进出租汽车行业健康发展的指导意见》的重要精神，在汕头市委、市政府的高度重视和汕头市政协的积极推动下，杭州优行科技有限公司和汕头市交通运输集团有限公司合作成立了汕头市优行出租汽车有限公司，积极致力于传统巡游出租车与网约车线上服务的巡网融合发展经营新模式，"曹操出租车"开始在汕头市运营，创新赋能传统巡游出租车数字化转型升级。采用"巡游+网约"新模式的出租车在保留传统的道路巡游揽客功能的基础上，增加网上预约功能。出租车可通过接入线上平台，接受预约订单。出租车巡网融合后实现了资源共享及优势互补，不仅有效降低巡游空驶率，提高出租车利用率,还借助移动互联网的"东风",大大增加订单,缩短司机的平均接单时间,从而增加司机的收入。经过五年的运营,在汕头市推行的"巡游+网约"模式有效推进了出租车行业的转型升级——服务效率提高30%,经营成本下降60%,司机收入提高30%,司机流失率降低至5%。2019年11月,曹操出行推出顺风车业务,进一步完善业务形态,给予用户更多的出行选择。目前,曹操出行旗下已经有网约车、出租车、顺风车及公务出行四项业务。

2023年3月29日,共享出行定制车品牌——曹操汽车正式发布,旗下首款定制车吉利·曹操60于同日正式亮相。吉利·曹操60融合

吉利控股集团和曹操出行两方的优势，由吉利控股集团负责整车开发，曹操出行负责产品定义和智能开发，为共享出行市场深度定制。在以科技赋能安全的基础上，吉利·曹操60以450千米强实续航、60秒极速换电、车云一体的智能安全预警系统、媲美MPV（Multi-Purpose Vehicles，多用途汽车）的越级空间、500升后备箱、自研防晕车黑科技、智能车控等优势，带给乘客、司机等多方共赢的全面升级体验，既让用户共享出行的乘坐体验得到改善，也让曹操出行的"好服务"有了进一步的依托。截至2024年6月，曹操出行已经在全国83座城市开展运营，并在20多座城市运营有一支包含33000辆车的定制车车队（为全国同类中规模最大的车队）。

吉利·曹操60

问：哪些因素促成了曹操出行的转型与发展？背后的思考是怎样的？曹操出行的长期规划是什么？

答：共享出行市场仍处于高速发展阶段，持续吸引了众多入局者。2023年，中国出行市场规模达到75000亿元，其中，共享出行市场规模为2821亿元，市场渗透率约达3.8%。这表明，共享出行市场仍蕴藏着巨大的市场机会。

目前来看，两大因素将驱动共享出行市场进一步壮大：一是共享出行具有显著的成本优势。根据弗若斯特沙利文公布的资料，共享出行每千米的成本约为2.7元，这比私家车每千米4.5元的成本低了40%。二是私家车面临的挑战。在城市地区，私家车保有量面临着多方面的挑战，如限制性车牌政策、有限的停车位及交通拥堵等。这些因素限制了私家车的便利性，间接促进了共享出行市场的发展。

这表明，共享出行以其成本优势和对城市交通压力的缓解作用，有望在未来进一步渗透整个出行市场。预测显示，到2028年，共享出行市场规模将增长至7513亿元，从2024年起，该市场的年复合增长率预计为20.6%。随着市场的快速发展，共享出行的市场渗透率预计将从2023年的3.8%提高至2028年的7.3%。这一市场存在巨大的增长机遇，若能解决根深蒂固的问题，行业或将迎来新的转变。

首先是打车出行者用车成本高且体验差的问题。用户往往不得不在优质乘坐体验和价格之间做出选择。即使在相同的价格范围内，乘坐体验也常常好坏不一，有时会因服务和车辆缺乏统一标准而出现服务质量不达标的现象。其次是司机面临的挑战。司机需要承担与车辆购买、维护和能源补给相关的高昂费用，这大大降低了他们的潜在收入。此外，许多司机的工作条件不佳，他们通常需要每天在车内工作大约10小时，而这些车辆显然不适合长时间驾驶。

从乘客侧来说，统一的车型、统一的司机服务、统一的智能化服务，具有确定性。如今，不断升级的智能化服务，成为曹操出行独一无二的特质。从司机侧来说，平时驾驶私家车时间有限，但若成为网约车司机，车就是工作场所。定制车是能根据网约车司机的使用场景来研发、制造的，更贴合司机本身的需求，也有利于保障司机的健康，改善其工作环境。

在"客户第一"的指引之下，曹操出行坚持"用心服务国民出行"，认为持续提升服务品质，让乘客和司机更满意，才是可持续发展之路。基于定制车去发展未来的共享出行，是曹操出行独一无二的战略。

曹操出行拥有惠选、专车、六座商务车等不同品类的车型

问：基于目前的战略，曹操出行取得了怎样的发展成果？未来，曹操出行还将基于战略做出哪些部署？

答：曹操出行的服务涵盖出行、车辆租赁、车辆销售及其他。曹操出行2021年开始专注于定制车和提供全面车辆服务解决方案，2022年开始部署定制车以提供专车服务，2023年则为惠选服务部署更多定制车。这样的商业模式旨在始终如一地为用户提供兼具高质量与个体差异化的乘车体验，同时也让公司在提高车辆运行效率、协助司机增加收入上取得了显著成效。

在与吉利控股集团的战略合作中，曹操出行在开发定制车上拥有独特的话语权，这为打造中国首个专注于共享出行的汽车品牌奠定了坚实的基础。曹操出行深度参与车辆的设计过程，此外还参与车辆的部署、定价、销售、运营及服务环节，实现对定制车全生命周期的掌控，从而优化车辆TCO（Total Cost of Ownership，总体拥有成本）。通过部署定制车及提供全面车辆服务解决方案，曹操出行进一步巩固竞争优势。受益于吉利控股集团庞大的规模经济及强大的供应链谈判能力，定制车的部署可实现高成本效益。

截至2023年12月31日，曹操出行借助于由123家吉利汽车授权维修店组成的庞大网络，为所有车辆提供具有成本效益的售后保养及维修服务。2023年年底，曹操出行推出的"净修计划"已经覆盖其主要的运营城市。该计划不仅提高了车辆的维修效率，还进一步为司机节省了时间与成本。在2023年，曹操出行的车辆平均保养及维修时间缩短了25%，相关成本同比降低了54%。

曹操出行目前运营的两款定制车——枫叶80V及吉利·曹操60被认为是共享出行服务中最具成本效益的两个车型。根据弗若斯特沙利文公布的资料，枫叶80V及吉利·曹操60的估测TCO分别为每千米0.53元、0.47元。与具有电池更换功能的典型纯电动车相比，曹操出行的定制车TCO减少了32%—40%。2022年和2023年，公司的定制车分别占公司运营车队的28.6%、50.7%。根据弗若斯特沙利文公布的资料,公司定制车的平均TCO相比其他共享出行平台中使用的典型纯电动车的低了36.4%。

定制车的另一个好处是一旦应用,可极大节省司机的时间和成本。截至2023年12月31日,支持曹操出行定制车的换电站网络已经覆盖中国的26座城市,共有258个换电站。这一规模还在迅速扩大。定制车可在换电站60秒内完成换电,同时确保电池充电能力不受影响。与其他仅支持充电的出行运营车辆相比,支持更换电池的出行运营车辆通常每天可以节省1小时的能源补给时间,这相当于每月可为司机增加约700元的收入。

曹操出行正在努力增加司机的收入,并提高他们对平台的忠诚度。根据2024年3月进行的一项涵盖全国数千名共享出行用户的独立第三方调查,曹操出行被评为"服务口碑最佳"的共享出行平台,用户认可度排名第一。

随着定制车的推广,曹操出行平台的司机收入、司机总服务时长及司机留存率均有所提高。其中,司机平均每小时收入由2022年的30.9元增加至2023年的36.1元;司机总服务时长由2022年的24550万小时增加至2023年的27090万小时;平均月司机留存率由2022年的68.7%提高至2023年的74.5%。

曹操出行获评钛媒体2021 EDGE AWARDS 全球创新评选"汽车科技指数年度最佳出行服务商"

一般认为,网约车平台重在撮合交易,强调的是效率,即用户规模达到一定量级后再考虑盈利成为平台经济发展的常规路径。如今,资本市场和经济环境发生了变化,外部在投资选择上更为冷静,对于企业的商业模式、盈利、合规要求也更为严苛,企业也要转变策略,由原来的"先做大再做强"转变为"先做强再做大"。工业4.0时代的技术变革是十分迅速的,对于曹操出行的管理者来说,要时刻保持清醒,并在全球范围内追踪最前沿的技术,因为每时每刻都有新技术出现。但技术并非终极追求,如何及时、准确地把握用户需求并融入技术创新,既是我们的挑战,也是我们的机遇。

未来十年,共享出行会从电动化走向智能化,像高阶智能驾驶,也都将陆续接入并落地。曹操出行会坚持做好定制车,维护好、保养好车辆,和各种生态的合作伙伴一起,共创共享出行汽车和服务新模式。

问: 人工智能目前正在快速发展,曹操出行对此有哪些创新应用?

答: 人工智能在共享出行领域的应用是多方面、多形态的,技术的成熟可以为安全及服务带来更多的保障。目前,以人工智能驱动决策系统的"曹操大脑"已经投入应用,"曹操大脑"内的交易引擎可以预测未来的出行需求,优化派单,保持出行运力平衡。这有效增加了司机的收入,减少了空驶里程及用户和司机的平均等待时间,提高了经营效率,促使GTV(Gross Transaction Value,总交易额)得到增长。未来,曹操出行将在"曹操大脑"上投入更多的研发资源,不断提升其在交易决策与匹配上的科学性、准确性。

智能驾驶 RoboTaxi 苏州示范运营项目启动会

除交易引擎的应用以外,在苏州高铁新城智能网联汽车产业集群的支持下,曹操出行也在自动驾驶、智能座舱领域进行了投入,将其应用到共享出行场景中,更好地服务客户,推动产业创新升级。

从长远来看,自动驾驶将推动中国共享出行市场的结构化转型,自动驾驶技术的进步能够为降低运营成本创造巨大空间。曹操出行自动驾驶战略以高阶智能驾驶商业化运营为目标,围绕出行平台构建集车内空间开发、定制车、智能驾驶、车辆服务于一体的自动驾驶商业化运营生态,探索自动驾驶技术落地商业模式,参与行业标准制定,推动社会向绿色共享出行转型。作为行业头部的平台型企业,曹操出行拥有海量的出行数据,将为自动驾驶全栈研发与应用提供完善的平台环境,不断赋能自动驾驶技术迭代。

曹操出行

2022年以来，曹操出行持续加速推进高阶智能驾驶的商业化进程，先后与吉利汽车创新研究院智能驾驶中心、吉咖智能机器人有限公司、朗歌地图等达成一系列技术与战略合作。依托大吉利生态体系，吉利控股集团协同曹操出行共同建设智能驾驶平台，实现前装量产、全栈自研及商业化的业务场景闭环。

2023年，与曹操出行签署战略合作框架协议的有中信科智联科技有限公司、图达通智能科技（苏州）有限公司、北京云驰未来科技有限公司、黑芝麻智能科技有限公司、中智行科技有限公司等多家企业，覆盖高精地图、激光雷达、芯片、智能座舱等多个领域。基于合作框架协议，曹操出行将与生态合作伙伴协同发展，完善智能驾驶产业上中下游生态建设，助力智能驾驶平台的应用发展，形成一套开放性商业运营系统，从而以更低的成本为各类智能驾驶企业提供标准化商业运营赋能，最终实现高阶智能驾驶的规模化商业落地。

在智能座舱方面，目前，基于乘客的出行场景，曹操出行已经在定制车上实现了多项个性化、定制化的功能，包括空调控制、一键换气、免费Wi-Fi、智能双闪接驾、音乐随心听等。创新来源于对用户需求的准确把握和对产品的不断打磨。曹操出行对于管理者有着"严苛"的要求，希望每一名管理者都能深入产品及服务的一线，聆听来自乘客与司机的心声，将用户调研融入日常工作中，从一个产品经理的角度去把握产品走向、调研用户体验，找到不足后进行迭代完善，最终打造出令人满意的产品。

芯片、算法、AI、5G等的发展，将使汽车这一工具型产品发生颠覆性的变革，曹操出行要潜下心去做产品、做服务，借助科技的发展实现自我的升级，打造供给侧壁垒与核心竞争力，最终实现在激烈市场竞争中的突围。

问：2024年全国两会期间，习近平总书记在参加江苏代表团审议时强调，"要牢牢把握高质量发展这个首要任务，因地制宜发展新质生产力"。您如何理解新质生产力？在企业发展中应该怎样发挥新质生产力的作用？

答：习近平总书记关于发展新质生产力的具体要求，对于我们民营企业的发展具有重要的指导意义。经过深入学习，我们理解发展新质生产力首先要以创新为核心，企业要通过科技创新来赋能新的增长模式。

例如，之前提到的"曹操大脑"决策系统，通过人工智能驱动，能够收集并分析大量的出行数据，包括乘客需求、车辆位置、路况信息等，以实现更精准的预测和决策。在应用层面，基于数据分析，"曹操大脑"能够智能化调度车辆和司机，优化派单逻辑，减少空驶时间，降低空驶成本，提高运营效率。同时，通过实时监控驾驶员行为和车辆状态，"曹操大脑"还能够及时发现并处理安全隐患，确保乘客的出行安全，这种安全保障措施提高了用户对曹操出行的信任度。

"曹操大脑"的智能化调度和优化功能，使得曹操出行能够更高效地利用资源，降低运营成本，并且通过提供优质服务吸引更多用户，从而增加司机收入，提升企业的盈利能力，这就是曹操出行发展新质生产力的实践经验。

新质生产力，还突出质量的"质"，它是体现高质量发展的生产力。对于曹操出行来说，除利用定制车来增强核心竞争力以外，以人为本，关注一线服务人员，也就是司机，也尤为关键。作为由人力资源和社会保障部等部门联合推出的新就业形态就业人员职业伤害保障试点的试点企业，曹操出行长期关注、关心、保障新就业形态就业人员的合法权益，在规避司机职业伤害风险、改善司机日常工作环境的保障措施中加大投入，推动平台司机"应保尽保"。

为了保障新就业形态就业人员的合法权益，曹操出行设有"曹操家园"司机俱乐部，丰富司机的日常生活，为司机提供"青豆计划""鹿鸣计划"等多项福利，也曾面向整个行业发起网约车行业倡议书，倡导完善相应制度以保障司机权益，推动网约车行业规范化、合理化发展。

曹操出行自成立以来，已经累计为超过300万名司机创造灵活就业机会，曹操出行平台的司机实现了收入增长，并且平均月司机留存率也有所提高。在我们的N^3战略之"New Ecosystem"中，司机是重要的一环，这与新质生产力中对发展高质量生产力的要求是不谋而合的。在新质生产力的框架下，劳动力是企业高质量发展的关键要素之一。

曹操出行对司机的重视实际上是在优化和提升劳动力素质。在保障新就业形态就业人员合法权益的基础上，通过培训和激励措施，曹操出行不仅提高了司机的专业技能和服务水平，还激发了他们的工作热情和创新能力。这些优化后的劳动力成为推动曹操出行高质量发展的重要力量。今后，曹操出行将积极投身于新就业形态就业人员权益保障工作，推动新业态的长期、持续、健康发展，制定行业高服务标准，促进高质量充分就业，充分发挥新质生产力在企业发展中的作用。

曹操出行爱心车队

后记

改革开放尤其是党的十八大以来，苏州全力打造最优营商环境，民营经济总量规模持续扩大，成为中国式现代化苏州新实践的中坚力量。总结民营经济的发展历程，提炼民营企业的创新内涵，苏州方可在新质生产力发展道路上踔厉奋发，踵事增华。

本书的策划、征集、编写、出版，离不开多方的大力支持。首先感谢企业家们百忙之中抽出时间参加访谈，他们的娓娓道来，让我们有机会回溯过往，感悟民营企业翻山越岭的百转千回。成书过程中，各市（县）、区党史部门始终密切配合，征集和完善访谈稿件，记录和整理视频素材，为苏州民营经济研究争取到集生动性与启示性于一体、具备一定史料价值的第一手资料。同时，也要感谢苏州大学出版社的专业精神和辛勤付出。

苏州民营经济发展之所以蔚然成风，既得益于企业的奋楫争先，也得益于时代机遇和苏州干部群众共同营造的合作共赢、崇尚创新的环境。以史鉴今、继往开来，我们希望本书的出版能启迪一代又一代苏州人赓续奋进，打造好、守护好这片创新热土。党的二十大报告提出："优化民营企业发展环境，依法保护民营企业产权和企业家权益，促进民营经济发展壮大。"2024年中央经济工作会议明确了出台民营经济促进法、开展规范涉企执法专项行动等重点任务。此次受访的企业家也结合自身实际指出，在引进人才、留住人才、培养人才等方面，民营企业存在一定困难。苏州民营经济发展任重道远。为此,苏州将始终坚持"两个毫不动摇",积极争创全国新时代"两个健康"创新示范区。目前,随着《苏州市促进新时代"两个健康"工作方案》的出台,全市正系统推进"5310"工作计划,以民营经济人士选育培优、民营经济现代产业体系构建、民营经济要素保障创新、高质量法治化护航民营企业发展等行动,精耕细作营商沃土。为民营企业培植生态系统的同时,政府也应充分发挥系统内沟通桥梁的作用,促进产学研各类创新要素的流动、交互与融合,激活民营企业科技创新、产业创新、制度创新的"一江春水"。

千帆竞发,欣欣向荣的民营企业仍将续写辉煌;潮涌东方,革故鼎新的姑苏大地仍将谱就华章。

编　者
2024年12月